Ntosi Marna und Winfried Paarmann

Ahastar

Kosmische Biographien der Menschheit

Ntosi Marna und Winfried Paarmann

Ahastar

Kosmische Biographien der Menschheit

HANS-NIETSCH-VERLAG

Originalausgabe

Gesamtredaktion: Petra Danner
Lektorat: Ute Orth
Umschlaggestaltung: Arts of Spirit – Ananda Kurt Pilz, Stolberg
Satz und Innengestaltung: Hans-Nietsch-Verlag

Hans-Nietsch-Verlag, Poststraße 3, D-79098 Freiburg
Internet: www.nietsch.de
E-Mail: info@nietsch.de

ISBN: 3-929475-91-X

Inhalt

AHASTAR – KOSMISCHE BIOGRAPHIEN DER MENSCHHEIT ist als Nachfolgeband des Buches *Ahastar – Botschaften vom Rand der Galaxie* gedacht. Wir wollten damit ein in sich abgeschlossenes Buch mit neuen Inhalten schaffen, das auch ohne seinen Vorgänger verständlich ist.

Dennoch kann und wird der gelegentliche Verweis auf das erste Ahastar-Buch nicht ausbleiben, da viele der hier dargestellten Inhalte auf die Ausführungen dieses ersten Bandes Bezug nehmen. Dort bereits ausführlich behandelte Themen können hier nicht in demselben Umfang wiederaufgenommen werden – und doch kann dieser Hintergrund helfen, neue Informationen in vielen Punkten plausibler erscheinen zu lassen. Manches ist letztlich nur in diesem größeren Rahmen verständlich.

Die heute schon große „Gemeinde" einer aufgeklärten esoterischen Leserschaft wird mit den meisten Botschaften in diesem Buch wenig Probleme haben und eine Fülle eigener Bezugspunkte finden.

Das Phänomen Ahastar

von Winfried Paarmann

Es war an einem Februarabend des Jahres 1988, als Ahastar unverhofft in mein Leben trat. Seine ständig wachsende Überzeugungskraft ließ mir keine andere Wahl, als diesen da „anwesenden und sprechenden Geist" als eine eigenständige Wesenheit zu erkennen und nach und nach wie einen guten Freund schätzen zu lernen. Zu klar und in vielen Details zutreffend waren seine Auskünfte – vor allem zunächst auch die, welche mich selbst betrafen (und für mich so teilweise nachprüfbar waren). Dieses einführende Kapitel soll in knappen Skizzen die sehr persönliche Geschichte schildern, die mich mit Ahastar zusammenbrachte.

Meine Bekannte Ntosi Marna saß mir in der kleinen, vertrauten Ecke neben dem Küchenfenster gegenüber. Seit Tagen hatte eine Erkältung sie fest im Griff, doch schließlich war es – nach einer längeren Gesprächspause – zu diesem Treffen gekommen. Es war wieder einmal Zeit dafür. Plötzlich sagte sie, eher beiläufig, sie habe da so etwas wie einen neuen Kontakt. Allerdings schien es ihr eher unwahrscheinlich, in ihrem gegenwärtigen Zustand etwas klar Verständliches aufzufangen. Meine Neugier war geweckt. Doch ich sah ein, daß die schniefende Nase und die verstopften Ohren ihren Tribut forderten und daß weder Ntosis guter Wille noch meine Neugier gegen diese Hindernisse etwas ausrichten konnten.

Dann aber geschah es doch: Eine eher lapidar gestellte Frage fand plötzlich eine erstaunliche Antwort, und weitere Erklärungen folgten, die mich mehr und mehr aufhorchen ließen. All dies kam wie üblich aus dem Mund meiner Bekannten, aber wo alles Fragen bisher an eine

Grenze gestoßen war, erfolgten jetzt klare, stimmige Antworten – weit über das Gewohnte hinaus. Mehr noch: Auf jener „anderen Seite" schien man über den Großteil meiner Fragen häufig schon klar im Bilde zu sein. Bevor ich sie ausgesprochen hatte, begann sich dieses und jenes wie von selbst zu einer Antwort zu gestalten. Es stand außer Zweifel: Hier kannte mich „jemand". Auf frappierende Weise war „er" auch mit weit zurückliegenden, mir manchmal selbst nur halb bewußten Details meines Lebens vertraut. Und zugleich ergaben sich Einblicke in die Zusammenhänge einer weit größeren „Schicksalsgeschichte".

Sollte ich jetzt, nach langen Jahren der Suche, auf viele meiner drängenden, brennenden Fragen tatsächlich ein erstes Mal zuverlässige Antworten erhalten?

Aber meine Bekannte Ntosi Marna konnte so nicht sprechen. Ich kannte sie schon seit vielen Jahren, wußte von den kleinen „medialen Fenstern", mit denen die Natur sie beschenkt hatte. Sie hatte beispielsweise meinen Respekt gewonnen durch ihren Umgang mit Karten und Runen sowie ihre Fähigkeit, gelegentlich zukünftige Ereignisse im Traum zu sehen. Doch dieses plötzlich weit aufgerissene Tor eines scheinbar unerschöpflichen Wissens war wie der Blick in eine völlig andere Dimension.

Vor etlichen Jahren schon hatte ich den Weg der esoterischen Suche angetreten. Es war ein Weg des fleißigen Suchens, wie er den strebsamen und ganz durchschnittlichen Esoteriker auszeichnet – ein Weg des unermüdlichen Bücher-Wühlens, der Kontaktsuche in alle Richtungen. Er brachte Überraschungen, freudige Entdeckungen und ebenso häufig Ernüchterungen, schließlich auch Ratlosigkeit und manchmal schwerwiegende Irritationen mit sich.

Diese Kontaktsuche nahm immer wieder neue Anläufe: zu den Bewahrern des alten Weisheitsgutes und ihren esoterischen Gruppen, auch in der neueren Form theosophischer und anthroposophischer Prägung; zu einem Reinkarnationstherapeuten, der mich immerhin einen Blick in die „Schatzkammern" seines über Jahre hinweg gesammelten lebendigen Wissens werfen ließ; und schließlich zu einer „im Geheimen" arbeitenden kleineren Gruppe, die sich der Praxis einer konkreten Magie verschrieben hatte.

Im Austausch mit den Bewahrern der alten und neueren esoterischen Traditionen war mir fast regelmäßig unbehaglich zumute, wenn deutlich wurde, daß sich diese Menschen andachtsvoll, doch ganz und gar unkreativ durch ein Archiv versteinerten Wissens bewegten (manchmal sogar ohne jedes eigene Denken). Ganz anders faszinierte mich dagegen zunächst der Kontakt mit den „Magiekundigen" – galten die von ihnen praktizierten Rituale doch tatsächlich der Beschwörung und Anrufung lebendiger Wesen. Aber auch hier folgte noch tiefgreifender die Irritation: Erweist sich die so praktizierte Magie doch häufig auf sehr handfeste egoistische Ziele ausgerichtet, die vor den Interessen und dem natürlichen Lebensrecht anderer Menschen keineswegs haltmachen. Wenn etwa unter Anrufung eines machtvollen Naturgeistes ein Schwert zu schmieden war, getrieben von dem Motiv, ein „Werkzeug der Trennung" zwischen zwei Partnern zu schaffen, weil auf einen dieser Partner das eigene Verlangen fixiert war, so setzte dies eigene kühle Dominanzansprüche voraus, die ich nicht teilen konnte. So sehr ich die Disziplin einiger in diesem Kreis praktizierender Neophyten auch bewunderte, sah ich mich doch bereits nach wenigen Monaten in die Flucht getrieben, ohne jedes Verlangen nach Rückkehr.

Wie viele Esoteriker auf dem Weg ihrer fleißigen Suche hatte auch ich viel korrespondiert und selbst vor namhaften Autoren nicht haltgemacht. In meinen Briefen scheute ich die kritischen Fragen und Anmerkungen nicht – in der Hoffnung, einen weiteren Tropfen aus dem vermeintlich reich gefüllten Topf fremder Weisheit aufzufangen.

Anerkennend muß ich hier zugeben, daß ich auf meinen verschlungenen Pfaden auch viele Antworten erhielt. Antworten, die aber immer neue Fragen aufwarfen und mich Ausschau nach weiteren Antworten halten ließen. Der Berg der Antworten wuchs, der Berg der Fragen wuchs jedoch noch schneller. Und ungelöst blieb ein beständiges Rätsel: das eigene Wesen.

Und schließlich der Traum vom tatsächlich wissenden Antwort-Geber – ich hatte ihn über Jahre hinweg dann und wann heimlich geträumt wie jeder andere auch, der glauben und träumen kann. Doch hatte ich ihn nach und nach aufgegeben. Älter und „reifer" werdend, wird auch die Distanz zu Wundern zunehmend größer.

Ich hätte es besser wissen können! War mir Ahastar doch zwei Jahre zuvor, gegen Ende einer medialen Trancesitzung in einer esoterischen Gruppe, angekündigt und fest versprochen worden. Mitten in diesem

Kreis von Leuten, die gebannt den Sätzen einer gut vernehmlichen Stimme lauschten, welche offensichtlich nicht die des Mediums war, schreckte ich plötzlich auf. Der Ankündigung dieser Stimme, daß die Sitzung in Kürze beendet sei, folgte die Aufforderung an alle Anwesenden, noch eine letzte Frage zu stellen.

Seit einigen Wochen war aber durch einige unerfreuliche Ereignisse innerhalb dieser Gruppe ein Zaun von Skepsis um mich herum gewachsen, und so hatte ich den Abend über geschwiegen. Und doch hatte mich diese Stimme – eine freundliche, sanfte weibliche Stimme mit einfachen Sätzen und Gedanken von schöner Prägnanz und Klarheit – in besonderer Weise angerührt. Fragen gab es in Hülle und Fülle. Ich trug sie wie einen schweren, vollgepackten Koffer ständig mit mir herum. Sie betrafen meinen Gesundheitszustand oder kurzum meine gesamte Existenz. Besonders meine berufliche Situation glich einem ständig von Sturmböen heimgesuchten Nomadenlager, dies auch noch in einem Alter, in dem man sich überlicherweise „etabliert" hat.

Die Fragen hämmerten spürbar in meinem Kopf, doch umgab mich eine Barriere von Scheu, die scheinbar nicht zu durchbrechen war. Da wurde ich plötzlich, aus dem Mund des in Volltrance auf dem Sofa ausgestreckten Mediums, einfach mit Namen genannt, und die Stimme forderte mich von sich aus auf zu sagen, was mich beschäftigte. Das tat ich – in hastig gestammelten Wortbrocken. Als dann die weiche, leise, sehr liebevolle Stimme wieder einsetzte, spürte ich etwas im Raum. Ich würde es poetisch ein „helles Lächeln" nennen. Man kannte also meine Geschichte. Jedenfalls war sie für die andere Seite offenbar bereits vollständig erzählt. Und eben hier erfolgte der Hinweis, es gäbe jemanden, der bereitstehe und sich unter anderem auch um meine Angelegenheit kümmern werde – wenngleich ich mich noch etwas gedulden müsse.

Das kleine Licht des plötzlich neu gefaßten Vertrauens war jedoch wenige Wochen später schon wieder am Erlöschen. Die Gruppe, die sich vor Monaten in Faszination und Begeisterung um ein geheimnisvolles Phänomen geschart hatte, das sie wie ein helles Leuchtfeuer in den Bann zog, zerbrach – an gruppeninternen Kontroversen und persönlichen Querelen. Enttäuschung und Schmerz saßen tief – ein neuer Meilenstein der Ernüchterung, dem nicht wenige schon vorausgegangen waren. Jemandem, der auf diesem Weg – gar durch ein

Medium – erneut mein Vertrauen gewinnen wollte, stand eine schwierige Aufgabe bevor.
Doch nun zu Ahastar:

Wo ist der Beweis dafür, daß es ihn wirklich gibt? Diese Frage nicht zu stellen würde bedeuten, auf den gesunden Menschenverstand zu verzichten.

Doch ehe wir uns daran machen, Ahastar an Hand seiner „Beweisspuren" zu überprüfen, werfen wir zunächst auch einen Blick auf uns selbst: Was sind unsere eigenen Erwartungen? Inwieweit sind wir selbst offen für ein ungewöhnliches Phänomen? Oder nehmen wir fremdartige Phänomene einfach leichtgläubig und unreflektiert hin?

Vertrauen ist ein kostbares Gut, niemand kann es von einem anderen einfordern. Sagen wir einfach an dieser Stelle, daß wir es probehalber erbitten – selbstverständlich auf möglichen Widerruf.

Fragen wir also nach dem, was Ahastar nachweislich kann. Er kann höchst komplizierte Zusammenhänge naturwissenschaftlicher Art und galaktische Vorgänge beschreiben, denen gegenüber das Medium wie auch der Fragende völlig ahnungslos sind.

Er kann in Sekunden auf einem Foto erkennen, ob es zwischen dem Fragenden und der Person eine karmische Verbindung gibt – ob ein Kontakt zukunftsträchtige Perspektiven enthält oder nicht. (Er selbst erklärt dies so, daß er im Lebensbuch der betreffenden Person nachschlägt.) Der Fragende wird erleben, daß Ahastar mit seiner Prognose nie falsch liegt – auch wenn für ihn selbst die Antwort wenig willkommen und unbequem sein mag.

Er kann, den Finger des Mediums auf einer Landkarte führend, präzise die Orte früherer Inkarnationen angeben. Eine anschließende Reise dorthin kann zum Weg grandioser Überraschungen werden.

Er kann den Fragenden aus heiterem Himmel mit persönlichen Dingen (erfreulicher und weniger erfreulicher Art) konfrontieren, die dem Medium mit Sicherheit völlig unbekannt sind.

Er kann Heilung herbeiführen oder jedenfalls anregen. – Eine Klientin hatte eine Gebärmuttergeschwulst, wie sich bei einem Arztbesuch herausstellte. Seit Jahren mit Ahastar in freundschaftlichem Kontakt, brachte sie diesen Krankheitsbefund beim nächsten Zusammentreffen zur Sprache. Kaum eine Woche darauf träumte sie, sich mit dem Medium Ntosi Marna auf dem Gipfelweg eines Berges zu befinden. Wie sie feststellte, schritt Ahastar beiden in einer gewissen

Entfernung voran. Es ging dem Gipfel zu. Mit diesem Bild erwachte sie. Wenige Tage später erneut beim Arzt: Die Geschwulst war völlig verschwunden. Der Arzt schüttelte ratlos den Kopf. Unter Tränen bedankte sich die Klientin beim nächsten Channeling-Abend bei Ahastar. Sein einziger Kommentar: „Du warst zur Heilung bereit."

Ahastar hat reichlich Humor. Zu Beginn eines Gesprächsabends, als ihn das Medium als etwas entfernt wahrnnahm, ihn nur leise hörte und ihn deshalb bat, er möge „doch etwas näher kommen", tippte er ihr unverhofft auf die Schulter und fragte: „Jetzt nah genug?"

Er kann sich manchmal auch des etwas derberen Wortmaterials bedienen, das er im Unterbewußtsein des Mediums vorfindet; immer zur Erheiterung und Freude der Anwesenden.

Er kann Porzellan zum Zerspringen bringen. Einmal jedenfalls machte er davon Gebrauch. Als der längst fällige Bewußtseinssprung eines Klienten bevorstand, zersprang mit heftigem Krach plötzlich das Stövchen in Stücke, das über Jahre hin unversehrt und treu seine Dienste geleistet hatte.

Nach eigenem Bekunden kann er Raumschiffe steuern und ferne Gegenden, nicht nur dieser Galaxie, sondern auch anderer Galaxien, durchreisen.

Er kann mit Sicherheit vieles mehr, von dem wir nicht einmal wissen, in welcher Richtung wir fragen sollten.

Er erklärt aber, daß er keineswegs allwissend sei. Den Umfang seines Wissens versinnbildlichte er einmal auf folgende Weise: In einem Kreis, der das Universum darstellen sollte, markierte er ein Viertel, oder vielleicht ein Drittel. Dies sei sein Wissen – im Vergleich zu dem doch noch weit größeren möglichen All-Wissen. Dann setzte er mit der Hand des Mediums noch einen kleinen Bleistiftpunkt in den Kreis und erklärte, dies sei ihr Teil des All-Wissens.

Nehmen wir an, daß er dabei lachte – so wie wir, als sich der Vorfall zutrug. Und erkennen wir an, daß er die „Größenverhältnisse" des Wissens wohl richtig eingeschätzt hatte.

Gibt es Ahastar wirklich? Ich habe ihn nie mit meinen physischen Augen gesehen. (Auch mit meinen geistigen nicht. Was anderen, in diesem Punkt mehr Begnadeten, ansatzweise doch möglich war.)

Ich möchte mich dieses Vergleichs bedienen: Stellen wir uns jemanden vor, der mit einer Person auf einem anderen Kontinent nur telefonisch Kontakt aufnehmen kann. Immer wieder führt er lange Gespräche und findet dabei immer wieder bestätigt, daß man am anderen Ende der Leitung in höchst kompetenter Weise Antworten gibt. Vielleicht surrt die Leitung manchmal ein wenig, und der Fluß der Antworten verzögert sich. Aber soweit er verständliche Worte vernimmt, zeugen sämtliche Antworten von hoher Intelligenz und einem ausgeprägten Taktgefühl, welches wiederum nie ohne Herzlichkeit ist.

Existiert die Person am anderen Ende der Leitung nun wirklich? Es wird im Lauf der Jahre mit Ahastar absurd, diese Frage zu stellen. Doch räumen wir ihr nochmals ein Recht ein und erweitern sie um eine andere: Könnte es sich bei der Person am Telefon nicht auch um die „sprechenden" Unterbewußtseinsschichten des Mediums selbst handeln? Spricht und agiert möglicherweise in all diesen Abläufen das verselbständigte Unterbewußtsein des Channeling-Mediums? Die genannten Qualitäten – Intelligenz, Taktgefühl, Herzlichkeit – wollen wir dem Medium fairerweise nicht absprechen. Sie wären nicht der entscheidende Hinweis.

Der Hinweis – und der Beweis zugleich – ist schlicht das *Erlebnis* eines eigenständigen Geistwesens. Jeder, der sich offen auf die Erfahrung eines Channeling-Treffens mit Ahastar einläßt, wird dies schließlich bestätigt finden. In seinen persönlichen Eigenarten ist Ahastar, mit den Gesprächsphasen wechselnd, sicherlich unterschiedlich präsent. Und immer wieder gibt es auch Momente, in denen sich seine Aussagen mit denen des Mediums (bzw. dessen Unterbewußtsein) vermischen. Die Situation läßt sich mit einem gemeinsamen Musizieren vergleichen. Verspielt sich einer der Solisten, so wird das Stück unterbrochen und der Fehler ohne Umschweife, freundlich, aber wenig zimperlich korrigiert. – Wo es um Wahrheit geht, können nur klare Maßstäbe gelten.

Dennoch ist für den langjährigen Beobachter erkennbar, daß Ahastar selbst manchmal nur wenige Impulse vorgibt und den Rest dem inzwischen ausreichend vorgeprägten Unterbewußtsein des Mediums überläßt. Dieses arbeitet weitgehend zuverlässig, und wenn nicht, dann ist er helfend zur Stelle. Es ist ein Lernvorgang – immer auch für das Medium. Dem stehen die Momente gegenüber, in denen Ahastar ganz eindeutig selbst das Wort ergreift und bis in die Wortwahl hinein seine Aussage prägt.

Sein Wissen ist immens – das zeigt sich immer wieder – und oft in Sekundenschnelle verfügbar. Wer dies im Channeling-Medium selber suchen will, mag sich an solchen Spekulationen erfreuen.

Noch eine ganz konkrete Bemerkung zum Buch: So erschöpfend viele Themen auch behandelt werden, so erfolgt doch hin und wieder der knappe Vermerk, daß zu einem der angesprochenen Punkte Informationen nicht gegeben werden durften. Hier kam es gelegentlich zur Festlegung strikter Richtlinien durch Ahastar selbst – Einschränkungen, die entweder nur für die öffentliche Weitergabe galten oder auch uns, Medium und Autor, in gleicher Weise betrafen.

Ahastar – Kosmische Biographien der Menschheit ist ein Buch, das gechannelte Informationen ordnen und in eine Übersicht bringen soll. Dabei wird es zweifellos mitbestimmt und auch geformt durch unsere Erwartungshaltung sowie Gestaltungsvorschläge. Doch in der inhaltlichen Wiedergabe von Ahastars Botschaften müssen wir uns loyal an seine Vorgaben halten, auch jene manchmal einschränkenden. Die Informationsquelle, aus der dieses Buch stammt, hat zweifellos ihre wohlbedachten Gründe dafür – wie aus dem nun jahrelangen Kontakt ersichtlich ist. Am wenigsten geht es hier um ein Spiel mit Geheimnissen, vielmehr um jene Zurückhaltung und Fürsorge, die man Menschen und Ereignissen schuldet, über die vor dem Hintergrund eines weit tiefergehenden Wissens gesprochen wird, als dies üblicherweise geschieht. Das Einverständnis dieser Wesen selbst ist die erste unerläßliche Voraussetzung, über die ein ethisch hochstehendes Wesen wie Ahastar sich nicht hinwegsetzen wird. Wichtiger noch: Manche Geheimnispreisgabe würde in zukünftige Entwicklungen eingreifen und bevorstehende Lernprozesse beeinträchtigen, wenn nicht sogar gefährden.

Gerade dies sollte als ein Beweis der Integrität gewertet werden. Jeder Mensch – in seinem karmischen Wachstumsprozeß – hat Anrecht auf Fürsorge und Schutz, wodurch neue Wege des Lernens offengehalten werden können. Darüber hinaus gibt es keinen Grund zur Geheimhaltung.

Nun noch eine Frage zum Schluß: Kann man die Aussagen Ahastars in Frage stellen? Nach seinem eigenen Bekunden ist auch er nicht allwissend. Also: man kann.

Und vergessen wir schließlich nicht: Es gibt keine größere Autorität als die Instanz des eigenen denkenden Ichs. Ahastar selbst wäre der letzte, der diesem Satz widersprechen würde. Doch wirkliche Kompetenz bedarf des Wissens – eines Wissens, das im beständigen eigenen Denken und Prüfen zu wachsen bereit ist. Ahastar und seine Aussagen sind ein Angebot.

Viele Leserinnen und Leser wird allein die Stimmigkeit und Klarheit seiner Aussagen überzeugen. Für andere werden sie möglicherweise Anregung sein, sich auf neue, ungewöhnliche Studiengebiete einzulassen. Und auch damit erfüllen sie schon ihren Zweck.

Mysterienstätten

In den folgenden Betrachtungen zu den Mysterienstätten der Menschheit spielen immer wieder folgende Aspekte eine entscheidende Rolle:

- Wie weit sind jene Mysterienstätten einzig menschlichen Ursprungs?
- Wurden sie einst von Planetariern anderer Sternensysteme gegründet und erbaut? Wirkten sie an ihrem Aufbau direkt mit, oder inspirierten sie sie nur? In den folgenden Kapiteln werden wir die Spuren dieser Initiativen und Einflußnahme verfolgen.
- Die damit verbundenen Fähigkeiten und Phänomene – wie die Transformation von Materie und die Möglichkeit interstellarer Reisen – kommen ebenfalls gelegentlich zur Sprache. Sie sollen hier aber keinen zentralen Platz einnehmen. Was sich hinter diesen Phänomenen und magischen Techniken verbirgt, ist im vorangegangenen Ahastar-Buch bereits ausführlich dargestellt worden, dabei vor allem der oft wenig beachtete Aspekt ihrer hochspirituellen „Innenseite".

Stonehenge

Stonehenge übt bis in unsere Zeit hinein seine Faszination aus, in den letzten Jahrzehnten sogar in wachsendem Maß.

Touristen pilgern in Strömen zu diesem rätselhaften Kreisrund aufgetürmter Monolithen. Mythologiekundige und Esoteriker suchen die

Berührung und Wiederverbindung mit der magischen Kraft dieses Ortes, etwa indem sie die Nächte der Winter- oder Sommersonnenwende dort verbringen, möglicherweise zusätzlich eingestimmt durch alte druidische Zeremonien.

Die Faszination liegt zunächst in der Anlage selbst, die auch heute noch Archäologen unverändert vor Rätsel stellt. Wie kamen die gigantischen, bis zu 26 Tonnen schweren Steinblöcke an ihren Platz? Wer richtete sie auf und überdachte sie mit den Deckplatten, den sogenannten „Kapsteinen", die gekonnt behauen sind und sich wie Nut und Zapfen den vertikalen Monolithen anpassen?

Archäologen schätzen das Alter der Anlage auf etwa 5000 Jahre. Zu jener Zeit existierte in diesen Gegenden eine halbnomadische Hirtenkultur, die Tierzucht betrieb und Weizen anbaute. Mehr noch als bei den ägyptischen Pyramiden, deren Errichtung man historisch immerhin einem hochentwickelten Kulturvolk zuschreiben kann, klaffen hier die gekonnte Plazierung der Steine und die einfache Lebensweise des Volks weit auseinander.

Über die Konstruktion des Steinrunds, sein Zustandekommen sowie letztendlich auch seinen Zweck gibt es viele Spekulationen. Als vorherrschende Meinung setzte sich durch, daß Stonehenge als Observatorium diente, mit dem wichtige astronomische Ereignisse bestimmt und vorausgesagt werden konnten. Auch neuere computertechnische Auswertungen (wie sie der amerikanische Astronom Gerald S. Hawkins durchführte) legen dies nahe. Tatsache bleibt, daß das Steinrund in seiner Grundanlage exakt nach Auf- und Untergangsposition der Sonne zur Zeit der Sommer- und Wintersonnenwende ausgerichtet ist.

Weder die großen Monolithen noch die kleineren „Blausteine", die früher offenbar ein geschlossenes Innenrund bildeten, können aus der unmittelbaren Umgebung Stonehenges stammen. Es wird vermutet, daß die Blausteine auf dem Fluß Avon aus Wales herbeitransportiert wurden. Die riesigen Trilithen könnten aus dem nördlichen Wiltshire stammen – doch auch hier bleiben viele Fragen, insbesondere immer wieder die des Transports, ungeklärt.

Archäologen sind sich darin einig, daß die Anlage ursprünglich um ein Vielfaches größer gewesen sein muß. Die umgebenden Erdwälle und weitere verbliebene Steinreste legen dies nahe. So rudimentär die Überreste auch erscheinen mögen, immer wieder drängt sich die Frage nach den „Baumeistern" auf.

Diese wesentlich größeren Ausmaße des ursprünglichen Stonehenge werden von Ahastar bestätigt. Außerhalb des Steinrunds gab es Wohngebäude und – aus Steinen und Metallen errichtet – verschiedene Tempelanlagen über weite Flächen. Wie wohl zu erwarten war, führt uns diese Betrachtung im folgenden auf nichtirdische Baumeister zurück. Sie reicht in eine Vergangenheit der Erde, die unsere gewohnte menschliche Vorstellungskraft, ja alles „großatmige" Prähistorische, sprengt.

Ahastar datiert die Anfänge von Stonehenge bereits in atlantische Zeit – etwa 20 000 Jahre nach der Gründung von Atlantis.* Der Ort auf dem Festland wurde aufgrund seiner erdmagnetischen Felder bald als günstig für die Schaffung einer weiteren außerirdischen „Niederlassung" erkannt. Über die Jahrtausende hin diente er als Treffpunkt für Außerirdische, Venusier, Plejadier und andere, schließlich auch Sirianer, soweit diese ihre amphibische Körperform den Landbedingungen angepaßt hatten. Ahastar spricht bildhaft von einer Art „Konferenzort" (spaßhaft auch von „Tagungs- und Erholungsort"), der Außerirdische sehr unterschiedlicher Planetenherkunft zusammenführen konnte, aber kein Zentrum einer einzelnen planetarischen Gruppe war.

Mit den besonderen erdmagnetischen Bedingungen dieses Ortes gehen auch spezielle Raumstrukturen einher, die empfänglicher für die Schwingungen bestimmter Planetenkonstellationen machen. Vor allem existiert ein sogenanntes „Raumfenster", das interdimensionales Reisen erleichterte und beispielsweise von den Venusiern genutzt werden konnte – also Wesen, denen eine Transformation ihrer Körperlichkeit selbst möglich ist.

Stonehenge wurde, zunächst in der Niedergangsphase von Atlantis, mehrmals zerstört und wiederaufgebaut. Die heutigen Überreste lassen von der ursprünglichen Form des Kreisrunds also nur wenig erkennen. Mit dem allmählichen Rückzug der planetarischen „Götterwesen" wurde der Ort zu einem Anziehungspunkt auch für die dort lebende Bevölkerung, die ihn zunehmend als Kultstätte zu nutzen begann.

Ahastar bezeichnet sie als „weitentwickelte Ureinwohner" – im Verhältnis zu der damaligen Erdbevölkerung gesehen –, sie verfügten

* Entstehung und Besiedlung des Atlantis-Kontinents sind ausführlich dargestellt in *Ahastar – Botschaften vom Rand der Galaxie*, München 1997.

über beachtliche schamanische Fähigkeiten und, nicht zuletzt durch ihren sporadischen Kontakt mit den Außerirdischen, über ein detailliertes Wissen um astronomische Tatsachen und Zusammenhänge.

In diesem Zusammenhang mag die Frage auftauchen, was Außerirdische, die über eine interstellare Raumfahrt verfügen, motivieren kann, einen Steinkreis aus „rohem" irdischem Baumaterial zu errichten. Könnten wir uns beispielsweise moderne Techniker vorstellen, die nach erfolgreicher Marslandung einen solchen Kreis von Monolithen und diverse Tempelanlagen errichten? Eine mögliche Antwort vermittelt vielleicht ein Sonnenaufgangserlebnis zur Zeit der Sommersonnenwende im Umkreis dieses Steinrunds. Soweit man die Sensibilität dafür entwickelt hat, wird man die Einmaligkeit dieses Erlebnisses – spürbar als etwas wie ein perfekter Gleichklang von Natur und Kosmos – nicht in Abrede stellen können. Man denke sich den Ort statt dessen mit High-Tech-Geräten ausgestattet. Zudem war dieser Mysterienort wohl mit Bedacht daraufhin angelegt, direkt in die Hände der dort lebenden Erdbevölkerung überzugehen, sobald diese die entsprechende Reife und somit auch ein angemessenes Bewußtsein dafür entwickelt hatten.

Ahastar schildert verschiedene Funktionen des Steinkreises selbst. So diente dieser, wenngleich zentral ein Versammlungsort für kosmische Kommunikation und schließlich eine Kultstätte für religiöse Zeremonien, letztlich auch zur Wetterbeeinflussung. Er wurde ebenso wirksam für Heilzwecke eingesetzt. Außerdem war es Magiekundigen möglich, innerhalb des Kreises eine erhebliche Reduzierung der Schwerkraft zu erreichen.

Die Anordnung der Steine läßt sich mit den Tonlöchern eines Blasinstrumentes wie etwa einer Flöte vergleichen. Durch das Anschlagen der Steine konnte eine stehende Welle in unterschiedlicher Vibrationsstärke erzeugt werden. Hiermit konnten andere Bewußtseins- und Wahrnehmungsbereiche geöffnet wie eben auch körperliche Heilungen ausgelöst werden. Außerdem dienten die Steine als kosmische Antennen und Energieverteiler, die auch mit anderen Zentren in Verbindung standen. Bis in die letzten Jahrtausende hinein wurde die Anlage von den beheimateten Priestern auf diese Weise genutzt. Diese Druiden waren in der nachatlantischen Zeit nicht selten wiederum selbst Venusier oder Sirianer, die inzwischen eine irdische Verkörperung angenommen hatten.

Die letzte Eiszeit hinterließ ebenso (wenn auch auf der englischen Insel weniger ausgeprägt) Spuren der Zerstörung. Das in Mitleidenschaft gezogene Steinrund wurde danach neu ausgerichtet, nochmals mit Hilfe magischer Techniken.

Der letzte wahrhaft Magiekundige, der in Stonehenge sein „Handwerk" ausübte, war Merlin. Über ihn – etwa seine frühere Verkörperung als Moses – ist von Ahastar bereits viel gesagt worden.* Die magische Ausstrahlung dieses Ortes war auch für ihn ein beständiges Kraftreservoir und unterstützte seine für Zeitgenossen phantastisch anmutenden Fähigkeiten. Sein Name steht, wenn auch scheinbar nur mythologisch, für „Zauberkunst" – wobei es sich letztlich um parapsychologisch bekannte Phänomene handelt. Es sind De- und Rematerialisierungsvorgänge, wie etwa die Fähigkeit zur Bilokation (dem gleichzeitigen körperlichen Erscheinen an zwei unterschiedlichen Orten). Im Fall von Merlin beschreibt Ahastar ein Unsichtbarwerden, indem der Magier seinen Körper mit den Luftelementen verband, also konkret seine materiell sichtbaren Körpermoleküle kurzzeitig in die Transparenz von Luftmolekülen umwandelte.

Man mag gespannt sein, ob es noch einmal eine „Nutzung" von Stonehenge wie in alten Zeiten geben wird.

Im übrigen ist gerade in unseren Tagen (worüber ein „Spiegel"-Artikel 1998 ausführlich berichtete) eine Reihe weiterer Steinkreise – über Mitteleuropa verteilt – entdeckt worden. Leider sind diese nur noch in rudimentären Formen erhalten. Sie werden ganz zutreffend als vorgeschichtliche Kultstätten – freilich oft auch als Vorläufer und in ihrer Bauweise als Vorübungen von Stonehenge angesehen, das nach dieser Ansicht also nur eine besser geratene Kopie darstellt. Dieser Schluß ist keineswegs gerechtfertigt, im Gegenteil. All diese Kultstätten wurden von Stonehenge inspiriert.

◈ ◈ ◈

---

* *Ahastar – Botschaften vom Rand der Galaxie*, siehe Kapitel „Die Bibel"

Alte Orakelstätten:
Malta – Delphi – Die Externsteine – Die Megalithenstraße von Carnac

Delphi ist die berühmteste Orakelstätte des klassischen Altertums. In ihr hatte die legendäre Pythia ihren Sitz, die – auf einem Dreifuß über einer Erdspalte hockend, aus der schwefelhaltige Dämpfe aufstiegen – für Herrscher und Könige weissagte.

Nur den wenigsten wird bekannt sein, daß der eigentliche Ursprung des Orakels von Delphi auf Malta liegt; wie im übrigen auch der vieler weiterer Stätten dieser Art, die mittlerweile in Vergessenheit geraten sind. Dieser Ursprung führt weit in die Vergangenheit zurück, und wie so häufig waren nichtirdische Wesen die tatsächlichen Initiatoren.

Ahastar benennt eine Gruppe aus dem Bereich der „Sieben Sonnen", der Plejaden, als diese Initiatoren, die von einem der dortigen Planeten etwa 30 000 Jahre v. Chr. nach Malta kamen. Malta, südlich von Sizilien im Mittelmeer gelegen, bot sich in seiner abgeschlossenen Insellage geradezu an, ein außerplanetarisches „Experiment" zu beginnen.

Dieses Experiment zielte vor allem auf die Errichtung eines Matriarchats in der dortigen irdischen Urbevölkerung ab. Es war die Lebens- und Gemeinschaftsform, die sich auch auf dem Heimatplaneten der Gruppe etabliert hatte. Die erste Abordnung außerirdischer Ankömmlinge bestand aus 500 Plejadiern, später wuchs diese Zahl auf rund 2 000 an. Sie gingen auch körperliche Verbindungen mit den Menschen der Inselregion ein, so daß zunehmend Mischwesen entstanden, die durch ihre genetischen Anlagen bessere Voraussetzungen hatten, den fremden Planetariern vergleichbare Fähigkeiten zu entwickeln.

Besonderes Charakteristikum der angestrebten matriarchalischen Gemeinschaftsform waren paranormale Fähigkeiten, wie Hellsehen und Telepathie, sowie die Übertragung von Heilenergien. In dem Maße, in dem diese Fähigkeiten im Prinzip eher eine natürliche Anlage der weiblichen Seele sind, können sie auch gerade in einer matriarchalischen Kultur durch ein entsprechendes Einüben enorm gesteigert werden. Das Ziel dieser Gründung war unter anderem, ein Gegengewicht zu Atlantis zu schaffen, das zunehmend in patriarchalischen Strukturen erstarrt war. Die Geschichte seiner Dekadenz, die zu dieser Zeit, also gegen 30 000 v. Chr., einen Höhepunkt erreichte (die erste Atlantis-Katastrophe), ist hinreichend durch esoterische Schriften bekannt.

Der Name dieser Gruppe von Außerirdischen war nach Ahastars Aussagen „Sarginar“. Damit sind allerdings im wesentlichen die weiblichen Mitglieder gemeint. Man sprach von einer „Sarginar“ als einer Frau mit paranormalen Begabungen, die in diesem kleinen Inselbereich zumeist das Amt einer Priesterin und Lehrerin ausübte. Der „Vorrang“ der Frau in dieser matriarchalischen Gesellschaft war allein schon durch ihre spirituellen Fähigkeiten offenkundig. Der Mann nahm ihr gegenüber gern eine zuarbeitende dienende Stellung ein – sich seiner eigenen Vorzüge körperlicher Stärke, durch die er Geborgenheit und Schutz geben konnte, durchaus bewußt.

Die Überbewertung der körperlichen Kraft ist, wie wir uns selten bewußt machen, in einer patriarchalischen Gesellschaft in der Regel der entscheidende Faktor für die männliche Dominanz. Gerade die Qualitäten, die darüber hinausführen – wie die genannten spirituellen der Frau – sind ohne Frage grundlegender Natur und besitzen so letztlich größere Überzeugungskraft.

Von Malta aus wurde schließlich ein reger Austausch mit anderen Bevölkerungsgruppen des Mittelmeerraumes gepflegt, dies dank einer seetüchtigen Flotte und einer Schiffahrt, die überwiegend in den Händen guter männlicher Schiffsbauer und Seefahrer lag. Diese Kontakte führten zur Gründung zahlreicher weiterer Zentren. Das bekannteste dieser Zentren wurde Delphi. Ein anderes lag in Ägypten, in der Nähe von Alexandria. Weitere waren über den gesamten Mittelmeerraum verstreut. Mit einigen – wie der Megalithenstraße von Carnac und den Externsteinen im Teutoburger Wald – konnte sogar das nördliche Europa erschlossen werden.

Mittelpunkt dieser weitverstreuten Orakel- und Schulungsstätten blieb über Jahrtausende hin immer Malta. Mit seiner abgeschlossenen Insellage sowie seinem speziellen erdmagnetischen Feld war es zur Entwicklung und Entfaltung der beschriebenen weiblichen Fähigkeiten in besonderer Weise geeignet. Ahastar vergleicht die Auswirkungen dieser magnetischen Felder mit einer speziellen Nahrung, die bestimmte Tätigkeiten des Menschen begünstigen und unterstützen kann.

Etwa 5 000 Jahre v. Chr. begannen sich die außerirdischen Besucher allmählich zurückzuziehen. Einige Seelen inkarnierten noch hin und wieder in menschlichen Körpern. Doch das hinterlassene Erbe konnte von den zurückbleibenden Bewohnern – einer einflußreichen Kaste ausgebildeter Priesterinnen – im wesentlichen nun selbst verwaltet werden.

In der Mythologie hat sich die Existenz eines solchen „Frauen-Volkes" vor allem in den Erzählungen von den Amazonen, aber auch den Sabinerinnen niedergeschlagen. (Die Namensähnlichkeit zwischen „Sarginar" und „Sabiner" ist unüberhörbar.) Natürlich kam es hier zu phantasievollen Ausschmückungen und auch Verzerrungen. Für den bekannten „Raub der Sabinerinnen" gibt es konkrete geschichtliche Hintergründe. Die Amazonen auf Malta und auch in anderen Gründungsorten waren für ihre Schönheit und ihre besonderen Gaben bekannt, so daß sie bei den umliegenden Völkern Gefühle des Begehrens weckten, wodurch es immer wieder zu Überfällen kam. So mußten sie eine gewisse männliche Wehrhaftigkeit entwickeln. Doch der zahlenmäßigen Übermacht, vor allem von seiten der hereinbrechenden Griechen, konnten sie schließlich nicht standhalten.

Die ursprüngliche Bevölkerung wurde mehr und mehr dezimiert; nach den Griechen vor allem durch die zur Weltmacht aufgestiegenen Römer. Zum endgültigen Erlöschen der alten kultischen Lehren und Bräuche sowie zur Auslöschung des Matriarchats kam es schließlich durch das Christentum.

Im übrigen ist Altertumsforschern bekannt, daß es in der Antike einen mediterranen Kult der Muttergöttin gegeben hat. Speziell auf Malta wurden zahlreiche Statuen und kleinere Kalkfiguren gefunden, die die „Erdmutter" oder die „Große Göttin" darstellen: meist eine breithüftige Venus, die Üppigkeit und Fülle ausstrahlt.

Zeugen einer ganz besonderen Vergangenheit auf Malta sind im weiteren die eindrucksvolle Tempelanlage von Tarxien und vor allem das Hypogäum (was griechisch „unterirdisches Gewölbe" bedeutet): eine Abfolge von über 20 Höhlen – teils natürlich entstanden, teils von Menschenhand geschaffen –, die alle miteinander in Verbindung stehen. Die wundervoll geformte Haupthalle dieses unterirdischen Komplexes ist geprägt von Katakomben und Grabstätten. Die Gänge und Kammern führen schließlich in das „Allerheiligste", dessen Eingang eine in den Fels gehauene Tempelfassade bildet. Teil einer

Votivgruppe in diesem Hypogäum ist z. B. die Statuette der sogenannten „Schlafenden Dame". Einige Wissenschaftler vertreten die Ansicht, daß durch sie der Brauch der Incubation, des Rückzugs nach innen in Erwartung prophetischer Träume und Eingebungen, dargestellt ist.

Nach Ahastar war es im übrigen auch ein spezielles Gen, das – von den Außerirdischen an die Inselbewohner weitergegeben – die erwähnten paranormalen Fähigkeiten in besonderem Maß förderte. Dies soll nicht heißen, ein Gen allein könne solche Fähigkeiten auslösen. Entscheidend bleibt letztlich, daß von dem gegebenen „Angebot" an spirituellem Wissen, etwa durch eine spezifische Schulung, auch Gebrauch gemacht wird. Aber auch heute noch gilt, daß eine genetische Veranlagung zu medialen Fähigkeiten durch ein solches (oder vergleichbares) Gen entschieden beeinflußt werden kann.

In diesem Zusammenhang noch eine generelle Bemerkung zur Vermischung irdischer und außerirdischer Wesen und den genetischen Folgen:

Grundsätzlich mag es erstaunen, daß es eine biologische Grundlage für solche Vermischungen gibt. Dies kann aber auch wiederum als relativ natürlich empfunden werden, da es sich beim Typus des Homo sapiens um ein immer wiederkehrendes Grundmuster im Universum handelt, das auf zahlreichen anderen Planeten anzutreffen ist, freilich in vielfachen Variationen – und lediglich als *ein* solches Grundmuster neben weiteren Archetypen intelligenten Lebens.* Alle Planetarier, die so weit entwickelt sind, daß sie zu anderen Sonnensystemen reisen und dort schließlich die Entstehung intelligenter Lebensformen einleiten oder doch beschleunigen können, geben natürlich ihre eigenen „Grundmuster" weiter. Gehören sie selbst zum Typus des Homo sapiens, so werden sie auf einem anderen Planeten auch einen solchen zurücklassen.

Genetische Einflüsse zeigen sich nur auf submolekularer Ebene. Andernfalls könnte sich die Frage aufdrängen, warum die Spuren dieser „Einmischungen" (die ja an verschiedenen Orten der Erde durch unterschiedliche Außerirdische erfolgten) im genetischen Material

* *Ahastar – Botschaften vom Rand der Galaxie*, siehe Kapitel „Andere Planetenmenschheiten"

der Völker nicht aufzufinden sind. Ahastar spricht davon, daß die Genforschung – so fortschrittlich sie uns erscheinen mag – noch in den Kinderschuhen steckt. So wie Physikern das Atom lange Zeit als letzte unteilbare Einheit erschien, so betrachten Biologen das einzelne Gen als einheitlichen Grundbaustein allen Lebens. In Wirklichkeit gibt es aber noch viele unentdeckte Unterstrukturen.

Hier geht es zum Teil um Übergänge in einen nahezu feinstofflichen Bereich. Doch auch alle diese Unterstrukturen haben ihre Auswirkungen. Der Aufbau der menschlichen Zelle – scheinbar von einer immer wiederkehrenden Genstruktur bestimmt – ist somit noch viel komplexer als bisher angenommen.

Diese Perspektiven, die das wissenschaftliche Weltbild sprengen, mögen den Biologen erschrecken. Tatsächlich eröffnen sie einen weit größeren Variationsraum für die Evolution jedes Individuums.

Streifen wir kurz die Stätten weiterer bekannter Orakelgründungen: Delphi, die Externsteine und die Megalithenstraße von Carnac.

Bei Delphi, am Fuße des Parnaß gelegen, handelt es sich um eine gewaltige Anlage von Tempelplätzen und Wohnstätten, zu der auch ein antikes Theater gehört. Hier glaubten die Griechen den „Nabel der Welt" zu finden. Auch wenn die uns bekannten Steinreste meist jüngeren Ursprungs sind, so kann man sich an diesem Ort auch schon Jahrtausende zuvor eine ausgedehnte Schulungsstätte gut vorstellen.

Seinen etwas zweifelhaften Ruf – als Stätte vager oder gar nichtssagender Orakelsprüche, die zuweilen beliebig interpretiert werden konnten – erlangte Delphi erst in späterer Zeit. Hier wurden gelegentlich Frauen in die Rolle der Pythia gedrängt, die über nur geringe mediale Fähigkeiten verfügten. Wie die Priesterinnen der Vorzeit saßen sie auf ihrem Dreifuß und berauschten sich an den schwefelhaltigen Dämpfen – doch die erhoffte Stimme des angerufenen „Gottes", der durch sie sprechen sollte, blieb unklar und zweifelhaft.

Die Externsteine haben für die germanischen Völker stets eine zentrale Rolle gespielt. Ihre Bedeutung als Kultstätte ist durchaus mit der von Stonehenge zu vergleichen. Die Externsteine sind wie die unterirdischen Tempelanlagen auf Malta sowohl eine Naturschöpfung – gewissermaßen ein „Naturtempel" – als auch eine von Menschenhand geschaffene Anlage. Die bis zu dreißig Meter aufragenden eindrucksvollen Felsen sind mit Grotten, Gängen und Kammern durchsetzt, die überall die Spuren menschlicher Bearbeitung erkennen lassen. Die Kammer im Inneren der gewaltigsten Felssäule ist mit ihren „Fenstern" so ausgerichtet, daß genau die aufgehende Mittsommersonne hineinstrahlt.

Der Pastor Wilhelm Teudt fand 1920 heraus, daß die Kultstätte auf einem – wie er es nannte – „Netz heiliger Linien" liegt, vergleichbar den englischen „Leylines" um Stonehenge. Eine dieser Linien verbindet die Externsteine mit dem megalithischen Steinkreis in Bad Meinberg.

Speziell erwähnt sei ein großes steinernes „Bett" unter freiem Himmel, das klar die Konturen eines menschlichen Körpers zeigt. Hier handelt es sich um einen solchen Rückzugsort, an dem die Pythia sich mit den harmonischen Schwingungen von Erde und Kosmos in besonderer Weise verbinden konnte. Wieder ist der Hinweis wichtig, daß ein spezielles erdmagnetisches Feld auch diesen Ort auszeichnet. Einige esoterische Gruppen haben dieses Bett als Stätte für den dreitägigen Einweihungsschlaf interpretiert, den jeder Schüler zu durchlaufen hatte – um mit den Mächten des Todes konfrontiert zu werden und als ein Verwandelter zurückzukehren. Tatsächlich wurde dieser Ort in vielerlei Hinsicht als Ausbildungs- und Schulungsstätte genutzt.

Er war auch ein Brennpunkt in der Begegnung des aufkommenden Christentums mit dem alten keltischen und germanischen Heidentum. Über diese geschichtlichen Hintergründe und Spannungen wird im Artus-Kapitel ausführlicher berichtet.

Kommen wir zur Megalithenstraße von Carnac in der Bretagne.

Hier handelt es sich um eine imposante Anlage, die mit ihren aufgerichteten Steinblöcken wieder an Stonehenge erinnert. Die größten Megalithen erreichen die Höhe von sieben Metern. Einige zeigen, wenn auch kleiner als in Stonehenge, kreisförmige Anordnungen, so der Halbkreis in der Nähe des Dorfes Le Menec, der von 70 dicht beieinanderstehenden, etwa 1,20 Meter großen Menhiren gebildet wird. Das Charakteristische an dieser Stätte aber sind die parallel verlaufenden Megalithenstraßen. Mit rund 3 000 Menhiren, die sich in mehreren gerade ausgerichteten „Alignements" über eine Länge von acht

Kilometern durch Pinienwälder und Heide ziehen, ist Carnac das eindrucksvollste und außergewöhnlichste Megalithmonument Europas.

Die Steine sind im wesentlichen der Größe nach angeordnet. Östlich des Halbkreises von Le Menec nimmt ihre Höhe von 3,70 Meter auf 90 Zentimeter ab. In einem nochmals weiter östlich gelegenen Abschnitt, der „Straße von Kermario" oder auch „Ort der Toten" genannt wird, erreichen sie schließlich eine Höhe von sieben Metern. Einer der imposantesten Menhire krönt einen größeren Erdhügel, in dem sich – wiederum nach dem Stand der Mittwintersonne ausgerichtet – eine kubische Grabkammer befindet. Archäologen datieren sie auf die Zeit 4 700 v. Chr., sehen ihre Entstehungszeit also noch vor der archäologischen Datierung der ägyptischen Pyramiden. Ahastar erklärt, daß die Gründung der Orakelstätte von Carnac etwa 15 000 Jahre zurückliegt. Auch hier spielten günstige erdmagnetische Voraussetzungen eine Rolle. Generell wich aber im Verlaufe der Jahrtausende die Funktion eines Orakelplatzes nach und nach einer anderen.

Bei den heute sichtbaren Steinen handelt es sich um Megalithen, die von ihrer Anordnung her gesehen nicht eigentlich rituellen Zwecken dienten – jedenfalls nicht im engeren Sinne der Bezeichnung als Weihestätte, an der Kontakt mit den Göttern aufgenommen und das Wissen der Einweihung erlangt werden konnte. Die langen Steinstraßen bedeuteten für die Völker des keltischen Kulturraumes einfach Markierungen – für Prozessionen und auch Sportwettkämpfe. Der Ort war also ein Versammlungsplatz für große Menschenmassen, die vor allem zur Zeit der Winter- und Sommersonnenwende dort eintrafen. Diese zentralen Ereignisse wurden mit langen Prozessionen und schließlich auch mit sportlichen Wettkämpfen gefeiert. Für einen Bewunderer dieses Ortes und seiner Steinformationen mag diese Erklärung etwas ernüchternd klingen. Doch Carnac – in der uns verbliebenen Form – ist ausschließlich „Menschenwerk". Jeweils nach einem halben Jahr, eben zu jenen Festtagen, wurde ein neuer Stein hinzugefügt, bis die Straßen die uns noch heute beeindruckend Länge erreicht hatten.

Die Bedingungen für eine Schulungsstätte wie in Malta waren in Carnac letztlich nicht gegeben. Auch ein vergleichbares Matriarchat hat sich in dieser Region nicht etablieren können. Die Zusammenkünfte der großen Feiertage brachten Weibliches und Männliches

– letzteres vor allem durch die aufwendigen sportlichen Wettkämpfe – gleichermaßen zur Geltung.

Die ägyptischen Pyramiden

Heute ist es keine revolutionäre These mehr, daß die drei großen Pyramiden von Gizeh nicht von Menschen errichtet worden sind. Wie auch Ahastar es schildert, waren die eigentlichen Baumeister – speziell im Fall der Cheops-Pyramide – Planetarier, die mit ihrer weit fortgeschrittenen Technik völlig andere Möglichkeiten hatten, diese im Grunde unvorstellbare Arbeitsleistung zu bewältigen.* Der außerirdische „Ursprung“ der Pyramiden wird von einer Reihe anderer medialer Quellen bestätigt. Hervorzuheben ist hier besonders das Buch *Die Bauten der Außerirdischen in Ägypten* von H. Ilg und H.P. Schaffer.** Hier wird ebenfalls das hohe Alter dieser Pyramiden bestätigt, das weit über den Schätzungen der Altertumsforscher liegt.

Auch Menschen waren am Bau der drei großen Pyramiden beteiligt, doch unter strikter Anleitung und „Oberaufsicht“ der genannten Planetarier. Alle anderen der insgesamt neun erhaltenen Pyramiden sind menschliche Schöpfungen und – wiederum abweichend von den Annahmen der Archäologen – zu einem späteren Zeitpunkt entstanden.

Die erste und älteste aller Pyramiden ist die sogenannte „Cheops-Pyramide“, die aber fälschlicherweise so heißt. Ihr wahrer Erbauer war nicht Cheops, sondern Idris – auch „Henoch“ (hebräisch) oder „Hermes Trismegistos“ (griechisch) genannt. Unverändert kommt ihr im Bewußtsein der Menschen ein zentraler Platz zu. Sie ist, weit mehr als irgendeine andere Pyramide, in ihrem Inneren reich mit Gängen, Schächten und Kammern durchsetzt, auch solchen, die hoch hinaufreichen. Über den ebenerdigen Eingang an der Nordseite betritt man einen schmalen, abwärts führenden Gang, von dem eine Abzweigung zunächst in eine kleinere Kammer (die sogenannte

---

* Siehe Literaturverzeichnis auf Seite 251

** Über die Cheops-Pyramide ist bereits im ersten Ahastar-Buch ausführlicher berichtet worden.

„Grabkammer der Könige") und dann in eine imposante Halle von 8,5 Metern Höhe und 47,50 Metern Länge führt. Hier schließt sich nochmals eine größere Kammer an, die eine sarkophagähnliche Truhe enthält. Doch zunächst zu den eigentlichen Fragen: Welchem Zweck dienten die drei großen Pyramidenbauten? Mit welchen technischen Mitteln wurden sie errichtet?

Die weitverbreitete Annahme, daß sie als Grabstätte der Pharaonen dienten, konnte nie eindeutig belegt werden. Als sich Abdullah-al-Manun mit seinen Leuten im 9. Jahrhundert Zugang ins Innere der Großen Pyramide verschaffte, fand er die Gänge durch große Granitblöcke versperrt, die aufwendig beseitigt werden mußten. Doch der „Sarkophag" war leer. Wie Grabräuber – die nach der gängigen These die Grabkammer geplündert haben sollten – diese Sperre überwinden konnten, bleibt ein Rätsel.

Als Begräbnisstätte der Pharaonen und auch hoher Beamter des Hofes war eigens das „Tal der Könige", etwa 500 Kilometer flußaufwärts gelegen, angelegt worden. Hier wurden viele, zum Teil bunt ausgeschmückte Felsengräber entdeckt. Andere waren, zum Schutz vor Grabräubern, mehr oder weniger unkenntlich gemacht worden.

Die von Richard Anthony Proctor im 19. Jahrhundert aufgestellte These, daß die Pyramiden als Sternwarten genutzt und zu diesem Zweck erbaut wurden, klingt ebenfalls wenig überzeugend. Hier hätten weit weniger aufwendige Bauten (wie etwa ein Steinkreis oder ein Turm) den gleichen Zweck erfüllt. Diese Interpretation freilich belegt, wie sehr die ägyptischen Tempel- und Pyramidenbauten immer wieder dadurch Faszination auslösten, daß sie in einem auffallend harmonischen Zusammenhang mit den Gestirnen und darüber hinaus den Maßen der Erde selbst zu stehen schienen.

Dies veranlaßte den Schotten Charles Smyth zu der Annahme, der „Göttliche Geometer" selbst müßte die Große Pyramide angelegt haben. Auch er war der Ansicht, daß Menschen ein solches Wunderwerk nicht vollbracht haben konnten. Er konnte durch aufwendige Rechenexempel nachweisen, daß die Maße dieser Pyramide auf der Kreiszahl *pi* beruhen und zudem mit der Länge eines Jahres, dem Erdumfang sowie der Entfernung zur Sonne in Relation stehen.

Über solche in der Tat erstaunlichen Zusammenhänge liegt umfangreiches Lesematerial vor. Zu diesen Phänomenen zählt auch die

Tatsache, daß die Pyramiden an einem Erd-Meridian liegen, an dem die Landmassen in beide Richtungen, also nach Ost und West, etwa gleich verteilt sind.

Nun noch einmal zum Alter: Die zum Teil starke Erosion an den Granitblöcken und selbst die Verwitterungen am weniger harten Kalkgestein lassen kaum Schlüsse auf eine lediglich 4–5 000 Jahre zurückliegende Entstehungszeit zu. Auch der große Sphinx trägt Verwitterungsspuren, die eine andere Alterseinschätzung nahelegen.

Wir können nun auf die Auskünfte Ahastars zurückkommen und sie ergänzen: Der Unterschied zwischen dem „Dreigestirn" der großen Pyramiden von Gizeh und anderen ägyptischen Pyramiden ist mehr als augenfällig. Diese sind aus gebrannten Lehmziegeln gebaut. Ihre Formen sind ungenau und wirken im Vergleich geradezu klobig. In ihnen gibt es tatsächlich Felsengräber, die sogenannten „Mastabas", über denen Stufenpyramiden errichtet wurden – meist zum Ruhm und zur Verherrlichung des Pharaos, der sie in Auftrag gegeben hatte.

Über den Bau der drei großen Pyramiden, die alle aus glatt zugeschnittenen Steinquadern geschichtet sind, liegen keine zeitgenössischen Aufzeichnungen vor. So blieb viel Spielraum für verschiedene Theorien und Spekulationen. In Schulbüchern werden den Kindern unverändert fiktive Abbildungen von spiralförmigen Rampen, Seilvorrichtungen und Ziehschlitten vorgesetzt. Diese Vorstellungen haben angesichts der realen Fakten etwas Rührendes. Geht es doch um Kalksteinblöcke und schließlich auch Granitblöcke, wie sie für die „Grabkammer" im Innern der „Cheops-Pyramide" verwendet wurden, von bis zu 13 Tonnen Gewicht. Diese mußten im Fall der „Cheops-Pyramide" auf eine Höhe von über 140 Metern bewegt werden!

Unbeantwortet bleibt auch die Frage, wie die Felsblöcke ihre so glatte Form erhalten konnten und das Gesamtgebilde zu solcher Vollendung und Präzision gelangte. Um weniger als ein Zehntelgrad weichen die vier Ecken von den Kardinalpunkten des Kompasses ab. Die Steinfläche rund um die Große Pyramide selbst ist praktisch vollkommen eben, die größte Abweichung ist kaum daumenbreit.

Ahastar (wie auch andere mediale Quellen) spricht von großen Schneidegeräten, die wie ein Laserstrahl arbeiteten. Diese konnten jede Art von Felsen in exakt gerade Flächen und in jede beliebige Form zurechtschneiden.

Anders als in Peru und Bolivien kamen in Ägypten keine Pflanzenextrakte zur Anwendung, die den Stein an den Rändern weich werden ließen und formbar machten. Nur in diesen südamerikanischen Regionen gibt es jene bekannten „Buckelsteine“: wie die großen glattgeschliffenen Quader der drei großen Pyramiden passen sie millimetergenau aufeinander. Doch sie sind nach außen hin rund und „bauchig“.

Für ihren Transport standen Flugmaschinen zur Verfügung, aber auch Geräte, die die Gravitation aufheben konnten: „Fahrzeuge“ mit scheibenförmigen Aufsätzen, die das Gravitationsfeld neutralisierten, oder Gerätschaften, die einfach über den Felsquadern schwebten und sie so fortbewegten. – Um keine Störungen im Gravitationsfeld der Erde zu provozieren, wurden diese Transportmaschinen immer nur sehr gezielt und behutsam eingesetzt.

Den Mittelpunkt jeder der drei großen Pyramiden bildete ein „Zentrumskristall“. In der „Cheops-Pyramide“ etwa befand er sich hinter der beschriebenen Großen Halle in der angeblichen Grabkammer, die mit glattem Basalt ausgestattet ist. Die größeren und kleineren Kammern dienten als Lagerraum für die unterschiedlichsten technischen Geräte. Selbst bei dem großen, viele Tonnen schweren „Sarkophag“ und dem davon entfernten Deckel handelt es sich um einen solchen Aufbewahrungsbehälter. Das System der schmalen Schächte (sie sind zu klein, als daß ein Mensch durch sie eindringen könnte) diente der Belüftung, vor allem der kleineren Räume. Dies widerspricht nicht Deutungen, die jene Schächte in besonderer Weise auf den Sternenhimmel ausgerichtet sehen.

Entscheidend bleibt, daß Wesen mit hochentwickeltem spirituellem Bewußtsein die Verwalter und Nutzer dieser Anlagen waren. Die Ausdruckskraft der oft monumentalen altägyptischen Statuen – die würdevolle Haltung und die Klarheit der Gesichtszüge – vermittelt ungebrochen viel von einem solchen Bewußtsein, einer „Religiosität“ im besten Sinne des Wortes, gemessen an den spontanen Wirkungen, die sie hervorrufen.

Die Pyramide als Ganzes war ein exakt durchstruktiertes Gebilde, das auf die Einflüsse der erdeigenen Energie- und Magnetfelder reagierte – bewußt darauf angelegt, jede „Gleichgewichtsstörung“

auszutarieren. Die Funktionen der großen Pyramiden sind im Prinzip bereits beschrieben worden*: Sie dienten als Orientierungspunkt für außerirdische Fahrzeuge sowie in vielerlei Hinsicht als Kommunikationszentralen. Etwas humorvoll ließe sich hier von einem „Tower" auf einem Flughafen sprechen. Doch natürlich ging die Kommunikation weit über diesen Rahmen hinaus. Auch eine Beeinflussung des Wetters war möglich.

Eigentliches Kernstück der Wirksamkeit waren die genannten Zentrumskristalle. Der größte – in der ersten, der Großen Pyramide untergebracht – hatte einen Umfang von etwa acht Metern. All diese Kristalle waren nicht irdischen Ursprungs. Die außerirdischen Baumeister und zeitweiligen Besiedler dieser Stätten waren noch in anderer Form auf die Pyramidenkristalle angewiesen: Die Energieabstrahlungen dieser Kristalle dienten zu ihrer Regeneration, sogar im Sinne von Nahrungsaufnahme. Die meisten Früchte auf der Erde erwiesen sich für ihre halbfeinstofflichen Körper als nicht verwertbar. Soweit sich die Wesen auf einem Entwicklungsstand befanden, auf dem sie sich vor allem von „kosmischem Prana" ernährten, war es doch hilfreich, dieses Prana ihrer gewohnten Schwingungsfrequenz anzupasssen. (Auch Prana wird durch die Eigenschwingung eines Planeten beeinflußt.) Daneben hatten die Kristalle die Funktion zu heilen. Oder sie hingen mit jenen genetischen Veränderungen zusammen, die im Zusammenhang mit den „Häusern des idealen Menschenpaares" dargestellt worden sind.** Hier handelte es sich um eine schrittweise direkte körperliche Veränderung, die Hand in Hand mit einer Veränderung des Erbguts ging und so für weitere Generationen bindend blieb.

Die ersten „Niederlassungen" Außerirdischer in diesem Bereich lagen zunächst vor allem in Oberägypten. Davon künden noch die zahlreichen Obeliske, die bis zu über 40 Meter hoch sind. Sie hatten – je nach Größe – ebenfalls die Funktion von Pyramiden.

Mit dem Rückzug der „Götter", also dem Verschwinden der Außerirdischen von diesem Planeten, wurden auch alle Zentrumskristalle und der größte Teil ihrer technischen Gerätschaften mit auf

---

* *Ahastar – Botschaften vom Rand der Galaxie,* siehe Kapitel „Die spätatlantische Zeit"

** *Ahastar – Botschaften vom Rand der Galaxie,* siehe Kapitel „Isis, Osiris, Seth"

die Heimatplaneten zurückgenommen. In den Händen der damaligen Menschen hätten sie ein gefährliches Zerstörungspotential bedeutet.

Abschließend ein Wort zum Sphinx, jenem ebenfalls monumentalen Bauwerk, das eine Verbindung von Menschen- und Löwenkörper darstellt. Er ist ein über die Jahrtausende hin sichtbarer Hinweis auf die Verbindung des Menschen mit dem Tierreich und seine daraus erwachsende Aufgabe: sich mit der Kraft und dem Mut des Löwen aus den alten tierischen Bindungen zu lösen und den Göttern ähnlich zu werden.

Unter diesem Bauwerk verbirgt sich eine Kammer, in der die einstigen Baumeister eine kleine Sammlung von technischen Geräten zurückgelassen haben. Es ist durchaus möglich, daß die Leser dieses Kapitels noch Zeugen einer unerwarteten Entdeckung werden.

Mekka

Mekka, speziell die heilige Kaaba, ist das zentrale Heiligtum des Islam. Mindestens eine Wallfahrt nach Mekka ist jedem gläubigen Moslem in seinem Leben durch den Koran vorgeschrieben.

Über den Islam als Weltreligion und ihren Begründer Mohammed soll in einem gesonderten Kapitel (siehe Kapitel: „Andere Religionsstifter") noch einiges berichtet werden.

Durch viele Abbildungen ist die Kaaba (was arabisch einfach „Würfel" bedeutet) bekannt: jener quadratische, in schwarzen Brokat gehüllte Bau, der sich im geräumigen Innenhof der großen Moschee von Mekka befindet. Das größte Heiligtum wiederum ist der in die östliche Wand eingelassene silberverbrämte Schwarze Stein. Jeder neu eintreffende Pilger, der sich zuvor einer rituellen Reinigung unterzogen hat, umrundet ihn siebenmal – in inbrünstigen religiösen Gesang versunken – und küßt ihn in tiefer Ergebenheit. Fünfmal am Tag verneigen sich die Moslems in aller Welt, dem Gebot des Korans folgend, in Richtung Mekka – wie Kompaßnadeln, die sich alle auf die Kaaba ausrichten.

Die Kaaba mit dem Schwarzen Stein hat bereits vor Mohammed existiert und war schon vor seiner Zeit ein Zentrum religiöser

Verehrung. Von Mohammed wird gesagt, daß er den Stein reinigte. Historisch belegt ist, daß er selbst jenen Ort zum Zentrum seines neugegründeten Glaubens erklärte und damit legitimierte.

Zufolge Sagen und Legenden ist jener Schwarze Stein vom Himmel in den Garten Eden gefallen. Adam erhielt ihn nach seiner Vertreibung aus dem Paradies zur Auslöschung seiner Sünden. Andere Überlieferungen berichten, daß Abraham den Stein von Erzengel Gabriel erhalten habe, um als Grundstein zum Bau eines Tempels – eben jener Kaaba – zu dienen. Schließlich wird auch erzählt, daß jener Stein einst weiß gewesen sei und durch die Anhäufung menschlicher Sünden nachgedunkelt sei. In der Tat stellt der Schwarze Stein das eigentliche Geheimnis des moslemischen Heiligtums dar. Die Annahme, er sei „vom Himmel gefallen", führte natürlich zu Spekulationen, daß es sich dabei um einen Meteoriten handele. Für eine solche Beschaffenheit, die eines typischen Meteorgesteins, gibt es allerdings keinen Beleg.

Bereits seit Jahrtausenden war Mekka ein wichtiger Knotenpunkt der Karawanenstraßen im heutigen saudiarabischen Raum. Diese Attraktion hängt zweifellos mit dem Brunnen Semsem zusammen, der einzigen Wasserquelle der Stadt Mekka. Um ihn rankt sich eine verklärende religiöse Geschichte. Hagar, die Mutter von Abrahams erstgeborenem Sohn Ismael, wurde von Abrahams eifersüchtiger Frau Sarah mit dem kleinen Knaben in die Wüste vertrieben. Dort sollten sie verdursten. Hagar fand hier mit Gottes Führung jene Quelle, die wie durch ein Wunder aus dem Wüstensand hervorsprudelte und so Mutter und Kind vor dem sicheren Tod rettete.

Der Schwarze Stein ist tatsächlich, so Ahastar, nicht irdischen Ursprungs. Er ist also gewissermaßen „vom Himmel gefallen". Auch für die Überlieferung, er sei einmal weiß gewesen, findet sich eine mögliche Erklärung:

Ahastar spricht von zwei kleineren Pyramiden, die sich in der Nähe Mekkas befanden. Ihre Entstehung führt noch Jahrhunderte weiter zurück als die der Großen Pyramide in Gizeh. Auch hier waren außerirdische Baumeister am Werk. Genauer gesagt, hatte hier wie bei der Großen Pyramide Idres (Hermes Trismegistos/Henoch) die „Bauleitung", und die planetarischen Schöpfer waren wieder vor allem Venusier und Plejadier.

In dem Kapitel über die ägyptischen Pyramiden ist bereits über die Zentrumskristalle berichtet worden. Auch die kleineren Pyramiden in der Nähe von Mekka waren mit solchen Kristallen versehen. Sie hatten die gleichen Ausmaße und übten dieselben Funktionen aus. Ahastar gibt den Durchmesser solcher Zentrumssteine mit durchschnittlich sechs bis acht Metern an. Er betont dabei, daß solche Kristalle natürlich gewachsen sein mußten, d.h. daß jede Art von Bearbeitung nur durch gedanklich-magische Beeinflussung geschehen durfte. Das direkte materielle Handanlegen hätte die Steine „verletzt“ und unbrauchbar gemacht. Die eine der beiden genannten Pyramiden umschloß einen weißen, einem Bergkristall ähnlichen Stein, die andere einen dunklen Topas. Ein Überrest jenes dunklen Topas wurde zu dem heiligen Schwarzen Stein in der Kaaba.

All das geschah vor über 10 000 Jahren. Bei kriegerischen Auseinandersetzungen mit dem Atlantis der Spätzeit, das seit langem tief in die Dekadenz versunken war, kam es zu einem Angriff auf das Zentrum nahe bei Mekka. Dabei wurden die beiden Pyramiden zerstört und auch der dunkle Zentrumskristall vollständig zertrümmert. Den weißen Stein, der weitgehend unversehrt geblieben war, nahmen die planetarischen Baumeister wieder mit auf ihren Heimatplaneten zurück. Der dunkle Stein war nicht mehr zu retten, durch die Zertrümmerung hatte er seine magischen Qualitäten verloren. Lediglich das größte erhaltene Stück, der Schwarze Stein der Kaaba, zeigt noch bemerkenswerte Reaktionen auf das erdmagnetische Feld, wie Ahastar ergänzt. Seine Finder, die ihn lange vor Mohammed zum Zentrum ihrer religiösen Verehrung auserwählten, wußten – wie sehr auch sonst als strenges Geheimnis bewahrt – von seinem außerirdischen Ursprung.

Von den zwei kleinen Pyramiden – wohl so etwas wie Übungsbauten für die späteren in Ägypten – sind keine Spuren mehr auffindbar. Sie wurden noch nicht mit jenen gigantischen Steinquadern errichtet. Ihr Material wurde wohl später von der Bevölkerung vielfach anderweitig genutzt und verbaut, oder es ist vom Wüstensand über die Jahrtausende völlig verschüttet worden.

„Uluru", der Ayers Rock in Australien

Der Ayers Rock ist zweifellos das bemerkenswerteste Landschaftsphänomen Australiens. Er ist ein rund 330 Meter hohes Sandsteinmassiv mit einem Umfang von neun Kilometern, eine Art „Inselberg" inmitten der flachen Wüstenebene. In der Morgen- und Abendsonne leuchtet er in faszinierenden Farben. Für die australischen Ureinwohner, die Aborigines, war der imposante rotfarbene „Monolith" seit jeher der „heilige Berg" – sie nannten ihn „Uluru".

Auf fast alle Besucher übt der Berg eine faszinierende Wirkung aus. Die australische Abenteuerin Robyn Davidson beschreibt ihre Gefühle in dem Buch *Spuren* folgendermaßen: „Die unbeschreibliche Kraft dieses Felsens ließ mein Herz rasen. Ich hatte noch niemals zuvor etwas so Seltsames, etwas so primär Wunderbares erlebt."

Alle Einkerbungen, jeder Riß, jede Spalte und jede Erhebung haben für die Aborigenes ihre eigene Bedeutung. Jede der Höhlen des Massivs, die auch reich mit Wandzeichnungen ausgestattet sind, nimmt im rituellen Leben der Aborigines einen besonderen, unverwechselbaren Platz ein. „Uluru" war heiliger Versammlungsort der Pitjantjatjara, des Hasen-Wallaby-Volkes, das auf seiner Nordseite lebte, und der Yankuntjatajara, des Teppich-Schlangen-Volkes, das auf seiner Südseite beheimatet war. Für diese australischen Ureinwohner und Nomaden ist der gesamte Kontinent mit „Traumpfaden" durchzogen, deren zentraler Knotenpunkt der „Uluru" ist. Diese Traumpfade zu kennen und ihnen zu folgen, ist für sie lebenswichtig, weil hier wichtige Wasserstellen und verstärktes Pflanzenwachstum zu finden sind. In Liedern und rituellen Zeremonien wird das Wissen darüber von Generation zu Generation weitergegeben.

Die Aborigines sind in letzter Zeit vor allem durch das vielgelesene Buch *Traumfänger* von Marlo Morgan wieder verstärkt ins Bewußtsein der Menschen gerückt. Die Vorstellung, hier einem auf einer primitiven Entwicklungsstufe verbliebenen Steinzeitvolk zu begegnen, muß in jedem Fall korrigiert werden. Mit den australischen Ureinwohnern und ihrer Lebensweise verbindet sich fast schon automatisch das Wort „Traumzeit". Dieses Wort schlägt sowohl eine Brücke in eine Urzeiten zurückliegende Vergangenheit, in der Heldengestalten – halb Mensch, halb Tier oder auch nicht-menschlicher Herkunft – die Geschicke des Volkes lenkten und Magie ein selbstverständlicher Bestandteil des

Lebens war. Ebenso bezeichnet es aber auch das immer gegenwärtige Wissen um einen verborgenen spirituellen Sinn hinter allen Erscheinungen. Alles ist beseelt. Jeder Stein, jede Pflanze, jedes Tier hat eine eigene Sprache, die der menschlichen ebenbürtig und Teil des größeren, kosmischen Zusammenhangs ist. In der Traumzeit vermischen sich Gegenwart und Vergangenheit. Das Leben der Ahnen, das überall seine Spuren zurückließ, ist Teil des eigenen Lebens; wie dieses das Leben der Nachfahren prägen wird.

Ahastar legte Wert darauf, zunächst selbst in die uralte Vergangenheit des australischen Kontinents zurückzugehen. Tatsächlich gibt es zu den Aborigines bereits in diesen Uranfängen Bemerkenswertes zu berichten, handelt es sich doch hier um ein Volk, das als solches nicht irdischen Ursprungs ist. Seine Übersiedlung auf die Erde lag in der Hand einer anderen planetarischen Gruppe: der technisch bereits hochentwickelten Plejadier. Ein solch größeres Aussiedlungsmanöver wurde notwendig, weil die Lebensgrundlage auf dem Heimatplaneten jenes Aborigines-Volkes durch eine planetarische Katastrophe zerstört worden war. Ahastar spricht dabei von einem weit entfernten Planetensystem, in dem durch die selbstzerstörerische Lebensweise einer technisch schon fortgeschrittenen Planetenmenschheit jene Katastrophe ausgelöst wurde. Diese machte auch auf dem benachbarten Heimatplaneten alle Lebenschancen zunichte. Die Zahl der auf die Erde Ausgesiedelten betrug rund 20 000. Andere fanden Zuflucht auf anderen Planeten der Galaxie. Dieses Ereignis liegt etwa 1 600 000 Jahre zurück. Zu diesem Zeitpunkt steckte auch die Entwicklung des irdischen Menschen noch ganz in ihren Anfängen. Australien wurde ausgesucht, weil dieser Kontinent eine kleine, in sich geschlossene Einheit darstellte. Früher als die anderen Kontinente war er von der großen zusammenhängenden Landmasse abgedriftet und hatte sich in die „Selbständigkeit" begeben. Ahastar spricht von einer Art „Probebesiedelung", die noch vor den Anfängen entwickelten menschlichen Lebens auf unserem Planeten durchgeführt wurde.

Auch Tiere des Heimatplaneten der Aborigines wurden auf die Erde gebracht, um den Ausgesiedelten eine ihrer gewohnten Umgebung entsprechende Lebensumwelt zu bieten. Dies erklärt auch, warum es in Australien einige Tierarten gibt, die auf keinem anderen Kontinent zu finden sind. Als Beispiel sei hier das Kängeruh genannt.

Es mag erstaunen, daß wir es bei den Aborigenes mit einem derart „alten Volk“ zu tun haben. Scheint doch in ihrer Lebensweise wenig darauf hinzuweisen, daß sich hier größere Entwicklungsschritte vollzogen haben. Dies ist eine typisch „westliche“ Sicht der Dinge. Sie mißt Entwicklung vor allem an den Errungenschaften einer fortgeschrittenen Technik – eine sehr einseitige Sichtweise, die den viel umfassenderen Gesetzmäßigkeiten seelischen Wachstums keineswegs gerecht wird. Auch ein zunehmend bewußtes spirituelles Naturerleben ist Maßstab für inneres Wachstum, möglicherweise mehr als alle imposanten technischen Fortschritte. Ahastar erklärt weiter, daß die Entwicklung der gesamten irdischen Menschheit auf einem ähnlichen Stand wäre, hätte es nicht jene zahlreichen Eingriffe von außen gegeben. Damit wird das – segenspendende wie auch problematische bis verhängnisvolle – Wirken der Außerirdischen angesprochen, eine Einflußnahme, die in Australien auf ein Minimum beschränkt blieb.

Die meisten jener 20 000 Ausgesiedelten haben sich natürlich inzwischen über den irdischen Inkarnationszyklus hinausentwickelt. Nachdem eine Art sicheres „Basislager“ eingerichtet war, gab es einen beständigen Zustrom weiterer Seelen vom Heimatplaneten, die auf anderen Planeten der Galaxie Zwischenstation gemacht hatten.

Die wenigen Verbliebenen der ersten Aussiedlergruppe übernehmen inzwischen, aufgrund ihrer langen und reichen Inkarnationserfahrungen, meist Führungsaufgaben. Seit etwa 12 000 Jahren sind in verstärktem Maß auch junge irdische Seelen hinzugekommen, die sich mit den Traditionen der Aborigenes nach und nach vollständig identifiziert haben.

Westliche Menschen, die sich die Mühe machten, die schwer zugängliche Welt der Aborigines – ihr Gemeinschaftsleben und ihre Kultur – zu erforschen, waren oft fasziniert von ihr: von einer Malerei mit starker symbolischer Ausdruckskraft; von einer sehr facettenreichen Musik, die oft beschwörenden und meditativen Charakter hat; von dem natürlichen Umgang mit Mythen, Märchen und Poesie, die ein selbstverständlicher, immer gegenwärtiger Bestandteil des Lebens sind.

Zur Weltanschauung der Aborigines gehört, daß nichts ihr persönliches Eigentum und alles im Besitz der Familie oder der Sippe ist.

Als Eigentum gilt höchstens, was am Körper getragen wird. Sie ernähren sich vorwiegend vegetarisch. Wenn zum Verzehr ein Tier getötet werden muß, geschieht dies in jener Haltung der Ehrerbietung, mit der man ein Geschenk der Natur annimmt. Unverändert werden magische Techniken wie etwa die des Regenmachens praktiziert. Sie stellen einen natürlichen Bestandteil des gesellschaftlichen Lebens dar. Noch heute haben ausgebildete Führer beträchtliche Fähigkeiten der telepathischen Kommunikaton. Diese können sich gleichermaßen auf Tiere wie auf Menschen beziehen. Bemerkenswert ist auch ein beachtliches Wissen über physikalische Gesetze, wie etwa das typisch australische Wurfinstrument, der Bumerang, zeigt. Ebenso verfügten sie über ein ausgefeiltes Kommunikationssystem durch eine variationsreiche Klangerzeugung. Bekannt wurden hier vor allem die sogenannten „Schwirrhölzer". Diese sind nur ein kleiner Ausschnitt jener Bandbreite von Geräuschen und Vibrationen, die etwa durch das Anschlagen von Felsen und Gesteinen erzeugt werden können, was die Aborigines anläßlich ritueller Zeremonien noch immer tun.

Für die Aborigines sind die materielle und geistige Welt nicht wirklich voneinander getrennt. Die Verbindung mit den Ahnen bedeutet für sie oft lebendige Kommunikation, ein ganz konkretes Gespräch. Doch kehren wir zum „Uluru", dem Ayers Rock, zurück. Er war ein zentraler Orientierungspunkt und auch Landeplatz der außerirdischen Raumfahrzeuge, welche die beschriebene Evakuierung durchführten. Auch alle späteren Jahrtausende hindurch erfüllte er diese Funktion. „Uluru" war somit ebenso Begegnungsort mit den „Göttern", wie er auch Ankunftsort der eigenen Ahnen war. Den Aborigines ist diese Tatsache bis in die Gegenwart hinein bewußt.

Darüber hinaus ist jene gewaltige Felsformation ein Knotenpunkt unterschiedlicher Leylines, also jener Kraftlinien, die erdmagnetische Felder miteinander verbinden. Sie sind identisch mit den angesprochenen „Traumpfaden". Nomaden, die sich an ihnen orientieren, tun dies im Bewußtsein, damit den Spuren ihrer eigenen Vergangenheit, konkret ihrer Ahnen zu folgen. Über alle Zeiten hinweg blieb „Uluru" der heilige Ort: ein Platz für Einweihungsrituale, Heilungen und Regenzeremonien.

Ein letzter Hinweis: Auch die kleinwüchsigen Buschmänner der Kalahari stammen vom Heimatplaneten der Aborigines, sie sind so etwas wie eine andere „Rasse" von diesem Planeten. Vor Hunderttausenden von Jahren entstand durch die schon damals rege Seefahrt zwischen den Kontinenten eine Verbindung nach Afrika. Sie beschlossen, dorthin überzusiedeln und blieben so weitgehend als homogene Gruppe erhalten.

Mittelamerika:

Palenque – Teotihuacán – Die Steinschichtungen

Über Mittelamerika verstreut liegen einige imposante Bauwerke: stufenförmige Pyramiden und Tempelanlagen, die – zusammen mit den sonstigen archäologischen Funden – von einem hohen kulturellen Stand der einst hier lebenden Völker zeugen. Sie sind verbunden mit dem Namen der Mayas (südliches Mexiko, Honduras und Guatemala) sowie dem der Azteken (Mexiko).

Auch wenn sie nicht die gleichen monumentalen Ausmaße wie die ägyptischen Pyramiden haben, so lösten sie doch in der jüngeren Geschichte eine ähnliche Faszination aus. Die Ziegelbauten der Stufenpyramiden Mittelamerikas stellen uns nicht vor ähnliche bautechnische Rätsel wie die aus tonnenschweren Quadern geschichteten großen Pyramiden des alten Ägypten. Dennoch sind die Anlagen häufig von einer architektonischen Geschlossenheit und Schönheit, die ein natürliches Erstaunen wecken.

Die eindrucksvollen Tempelanlagen von Palenque und Teotihuacán wurden bei ihrer Entdeckung – Palenque präsentierte sich fast ganz vom Grün des Urwalds überwuchert – völlig verlassen vorgefunden. (Was übrigens auch für Machu Picchu gilt.) Dafür gibt es geschichtswissenschaftlich keine plausible Erklärung.

Die Geschichte beider Völker, der Mayas wie auch der Azteken, ist von erstaunlichen Errungenschaften bestimmt, besonders auf den Gebieten der Astronomie, des Kunsthandwerks, aber auch der Medizin, des Ackerbaus und eben der Architektur. Ansonsten vermitteln diese Kulturen den Eindruck eher starrer Herrschaftsstrukturen und rigider religiöser Bräuche, zu denen etwa das Menschenopfer gehörte. Die Geschichtswissenschaft datiert die Blütezeit der Mayakultur im sogenannten „Alten Reich“ vom 5. bis zum 7. Jahrhundert n. Chr. und im „Neuen Reich“ vom 10. bis zum 12. Jahrhundert n. Chr. Die Blütezeit der Azteken wird auf das 14. und 15. Jahrhundert n. Chr. datiert, bis der Spanier Cortez das mächtige Reich Anfang des 16. Jahrhunderts vernichtete. Die Schriftzeichen der Mayas konnten weitgehend entziffert werden, so daß wir bei der Datierung auch auf Originalquellen zurückgreifen können. Bei den Azteken gelang die Entzifferung der Schrift bisher nicht.

Ahastar macht für die Entstehungszeit vieler Kult- und Tempelstätten der Menschheit wie auch die Blütezeiten verschiedener Kulturen meist frühere Zeitangaben, als die heutige Wissenschaft dies tut. Dennoch ist es korrekt, in diesem Zusammenhang in unterschiedlichen Etappen zu denken: in solchen, in denen die ursprünglichen Impulse von planetarischen Besuchern ausgingen, und solchen, in denen die außerirdischen „Hinterlassenschaften“ von den Menschen verwaltet wurden. Seine Zeitangaben können oft als annähernd korrekt betrachtet werden.

Daß die kulturstiftende Einflußnahme „von außerhalb“, also durch das Einwirken planetarischer Wesen und „Götter“, als ein realer geschichtlicher Hintergrund angenommen werden kann, machen viele ihrer „Hinterlassenschaften“ sowie Berichte und Legenden in erstaunlichem Maß plausibel. Fassen wir einige von ihnen knapp zusammen:

Noch heute führen die Volksstämme dieser mittelamerikanischen Regionen „Mysterienspiele“ auf, die von „Besuchern aus dem All“ erzählen. Einige Nachkommen der Mayas behaupten, im Besitz von Schriften und Götterbildern, also auch konkreten Gegenständen, zu sein, die sie nach ihren Angaben von den „Göttern“ erhalten haben. Kein Nicht-Eingeweihter hat sie je zu Gesicht bekommen.

Immer wieder ist in Hinblick auf die Vergangenheit von den „wissenden Weisen“ die Rede, welche die Geschicke des Volkes in besonderer Weise lenkten. Aus einer Quelle wollen wir hier direkt zitieren, es handelt sich um eine von dem spanischen Chronisten Sahagún aufgezeichnete Überlieferung, die in *Der Götterplan* von Peter Fiebag wiedergegeben wird:

„Sehr langsam, sehr gemächlich gingen sie, / kamen dorthin nach Teotihuacán ... / Die, die sich zu Herren machten, waren die Weisen, /

die Kenner der geheimen Dinge, die Besitzer der Überlieferungen. / Dann ließen sich dort die Erstgeschaffenen nieder ... / Und alle errichteten Heiligtümer für das Volk. / So nannte man es Teotihuacán."

Die Dreiheit der Tempel in Palenque entspricht einer heiligen Göttertrias. Einer dieser Götter wird dargestellt als ein menschenähnliches Tierwesen mit einer Fischflosse an der Wange und Muschelschmuck an den Ohren – ein Wesen, das dem kleinasiatischen „Fischgott" Oanes auf erstaunliche Weise gleicht. Ein zweiter Gott ist mit einem Bein Mensch, mit dem anderen Schlange und ist ausgerüstet mit einem Obsidianspiegel an der Stirn sowie einem rauchenden Beil.

Heftig umstritten bleibt nach wie vor ein Sarkophag-Relief auf einem sechs Kubikmeter messenden Monolithen in einem tiefliegenden Innengewölbe des „Tempels der Inschriften" – eine Darstellung, die im Volksmund „El Astronauta" genannt wird. Erich von Däniken hat die abgebildete Figur erstmals als einen Raumfahrer interpretiert, und tatsächlich erweckt die vornüber gebeugte Gestalt den Eindruck eines auf seine technischen Geräte konzentrierten Mannes in einer kleinen Rakete, die im Innern mit einem Antriebswerk ausgestattet zu sein scheint. Ein Nachfragen nach dem Wahrheitsgehalt dieser Interpretation führte bei Ahastar zu einer weitgehend zustimmenden Antwort: Das Relief wurde, dem Verständnis der damaligen menschlichen Bevölkerung gemäß, von einem Maya-Künstler angefertigt, nicht ohne ästhetische Ausschmückungen, aber auch mit naiv-kindlichen Vereinfachungen.

Doch auch andere Abbildungen ziehen unsere Aufmerksamkeit an: Eine zeigt zwei Gestalten in offenbar technischer Montur, die eine Flüssigkeit in ein von Stäben durchsetzes Röhrensystem gießen. Eine Deutung aus heutiger Sicht läßt am ehesten auf einen elektrochemischen Galvanisierungsprozeß schließen.

Die weitgehend entzifferten Schriftzeichen sprechen immer wieder von Himmelsphänomenen und Himmelskörpern. Vor allem wimmelt es förmlich von fliegenden Wesen: In einem der Tempel in Chichen Itzá ist ein gerade gelandeter „Messerflügel-Vogel" zu sehen, aus dessen helmartigem Kopf ein menschliches Gesicht blickt; ein runder Schild, der den Leib umgibt, wird an den Rändern von Flügeln gesäumt. In einem anderen Tempel ist, auf kugelförmigen Gerätschaften sitzend, der „Hauptmann der Sonnenscheibe" verewigt. Ihm gegenüber ist der „Hauptmann der Schlange", in den Windungen einer fliegenden Federschlange liegend, zu sehen.

Ein weiteres Beispiel ist der „Rat der Götter", eine Figurengruppe mit langgestreckten Köpfen, die in den Tempelruinen der ersten sogenannten „mesoamerikanischen Hochkultur" gefunden wurde. In ihnen, so scheint es, sind die genannten „wissenden Weisen" direkt präsent.

Speziell über Bolivien und Peru, dem späteren Inkareich, ist bereits im ersten Buch berichtet worden.* Hier befand sich, ausgehend von Tiahuanaco, der Einflußbereich der Venusier; es war die erste kulturstiftende Niederlassung planetarischer Besucher auf der Erde überhaupt.

Bei der Maya- und der Aztekenkultur führt der Weg wieder bis nach Atlantis zurück. Zum Verständnis ist es in diesem Zusammenhang unvermeidlich, auf einige Details näher einzugehen:

Unser Blick richtet sich auf die Sirianer – allerdings nicht auf die ursprünglichen Atlantier, die sich dort als legitime Besatzungsmacht und Schutztruppe niedergelassen hatten. Gemeint ist die zahlenmäßig größere „Rebellentruppe", die zunächst aus dem Sirius-Planetensystem auf den Mars ausgesiedelt wurde. Diese Gruppe wanderte mit der einsetzenden und schließlich unaufhaltsamen Katastrophe auf dem Mars auf die Erde aus – konkret nach Atlantis, was allerdings einen Bruch mit den zuvor getroffenen Vereinbarungen darstellte. Dies führte schließlich die verhängnisvollen dekadenten Entwicklungen auf Atlantis herbei.

Ein Teil dieser sirianischen „Marsianer", also jener Rebellentruppe, nahm gegenüber den Machenschaften ihrer Planetenbrüder eine zunehmend distanzierte Haltung ein. Als es zur kritischen Zuspitzung kam und die etablierten Machtverhältnisse vollständig kippten, lösten sie sich von der ursprünglichen Gruppe ab. Doch ihre rebellische und schattenreiche Vergangenheit hielt sie zunächst weiter in einer Außenseiterstellung, so daß sie mit anderen Planetariern, wie etwa Venusiern und Plejadier, nicht gemeinsame Sache machen konnten. Sie siedelten, so Ahastar, auf den nordamerikanischen

---

* *Ahastar – Botschaften vom Rand der Galaxie,* siehe Kapitel „Das Venusierzentrum Tiahuanaco"

Kontinent über, diesmal mit Einwilligung der höheren kosmischen Instanzen, die ihnen nun gestatteten, sich auf dem Planeten Erde niederzulassen. Es war vorgesehen, daß sie ein eigenes „Volk" bildeten (Ahastar spricht von einer Gruppe von etwa 20 000 dieser übersiedelnden marsianischen Sirianer). Selbst ein kultureller Auftrag war damit verbunden oder war als Möglichkeit mit einbezogen – also kulturstiftend unter den irdischen Völkern zu wirken. Dies sollte ihnen ermöglichen, altes negatives Karma abzutragen und so schließlich wieder auf den Heimatplaneten zurückzukehren.

Die Kontakte mit den nomadischen Stämmen der Urbevölkerung Nordamerikas erwiesen sich allerdings als wenig ergiebig. Zu sehr waren diese noch in einer naturverbundenen Animalität und ihren jahrtausendealten Stammesbräuchen befangen. Von jenen Kontakten zeugen nur noch alte indianische Legenden, die von „fliegenden Drachen" und „fliegenden Göttern" erzählen.

Tatsächlich verfügten jene Sirianer über ein ganzes Arsenal unterschiedlicher Fluggeräte, wenn auch nicht solcher, mit denen sie interstellare Reisen hätten machen können. Anders als die Venusier, die Wert darauf legten, mit den technischen Errungenschaften ihrer Zivilisation kein Aufsehen zu erregen und mit Flugkörpern wenig sichtbar zu sein, waren die Sirianer der Bevölkerung in ihren Fluggeräten durchaus augenscheinlich präsent. Auch die „Drachen" der chinesischen Mythologie haben in solchen außerirdischen Flugfahrzeugen ihr Vorbild.

Nach längerem Aufenthalt auf dem nordamerikanischen Kontinent wendeten sich die marsianischen Sirianer schließlich südlicheren Regionen zu. Hier, im heutigen Mexiko und den in südöstlicher Richtung angrenzenden Staaten, fanden sie eine Bevölkerung vor, die aufnahmefähiger für kulturelle Impulse war; dies besonders durch die weitausstrahlenden Einflüsse, die von den venusischen Niederlassungen ausgegangen waren.

Von den atlantischen Sirianern wurde gesagt, daß sie auf ihrem Heimatplaneten ursprünglich Amphibienwesen waren. Viele strebten auf Atlantis eine Umwandlung ihres Körpers an (in den „Häusern des idealen Menschenpaares"), die ihnen eine neue Unabhängigkeit vom Wasser ermöglichte. Für die ursprünglich vom Mars stammenden Sirianer war dies eher die Ausnahme. Und doch brachte sie ein Leben auf dem Mars über Generationen hinweg – wo auch Inkarnationen in

Marsianerkörpern vorkamen – einer Gewöhnung an das Landleben näher. Aber sie waren weiterhin auf den direkten Wasserkontakt angewiesen. In Nordamerika, einer in dieser Hinsicht zunächst eher unwirtlichen Gegend, konnten sie immerhin die großen Flußläufe und unterirdischen Binnenseen, die heute meist ausgetrocknete große Salzfelder sind, nutzen. Ihre amphibische Natur forderte allerdings an jedem Ort ihr Recht, an dem sie sich niederließen. Sie behalfen sich so vielfach mit technisch hochentwickelten Schutzanzügen, die sie ausreichend mit Feuchtigkeit versorgten. In jenen Schutzanzügen waren sie für die „Erdlinge" eine oft imposante Erscheinung. Vor diesem Hintergrund werden wiederum auch die sonderbaren Verkleidungen nachvollziehbar, in die die Völker bei ihren Schauspielen schlüpften, um jene alten „Götter" darzustellen. (Verkleidungen, die andernfalls gewiß auch als Astronautenanzüge interpretiert werden können.)

Ohne ihren Jahrtausende währenden Aufenthalt in jenen mittelamerikanischen Regionen gäbe es die gigantischen Tempelanlagen und Kultstätten wie die von Palenque und Teotihuacán sicherlich nicht. Sie wurden in Zusammenarbeit mit der einheimischen Bevölkerung erbaut. Doch Konzeption und Baustil tragen die Handschrift ihrer ursprünglich außerterrestrischen Baumeister.

Wenden wir uns nun speziell der eindrucksvollen Anlage von Teotihuacán in Mexiko zu:

Eine alte Sage erzählt, die Stadt sei einst von Göttern errichtet worden, noch lange „bevor es die Menschen und die Sterne gab". Eine zentrale Gestalt ist Nanahuatzin, ein buckliger, aussätziger Gott. (Wir erinnern an die Außenseiter- und Sonderstellung der marsianischen Sirianer sowie an die Darstellungen mit den Attributen eines Fischwesens.) Er opferte sich schließlich, indem er sich von der Pyramide hinab ins Feuer stürzte. Doch als strahlendes Gestirn ging er daraus wieder hervor. (Darin klingt wohl die Rückkehr der Außerirdischen zu ihrem Heimatplaneten an.)

Das mächtigste Bauwerk ist, mit einer Höhe von 70 Metern, die fünfstufige „Sonnenpyramide", deren Grundmaße (225 x 225 Meter) mit denen der Cheops-Pyramide fast identisch sind. An ihr führt die sogenannte „Straße der Toten" vorbei, die den Tempel des Quetzalcoatl mit der kleineren, immerhin noch 42 Meter großen „Mondpyramide" verbindet. Über eine Länge von mehr als drei Kilometern ist diese Straße reich mit weiteren großen Stufenbauten sowie einer Reihe großer offener Steinhöfe gesäumt.

Teotihuacán bedeutet in der Nahuatl-Sprache der Azteken soviel wie „der Ort derjenigen, die die Straße zu den Göttern haben". Die Azteken selbst können allerdings nicht beanspruchen, sie gebaut zu haben. Als sie die Stadt und die Tempelanlagen entdeckten, waren diese bereits seit Jahrhunderten verlassen und lagen zum Teil in Trümmern.

Die umfassendere „kosmische Geschichte", die hier erzählt werden soll, schließt auch andere planetarische Besucher ein. Wie für Palenque gilt auch für diese Region, daß sie zunächst eine Niederlassung der marsianischen Sirianer war. Später traf zudem eine Gruppe von Venusiern ein und bald darauf eine weitere Gruppe Außerirdischer aus dem Planetensystem des Antares. Die eintreffenden Venusier (etwa 200 an der Zahl) unterschieden sich allerdings von jenen, die vor Jahrtausenden das kulturelle Zentrum in Tiahuanaco geschaffen hatten. Wie die Sirianer gehörten sie ursprünglich einer Rebellengruppe an und wurden wie sie auf andere Planeten ausgesiedelt. Ihr Aufenthalt in dieser Region beschränkte sich auf wenige Jahrhunderte. Dennoch kam es während dieser Zeit zu einer regen Zusammenarbeit mit den Sirianern, und erste gemeinsame Tempelbauten entstanden. Abgelöst wurde dieses kleine Kontingent von Venusiern schließlich von einer vergleichbar großen Gruppe von Antariern. Die Antarier, wie die Sirianier ursprünglich amphibische Wesen, hatten die Umwandlung ihrer körperlichen Erscheinungsform inzwischen vollzogen. Dadurch waren sie zu vom Wasser unabhängigen Landwesen geworden.

Bei der „Ausstattung" der Pyramiden- und Tempelanlagen kamen die speziellen Fähigkeiten der Antarier im Umgang mit einer hochentwickelten Kristalltechnik zum Tragen. Hier wurden nicht jene gigantischen Zentrumskristalle verwendet, wie sie in Ägypten zum Einsatz kamen, doch auch die kleineren Kristalle vollbrachten technische Wunderleistungen. Unter anderem wurde über sie ein reger Kontakt mit den ägyptischen Pyramiden gepflegt.

Bautechnische Ähnlichkeiten dürfen uns daher nicht erstaunen, jedenfalls führen sie nicht zwingend zu dem Schluß, daß dieselben Erbauer am Werk waren. Anders als bei den ägyptischen Pyramiden wurde in diesem erdbebengefährdeten Gebiet aus statischen Erwägungen die Stufenform vorgezogen.

Zu der Sonnenpyramide gibt es einen symbolischen Hintergrund: Bei ihr fällt auf, daß die vierte Stufe auf weniger als die Hälfte verkürzt ist – sie markiert eine Art Zäsur. Nach Ahastar bedeuten die drei unteren Stufen die dreidimensionale materielle Welt. Über eine halbfeinstoffliche Zone schließen sich dann die feinstofflichen Welten an. Nach den Berichten der Azteken wurde die Mondpyramide einst von einer gigantischen Statue gekrönt. Zutreffend ist in jedem Fall, daß die Plattformen dieser Stufenpyramiden als Observatorien genutzt wurden. Unter der Sonnenpyramide befindet sich zudem eine natürliche Höhle, die sich rund 100 Meter weit ostwärts erstreckt. Hier lag offenbar das zentrale innere Heiligtum.

Als die regierenden sirianischen Priesterkasten in Streitigkeiten miteinander verfielen und diese Auseinandersetzungen gewaltsame Formen annahmen, organisierten die Antarier den Auszug der irdischen Bevölkerung aus der Stadt. Damit nähern wir uns der Antwort auf die Frage nach dem plötzlichen Verlassen des Ortes – geschichtlichen Aufzeichnungen zufolge offenbar gerade in einer Zeit, in der sich die Kultur zu einer Hochblüte entwickelt hatte. Völkerkundler und Archäologen spekulieren über Hungersnöte oder über den Einfall barbarischer Stämme, die die Bewohner vertrieben haben könnten. Überlieferungen, speziell die der Hopi-Indianer, sprechen eine andere Sprache. Ihnen zufolge gab es, auf Tafeln aufgezeichnet, einen exakten Plan, der das Verlassen der Stadt festlegte und den Völkern dieser Region über Generationen hinweg eine Wanderschaft auferlegte. Diese Wanderschaft stand unter der Führung der „Götter“ und „wissenden Männer“.

Die zurückgebliebenen Sirianer hielt es ohne Volk nicht dauerhaft in der Stadt. Einige versuchten, im benachbarten Volksstamm der wilderen, kriegerischen Azteken neue Kulturen zu gründen und übernahmen deren kulturelle Prägung, was mit Spuren einsetzender Dekadenz einherging. Zu einer wirklichen Hochblüte dieses Volkes kam es erst, als die Blütezeit der Mayas bereits überschritten war. Im Verlauf der Jahrhunderte übernahmen die Azteken mehr und mehr die Herrschaft über das ursprüngliche Reich der Mayas.

Auch Palenque ging an den internen Streitigkeiten seiner Bewohner zugrunde, in diesem Fall aber weniger an denen der sirianischen

Führungsschicht als an den Zwistigkeiten zwischen ihren irdischen Nachfolgern. Die „Götter" waren zu ihrem Heimatplaneten zurükkgekehrt, doch die zurückbleibenden Priesterkasten der menschlichen Einheimischen waren mit der Fortführung ihres Werks überfordert. Erst aus dieser Zeit stammt das Ritual des Menschenopfers. Sein Zweck bestand vor allem darin, die „Götter" wohlwollend zu stimmen und sie zur Rückkehr zu bewegen. Das Herz, das bei lebendigem Leib herausgeschnitten wurde, galt als die größte verfügbare Gabe – war das Herz doch das Zentrum der Lebenskraft und Emotionen, auch denen der religiösen Verehrung.

Ein anderer Brauch, der sich bis nach Südamerika ausbreitete, war das Zusammenschnüren des Kopfes bei heranwachsenden Kindern durch zwei jeweils rechts und links angelegte Bretter, die diesem eine in die Länge gestreckte Form geben sollten. Wir erinnern hier an die Figurengruppe der langgestreckten Köpfe, den „Rat der Götter". Also stellt der Brauch einen Versuch dar, sich äußerlich den Göttern anzugleichen.

Ahastars Beschreibungen der Sirianer gehen in diese Richtung. Sie als „Fischmenschen" zu bezeichnen, ist letztlich nicht zutreffend, auch wenn diese Planetarier ursprünglich über Schuppenhaut und Kiemenatmung verfügten. In poetischen Annäherungen taucht immer wieder die Bezeichnung „gefiederte Schlange" auf, wobei das „Gefiedertsein" ganz klar auf die Flugfähigkeit dieser Wesen hinweist. Der länglich gedehnte Kopf kann als dem einer Schlange ähnlich angesehen werden. In jedem Fall kann die Schlange auch hier als Symbol für Weisheit gelten.

Noch ein Wort zu den Hopis, die sich mit ihren spirituellen Warnungen und Prophezeihungen im Zeitalter des „New Age" einen Namen gemacht haben: Ahastar berichtet über eine für lange Zeit intakte Beziehung dieses Volksstamms zu ihren göttlichen Führern, vornehmlich den Antariern. Bis in unsere Zeit hinein haben sie viel ihres alten spirituellen Wissens sowie sehr praktische Kenntnisse im Umgang mit der Natur bewahrt. In der Art eines „auserwählten" Volkes setzten sie ihre Wanderschaft durch den Kontinent über Jahrhunderte fort, immer in Berufung auf die Führung durch die alten Götter.

Jeder Clan müsse, so die Überlieferung, Wanderungen in die vier Himmelrichtungen machen, bevor alle ihre gemeinsame Heimat, das gelobte Land, erreichen könnten. Diesem Rätsel der Generationen überdauernden Wanderschaft der Hopis widmet sich vor allem das Buch *Der Götterplan* von Peter Fiebag. Seine Ausführungen bestätigen in bemerkenswerter Weise die Schilderungen Ahastars. Fiebag folgt fasziniert dem geschichtlich belegten Exodus aus dem Ursprungsland der Maya. Er führt den Zusammenbruch der Maya-Kultur auf eine göttlich inspirierte Weisung zurück. Demnach zogen die Maya, so Fiebag, nach einem langfristig angelegten Plan zu bestimmten Orten, die sie nach einer gewissen Zeit wieder verließen, um dem übergeordneten Plan folgend neue Plätze anzuvisieren.

Der Volksstamm, in dem das Wissen um diese Vergangenheit am lebendigsten überliefert ist, sind die Hopi. Vier geheimnisvolle heilige Tafeln sollen sie von den Schutzgöttern Kachnas, Másaw und Söqömhonaw, erhalten haben. Diese wurden dann gewissermaßen zu den Landkarten ihrer Wanderschaft. Es scheint sich also um die Geschichte eines Volkes zu handeln, das einen heiligen Auftrag erhielt. Wie bei Ahastar taucht auch bei Fiebag der Vergleich mit den Israeliten auf.

Auch Machu Picchu stand auf der „Programmliste“ dieses Kapitels – gleichfalls ein Ort, der zurecht als von Geheimnissen und Rätseln umgeben empfunden wird. Doch Ahastar konnte uns den Gefallen nicht tun, im Detail darauf einzugehen. (Die Hintergründe seiner Weigerung sind im Einleitungskapitel erklärt.) Speziell die Frage, was zum Verlassen der festungsartigen Wohn- und Tempelanlage geführt hatte, fand über wenige Andeutungen hinaus keine Antwort. Gesagt werden kann an dieser Stelle nur, daß es sich um einen von Menschen errichteten Baukomplex handelt, dies allerdings zu einer prähistorischen Zeit, die weit länger zurückliegt, als namhafte Archäologen annehmen. Der Ort selbst diente auch mehrfach als Wohnstätte von Inkaherrschern.

Schließen wir dieses Kapitel mit einer kurzen Bemerkung zu den fast fugenlosen Steinschichtungen ab, wie wir sie in vollendeter Technik vor allem im Inkareich und auch in Machu Picchu antreffen.

Für die Archäologen stellen diese Steinwälle ein nach wie vor ungelöstes Rätsel dar. Die Vorstellung, jene aufgeschichteten Steine seien in jahrelanger mühsamer Feinarbeit so paßgenau zugehauen worden – dies von zahllosen Sklaven –, kann in keinem Fall zutreffen. Nirgends wurden die dafür unerläßlichen Metallwerkzeuge gefunden. Die Legierung und Bearbeitung von weicheren Metallen war bekannt. So fertigten die Inkas mit großer Kunstfertigkeit Intarsienarbeiten aus Silber und Gold, Kupfer und Bronze an. Doch die Herstellung metallener Werkzeuge – die Voraussetzung jedes Steinmetzhandwerks – war ihnen offenbar fremd. Bei einigen ihrer Tempelanlagen verwendeten sie zudem extrem harten Granit. Es ist uns noch heute unerklärlich, wie er so genau bearbeitet werden konnte.

Jenes wirkungsvoll eingesetzte „Werkzeug" war ein Pflanzenextrakt. Dieser allerdings war wiederum nicht irdischen Ursprungs, sondern stammte von einer Pflanze aus dem Siriussonnensystem. Mit ihm ließen sich Steine aller Größenordnungen an den Außenschichten und Rändern „aufweichen" und dann mit einer gewissen Leichtigkeit etwa wie eine Knetmasse formen. Dies erscheint auch schon einleuchtend, weil es sich vielfach nicht um gerade behauene Blöcke handelt (die etwa wie bei den Pyramiden ein außerirdisches technisches Gerät auf Laserbasis exakt hätte zuschneiden können). Charakteristisch sind im Gegenteil die eigenwilligen Verkantungen, die Ausbuchtungen, die spitzen und flachen Winkel und die so erreichten Verzahnungen, die dem Gemäuer zusätzlichen Halt geben. Unverändert zu bewundern bleibt diese Technik der kunstvollen Schichtungen. Wie vieles andere ging mit dem Abschied der „Götter" auch diese Technik sowie der genannte Pflanzenextrakt wieder verloren.

◈ ◈ ◈

Die Nazca-Linien in Peru

Die Nazca-Linien im südlichen Peru sind auch das „größte Skizzenbuch der Welt" genannt worden. Über ein Areal von 520 Quadratkilometern erstrecken sich überdimensionale Bodenzeichnungen und zahllose Linien unterschiedlicher Länge, viele über acht Kilometer, eine sogar über 65 Kilometer lang.

Die in den Wüstenboden geritzten Figuren stellen unter anderem einen Wal, ein Lama, eine Schlange, einen Affen, eine Spinne, eine

Blume dar. Achtzehn verschiedene Vogelmotive tauchen auf, darunter ein Kolibri und ein Kondor. Manche dieser Figuren haben die Größe von zwei Fußballfeldern.

Die Linien erstrecken sich in alle Himmelrichtungen, teils über die Figuren hinweg, sie kreuzen einander und bilden geometrische Figuren, wie Dreiecke, riesige Rechtecke und Trapeze. Schnurgerade gezogen und teilweise über viele Kilometer parallel verlaufend erwecken sie den Eindruck eines großen Flugplatzes mit zahlreichen Lande- und Startbahnen – ein Gedanke, der vor allem durch Erich von Däniken populär wurde, zugleich aber auch viele Gegner und Spötter auf den Plan rief.

Außer der erstaunlich akkuraten Anfertigung all jener Bodenmuster und Tierfiguren in dieser abgelegenen Wüstengegend muß vor allem der Umstand verwundern, daß diese Gebilde vom Boden aus gar nicht zu erkennen sind. Dort gibt es nur scheinbar zusammenhangslose „Wegrinnen", die entstehen, wenn man die dunklen Steine am Boden wegnimmt. Die Zusammenhänge und eigentlichen Muster erschließen sich erst aus einer gewissen Höhe, wie sie etwa der Betrachter von einem Flugzeug aus hat. So wurde dieses Areal in seinen gewaltigen Ausmaßen auch erst in den 40er Jahren von Piloten entdeckt. Seitdem hat das Phänomen die Archäologen, aber auch viele Touristen angezogen und gibt immer wieder Anlaß zu Spekulationen.

Die zentrale Frage hinter all diesen Figuren ist, was die peruanischen Einwohner dazu veranlaßt haben könnte, Gebilde zu schaffen, die sie selbst gar nicht in Augenschein nehmen konnten – nicht ohne ein Fluggerät, über das sie aller Wahrscheinlichkeit nach gar nicht verfügten. Dies läßt an eine mögliche außerirdische Entstehungsgeschichte denken.

Als Erforscherin des Nazca-Areals hat sich die deutsche Wissenschaftlerin Dr. Maria Reiche, die sich schließlich in Nazca selbst niederließ, einen Namen gemacht. Sie ging über Jahrzehnte der Annahme nach, daß sich hinter diesen Linien ein Kalendersystem und eine Art Sternenuhr verbergen müsse. Tatsächlich gibt es einige Linien, die sich so interpretieren lassen. Sie spielen gegenüber der Fülle anderer Linien allerdings keine dominierende Rolle, so daß sich zwingende Schlüsse letztlich nicht ergeben. Die Theorie eines Kalendersystems gilt heute als nicht mehr haltbar.

Erich von Däniken war von diesen Linien verständlicherweise fasziniert und hat sie mit seinen Theorien außerirdischer Besucher in Verbindung gebracht. (Eine Vorstellung, die Frau Reiche stets als Unsinn ablehnte.) Allerdings ging von Däniken nicht so weit, sie als von Außerirdischen selbst angefertigt anzusehen. Für ihn sind dies Linien, die von den Einheimischen nachträglich zur Erinnerung an die Außerirdischen und ihre Landebahnen in den Boden geritzt wurden. Doch auch diese Annahme gibt keine befriedigende Antwort auf die Frage, wie diese überdimensionalen Figuren ohne Anleitung von einfachen peruanischen Bauern so exakt dargestellt werden konnten.

Nach einer jüngsten Theorie soll es sich um Zeichnungen handeln, mit denen ein Regenritual in Gang gesetzt werden konnte, aber auch solche Erklärungen bleiben umstritten. Erich von Däniken gab gegen diese Theorie zu bedenken, daß es in dieser Gegend nie regne – womit also ein Regenritual für ihn kaum Sinn macht.

Wenden wir uns nun den Auskünften Ahastars zu, der – wir nehmen es gleich vorweg – ohne Umschweife von einem Landeplatz spricht, der häufig von außerirdischen Raumschiffen genutzt worden sei.

Diesen außerirdischen Flugverkehr gab es über lange, schon weit zurückliegende Zeiträume hinweg bis in unsere Gegenwart hinein – zu verschiedenen Zeitaltern der Erde in unterschiedlicher Intensität. Typisch für diesen Landeplatz war, daß er von sehr verschiedenen Gruppen Außerirdischer frequentiert wurde. Die über die gesamte Fläche verstreuten Figuren dienten dabei als Orientierungspunkte für die einzelnen Gruppen, die nur den von ihnen markierten und ihnen zugeordneten Landeplatz anflogen. Dies hatte zum Teil auch ganz praktische Gründe – nicht nur die der hoheitlichen Gebietsaufteilung. Durch die unterschiedlichen Antriebssysteme, die von relativ einfachen nuklearen Verbrennungsmaschinen bis hin zu technisch hochentwickelten Systemen reichten, war der von einem bestimmten Raumschifftyp genutzte Landeplatz unter Umständen wenig geeignet für einen anderen.

Daß hier ein solcher Sammelpunkt außerirdischer Flugobjekte entstand, hing auch noch mit einem anderen Umstand zusammen: Über diesem Ort befindet sich eine atmosphärisch günstige Einflugschneise, bzw. wurde eine solche Schneise künstlich geschaffen.

Ahastar deutete in diesem Zusammenhang den recht komplizierten Prozeß einer Ionentransformation in der oberen Stratosphäre an. So sehr sich die am Boden sichtbaren Linien für die „Landebahntheorie“ geradezu anbieten, so mag dieser Gedanke wiederum aber auch absurd erscheinen. Sind bei einer Flugtechnik, die unserer heutigen mit Sicherheit weit überlegen war, Lande- und Startbahnen überhaupt notwendig? Und doch beschrieb Ahastar in diesem Zusammenhang kleinere Flugkörper (Shuttles, Raumgleiter und auch Sonden), die sich auf einem energetischen Leitstrahl bewegen können und für die ein Start in einem flachen, d.h. energiesparenden Aufstiegswinkel durchaus die geeignete Form des „Abhebens“ ist.

Zutreffender allerdings ist die Vorstellung der Gebietseinteilungen, besonders vor dem Hintergrund des sehr unterschiedlichen technischen Standards, mit dem Außerirdische ihre Raumfahrt betrieben. In diesem Sinne war auch die genannte künstlich geschaffene Einflugschneise in unterschiedlicher Weise notwendig.

Günstig als Landeplatz mag dieser peruanische Wüstenort auch wegen seiner abgeschiedenen Lage erscheinen. Dies allerdings traf nicht immer zu. Als er vor etwa 20 000 Jahren angelegt wurde, gab es im näheren Umkreis auch menschliche Siedlungen. Zudem waren die klimatischen Verhältnisse – vor der großen Atlantis-Katastrophe – in dieser Region noch ganz anders.

Nach der Zerstörung des Venusierzentrums in Tiahuanaco brach von hier eine Gruppe auf, um weiter nördlich ein neues, kleineres Zentrum zu gründen – eben in jener Region von Nazca.* Doch auch andere Außerirdische gründeten Niederlassungen in diesem Gebiet.

Doch zurück zur Entstehung der Linien selbst: Das relativ einfache Verfahren, sie sichtbar zu machen – es genügte, die schwarzen Bodensteine zu entfernen – setzt keine außerirdische Technik voraus. Im Gegenteil, die Vorstellung liegt nahe, daß hier die Einheimischen selbst Hand anlegten und diese Arbeit im Auftrag der „Götter“ mit Sorgfalt erledigten. Ahastar bestätigt dies. Allerdings folgten diese Menschen bei dem, was sie taten, den genauen Vorgaben ihrer Auftraggeber, die Form und Länge jeder Linie exakt festlegten – dies

* *Ahastar – Botschaften vom Rand der Galaxie*, siehe Kapitel „Das Ende der venusischen Zentren“

natürlich von der „Übersichtsposition" ihrer Fluggeräte aus. Im ihrerseits freundlichen Entgegenkommen wählten sie Figuren, die den Einheimischen aus ihrer eigenen Umwelt bekannt waren und ihnen auch emotional etwas bedeuteten. Später, als die Besuche der „Götter" über lange Zeiträume hinweg ausblieben, fügten die Einheimischen auch eigene Linien hinzu. . Auf diese Weise kam es im übrigen auch zu den zahlreichen Überschneidungen der Linien.

Aus alldem kann man schließen, daß die Einheimischen mit den Landemanövern der außerirdischen Besucher gut vertraut waren. Diese Vertrautheit mit dem Phänomen der fliegenden Untertassen gibt es im übrigen auch heute noch. Die meisten Peruaner dieser Gegend sind mit Berichten von außerirdischen Flugobjekten nicht im mindesten in Erstaunen zu versetzen – ganz im Gegenteil, dieses Phänomen ist ein fast normaler Bestandteil ihres Lebens, was beispielsweise auch Shirley MacLaine in ihren Büchern beschreibt.)

Die Möglichkeit interstellarer Reisen mag vielen angesichts der gigantischen kosmischen Entfernungen nach wie vor als phantastische Schwärmerei erscheinen. Es finden sich auch keine plausiblen Erklärungen dafür, wenn man nicht von Techniken ausgeht, die unsere Vorstellungskraft weit übersteigen. Diese Techniken reichen bei einem hohen Entwicklungsstand der reisenden Planetarier bis zur völligen Dematerialisierung der Flugobjekte. Reisen im Grenzbereich der Lichtgeschwindigkeit und auch darüber hinaus verlieren damit den Hauch des Utopischen. Wie neuere Forschungen gezeigt haben, ist selbst die von Einstein gesetzte absolute Obergrenze der Lichtgeschwindigkeit doch wieder nur eine willkürliche.

Als kleine Anmerkung Ahastars noch dies: Materialisierungen fanden früher häufiger auf der Landefläche selbst statt. Inzwischen ist die Erdatmosphäre allerdings zu verschmutzt, um Rematerialisierungen ohne Schaden zuzulassen – zu viele artfremde Partikel würden sich in der materialisierten Form einnisten. Rematerialisierungen werden also in der Regel bereits in der oberen Atmosphäre, noch vor dem direkten Anflug, vorgenommen.

Vor allem in der Technik der Materieumwandlung selbst liegt also der Schlüssel zu dem Geheimnis, wie Flugreisen über Hunderte, vielleicht sogar Tausende von Lichtjahren zurückgelegt werden können. Im Zustand der Dematerialisierung spielen die üblichen Zeitfaktoren letztlich keine Rolle mehr.

Übrigens ist gerade in unseren Tagen in der Nähe von Nazca ein weiteres, riesiges Areal mit vergleichbaren Figuren und Tierzeichnungen gefunden worden.

Simbabwe – Das sagenumwobene Goldland Ophir

Im Staat Simbabwe, dem früheren Rhodesien, befinden sich südlich des Sambesi-Flusses rund 8 000 Ruinenstätten, deren interessanteste die eindrucksvolle Hügelfestung und Tempelanlage namens „Simbabwe“ ist. Sie gab dem Land nach der Unabhängigkeit seinen heutigen Namen. Diese Ruinenstätte, in einer weiten Savannenlandschaft gelegen, ist das größte Steinmonument außerhalb Ägyptens. Zwei große Gebäudekomplexe dominieren: die genannte Hügelfestung oder auch „Akropolis“, die kunstvoll um einige riesige Felsen herum angelegt ist, sowie der etwas tiefer im Tal liegende Tempel mit seiner elliptischen Einfriedung, einer gewaltigen Mauer aus Granit.

Auch hier verwundert die Bautechnik: Die den Tempel umgrenzende Granitmauer besteht aus sorgfältig zugeschnittenen Steinen, die fugenlos und ohne verbindenden Mörtel aufeinandergeschichtet sind. Sie hat eine Länge von 250 Metern und ist zwischen fünf und elf Metern hoch. Das Tempelareal selbst ist durch weitere Mauern in verschiedene Räume und Gänge unterteilt, die sowohl in Zuschnitt als auch Funktion den Archäologen Rätsel aufgeben. Die Hügelfestung bietet einen natürlichen Aussichtspunkt. Sie enthält ein labyrinthartiges Inneres mit einer Reihe winziger Räume, in die eine steile, enge Treppe hinabführt. Eine Höhle unterhalb eines Felsbrockens hat eine bemerkenswerte Akustik: selbst ein leise ausgesprochenes Wort ist im ganzen umliegenden Tal und vor allem in der Tempelanlage selbst klar zu hören.

Viel Verwunderung hat immer wieder der konisch gebaute, neun Meter hohe Turm direkt in der Nähe des Tempels ausgelöst. Er ist völlig ohne Türen und Fensteröffnungen. Über seine mögliche Funktion gab es die unterschiedlichsten, allerdings nur wenig ergiebigen Spekulationen.

Simbabwe ist das Land, mit dem sich die geheimnisvollen Sagen um das Goldland Ophir verbinden. Viele Jahrhunderte lang versuchten arabische und europäische Schatzsucher dort die verborgenen Goldminen zu finden, aus denen schon König Salomon seine unglaublichen Reichtümer bezogen haben soll. Sagen der Einheimischen berichten Bemerkenswertes über die Tempelanlage. In Zusammenhang mit ihren Erbauern wird ein König mit Namen „Mwali" genannt, ein „Gott-König", den niemand zu Angesicht bekommen durfte, ohne mit dem Tode bestraft zu werden. Doch gelegentlich war seine donnernde, schrecklich widerhallende Stimme zu hören, wenn er dem Oberpriester seine Anweisungen gab.

Forschungsreisende, wie schon im 16. Jahrhundert der Historiker João de Barros, kamen zu dem Schluß, daß jene Anlagen uralt sein müßten. Da die Inschriften über dem Eingang der Festung weder von Arabern noch von Afrikanern entziffert werden konnten, schloß man daraus auch, daß die Anlage nicht afrikanischen Ursprungs sei. Als archäologisch gesichert gilt, daß in dieser Region tatsächlich Bergbau betrieben wurde, der zu einer Blütezeit führte und das Land zu einem bedeutenden Handelszentrum machte. Da die Ruinenstätte Simbabwe große Ähnlichkeiten mit den Anlagen zahlreicher südafrikanischer Stämme zeigt, schreibt man ihr inzwischen wieder einen afrikanischen Ursprung zu. Damit freilich bleibt ungeklärt, warum hier Steine verwendet wurden und nicht die traditionellen Materialien Erde und Holz.

Ahastars Erklärungen führen uns in eine sehr ferne Zeit zurück, in der es erste Kontakte mit den Nephilim-Wesen gab. Dazu eine kleine Erinnerungshilfe: Die Nephilim gehörten zu den ersten außerirdischen Kontaktgruppen überhaupt, doch ihr Verhalten wurde durch ihre Ausbeutermentalität bestimmt. Sie waren speziell an den Goldvorräten des Planeten Erde interessiert – an einem Material, das in ihrer Technik einen hohen Stellenwert einnahm. Sie fanden es vor allem auf dem afrikanischen Kontinent, wo sie sich schließlich niederließen und viele Jahrtausende lang blieben. Zur Förderung des Goldes aus den Minen brauchten sie gefügige „Arbeitsroboter", zu denen sie die Erdbewohner leicht heranzüchten konnten, befanden sich diese doch noch auf einer sehr niedrigen Entwicklungsstufe, auf der ihr Menschsein und Äußerungen eigenständiger Intelligenz erst am Anfang standen. Es war eine von kaltem Nützlichkeitsdenken bestimmte Oberherrschaft, die sie in ihren Niederlassungen ausübten. Aus jenen Zeiten stammt auch der geradezu atavistische Bezug der Menschheit zum „Glanz der Goldes".

Dieser Raubbau- und Versklavungstaktik wurde durch andere Gruppen Außerirdischer schließlich Einhalt geboten, vor allem durch die Venusier. Die Nephilim mußten sich vom Planeten Erde zurückziehen. Später kam es allerdings zu zeitlich begrenzten Lockerungen dieser Bestimmungen. Unter gewissen Auflagen wurde den Nephilim eine zeitweilige Nutzung irdischer Bodenschätze weiter gestattet. Sogar kulturbildend durften sie über einen längeren Zeitraum im vorderen Orient nochmals Fuß fassen. Auf diese Zusammenhänge, im positiven wie im negativen Sinn, werden wir im Jesus-Kapitel noch zurückkommen.

Wichtigste Siedlungsregion wurde, dieser neuen Abmachung folgend, die Gegend um die Ruinenstätte Simbabwe, die zuvor nicht zum eigentlichen Einflußbereich der Nephilim gehörte. Die Erlaubnis, weiterhin Gold zu fördern, war mit der Verpflichtung verbunden, die Menschen nicht auszubeuten, sondern ihnen bei ihrer Entwicklung behilflich zu sein. So traf auch nur eine kleine Abordnung von speziell ausgesuchten Nephilim ein. Ahastar spricht von 150 bis 200 Wesen und nennt als Zeitpunkt etwa 18 000 Jahre v. Chr. Ihr Kontakt mit den Einheimischen war vor allem darauf ausgerichtet, ein natürliches Wissen und Verstehen der Umwelt zu fördern – ein Wissen, das speziell auch dem Überleben zugute kommen sollte. So legten sie Wohnorte an, in denen es große Vorratshäuser gab, die auch in Form von Türmen gebaut wurden. Da hier die Fülle der Vegetation sehr vom Klima abhängig war und manchmal Jahre der Trockenheit eintraten, war es von großem Nutzen, solche Vorratshäuser zu haben und soviel wie möglich über die Konservierung und langfristige Lagerung zu wissen. Eine bevorstehende Dürre konnte am Verhalten der Tiere sowie am Wachstum der Pflanzen abgelesen werden. Diese zogen sich in der Regel in einen winterschlafähnlichen Zustand zurück.

Insgesamt läßt sich in dieser Region also von einem positiven Einfluß der Nephilim sprechen. Der Einsatz außerirdischer Technik blieb auf ein Minimum beschränkt, wie auch ihr Machtanspruch nicht in den Vordergrund trat. Vertragsgemäß zogen sie sich nach einigen Jahrtausenden wieder zurück.

Zu den außerirdischen Techniken gehörte unter anderem der Einsatz von Schallwellen, um die unterirdischen Gänge der Minen aufzubrechen. Wir wissen heute, mit welch erstaunlichen Wirkungen Schall, speziell Ultraschall, eingesetzt werden kann. Die Nephilim waren Experten auf diesem Gebiet. Noch heute gibt es unter den Einheimischen dieser Region ein Instrument, das mit einem hohen Pfeifton eben jenen Laut nachzuahmen versucht, der beim Aufbrechen der unterirdischen Schächte ertönte. Diese unbekannte Bearbeitungstechnik müßte an den betreffenden Stollen noch studiert werden. Freilich sind die meisten davon inzwischen verschüttet. Oder sie wurden zum Teil vor dem Abschied der Nephilim bewußt verschlossen. Sofern sie wieder geöffnet wurden, hat man sie meist erweitert und das Metall auf die übliche irdische Weise gefördert.

Wenden wir uns an dieser Stelle noch einmal König Salomon zu, die die Legende mit dem Goldland Ophir und der Königin von Saba uusammenbringt. In der Geschichtsforschung ist derzeit umstritten, ob die Königin von Saba tatsächlich aus dieser Region Afrikas stammte. Ahastar erklärt dazu, daß in der Gestalt dieser Königin eine Reihe anderer Frauen zusammengeflossen sind. Dabei handelt es sich meist um arabsiche Stammesfürstinnen, die im Umkreis Salomons eine Rolle spielten. Er war ein kluger Diplomat und ein attraktiver Mann zugleich. Er pflegte Beziehungen zu zahlreichen Frauen unterschiedlicher Fürstenhöfe – Beziehungen, die häufig auch Liebschaften waren. Der Kern der historischen Überlieferung ist im wesentlichen korrekt. Eine schwarze Stammesfürstin aus jener afrikanischen Region besuchte einst den König und überreichte ihm eine Fülle kostbarer Geschenke, die das Erstaunen des ganzen Hofstaats weckte. Zugleich war ihr Besuch mit einem zuvor besprochenen Handelsabkommen verbunden. Für die Anreisenden aus Afrika war es wichtig, in den Besitz von Zedernholz zu gelangen, das Salomon wiederum aus dem Libanon importierte. Die Zedernstämme dienten als Stützbalken für die zahlreichen Stollen, welche mit einem gut ausgetüftelten System von Leitern und eben jenen Stützbalken durchsetzt waren. (Womit wir allerdings von den Zeiten sprechen, als sich die außerirdischen Nutzer längst zurückgezogen hatten.)

Das Goldland Ophir hat im Laufe der Jahrhunderte seinen eigenen mystischen Glanz bekommen. Wir wollen ihm seine Wirklichkeit lassen. Soweit wir es darauf anlegen, es auf der irdischen Landkarte dingfest zu machen, ist es korrekt in der Region des heutigen Simbabwe zu finden.

◈ ◈ ◈

Die Felsenstadt Petra

Eine kurze Betrachtung über die Felsenstadt Petra hätte auch in das Jesus-Kapitel eingefügt werden können. Diese Stadt ist, so sehr sie uns mit ihrem imposanten Erscheinungsbild und ihren architektonischen Schönheiten auch anrühren mag, keine Schöpfung fremder planetarischer Baumeister. Ein einziger Zusammenhang dieser Art führt uns in die Zeit der zweiten Atlantis-Katastrophe zurück. Eine der Sirianergruppen, der rechtzeitig die Flucht gelang, wählte dieses Höhlenmassiv für längere Zeit als Unterschlupf. Eine andere Gruppe soll an die Nordwestspitze Kleinasiens geflüchtet sein und Troja gegründet haben. Eine gezielte Bearbeitung, die das natürliche Höhlenmassiv in Wohnstätten und Felsentempel mit säulengeschmückten Fassaden und kunstvollen Portalen wie auch in Grabstätten verwandelte, setzte jedoch erst später ein.

Die Geschichtsschreibung sieht den Volksstamm der Nabatäer, die Petra vor über 2 000 Jahren zum Mittelpunkt eines beständig expandierenden Reiches machten, als die Erbauer der Felsenstadt an. Ahastar fügt hinzu, daß Petra zur Zeit Christi auch Siedlungsort einer Gemeinschaft von Essenern war. Diese trugen in den Anfängen wesentlich zur Gestaltung der Felsenstadt bei. Es handelte sich um eine reine Männergemeinschaft, die Frauen nicht aus Abneigung ausschloß, sondern einfach deshalb, weil sie dem eigenen Geschlecht – dies durchaus in einer homoerotischen Ausrichtung – den Vorzug gab. Dies gilt nicht für alle Essener, die in anderen Fällen sehr wohl ein übliches Eheleben führten.

Eine Fähigkeit, die in der Essener-Gemeinschaft in Petra besonders geschult wurde, war die, neue Wasserquellen ausfindig zu machen, was in diesen Gegenden ein immer wiederkehrendes alltägliches Thema war. Ahastar berichtet in diesem Zusammenhang, daß Jesus während seiner Zeit des Rückzugs in die Wüste (übrigens einer Zeit von über drei Jahren) einige Wochen in Petra verbrachte und sich dort speziell in jene Gabe des „Wasserfühlens“ einweisen ließ. Dieser kurze Aufenthalt führte später dazu, über homoerotische Neigungen auch bei Jesus zu spekulieren. Sie finden noch immer unterschwellig Nahrung in jenem „weichen" Jesusbild, das einen frauenlosen und auch innerlich frauenfernen Wanderprediger zeigt, der von einer ihm folgsam ergebenen Männerschar umringt ist.

Die Osterinsel

Die Osterinsel wurde von Ahastar schon nach ersten Anfragen zu einer Art „Tabu-Thema" erklärt. Seine Antwort beschränkte sich auf den Hinweis, daß es sich hier um einen Lebensraum handele, der mit einer Gruppe der Entwickelten Tyrannen in Zusammenhang stand.

Bekanntes Wahrzeichen der Osterinsel – im pazifizischen Ozean nahe der polynesischen Inselgruppen gelegen – sind die überdimensionalen, großköpfigen Steinfiguren: aus dunklem Vulkangestein geschlagene, finster landeinwärts blickende Gestalten, manche mit riesenhaften weißleuchtenden Augen. In einer Anzahl von mehr als 600 sind sie über die ganze Insel verstreut und vornehmlich am Strand zu finden.

Die Auskünfte zu diesem Thema müssen leider knapp ausfallen. Immerhin durften einige Informationen nach einer längeren Wartezeit (und offenbar nach einigen Vermittlungsinitiativen auf der anderen Seite, wie Ahastar erklärte) schließlich doch freigegeben werden.

Auf das Thema Entwickelte Tyrannen sind wir bereits im ersten Ahastar-Buch eingegangen.* Der Name ist bewußt so gewählt worden. Es handelt sich hier um planetarische Wesen, die die Stufe der irdischen Menschheitsentwicklung schon weitgehend durchlaufen haben. Sie agieren also nicht aus einer animalischen Dumpfheit heraus, in welcher auch der sich entwickelnde Mensch zunächst so häufig gefangen ist und in der er oft den Verlockungen einer scheinbar unbeherrschbaren Machtgier ausgeliefert ist. Auf der Bewußtseinsstufe jener planetarischen Wesen wurde bewußt die Wahl getroffen, ein „Machtwesen" zu sein, das seine eigenen Belange über die aller

* *Ahastar – Botschaften vom Rand der Galaxie*, siehe Kapitel „Planetarierkontakte der Gegenwart"

anderen stellt. Eine solche Entscheidung im Rahmen der kosmischen Evolution ist möglich – allerdings führt sie längerfristig zu unausweichlichen Konsequenzen.

Wesen, die sich durch eine solche Gesinnung von ihrer Planetengemeinschaft ausschließen, nennt Ahastar die „Rebellenseelen“ eines Planeten. Es gibt sie innerhalb jeder Planetenmenschheit, und die Auseinandersetzung mit ihnen gehört zum Schicksal des Planeten. Die Konfrontation mit ihnen ist eine weichenstellende Herausforderung, in der die anderen Planetenbewohner sich bewähren müssen. Integrationsversuche können erfolgreich sein oder auch nicht. Meist bleibt ein harter Kern von Unbelehrbaren übrig. Nicht selten wird schließlich die Entscheidung getroffen, diese vom Planeten zu verbannen. Auch die Verbannung ist in der Regel ein Angebot, umzulernen und so am Ende doch wieder zur Gemeinschaft zurückzukehren. Sofern sich diese Rebellenseelen zu diesen Gruppenverbänden zusammenschließen, die bewußt ihre Macht- und Gewaltprinzipien leben, entwickeln sie die Verhaltensmerkmale der Entwickelten Tyrannen.

In einem Kosmos der Polaritäten scheint es unverzichtbar, daß dem Pol des Guten ein Gegenpol des Bösen gegenübersteht. Nur im Spannungsfeld dieser Gegensätze findet Entwicklung statt. Dieses Prinzip gilt für das ganze materielle Universum, die „unterste“ Entwicklungsstufe des Kosmos. Von einem „höheren“ Standpunkt aus gesehen wirken hier die unverzichtbaren Grundregeln des kosmischen „Dramas“: Bestimmte Wesen übernehmen den Part des Guten, andere den des Bösen.

Der kritische Punkt ist erreicht, wenn es zunehmend zu einer Identifizierung mit der Rolle des Bösen kommt. Wesen, die ihre eigene Machtentfaltung zum Mittelpunkt all ihrer Bestrebungen machen, können dieser Machtgier in unterschiedlichem Ausmaß verfallen – immer tiefere Seelenschichten können davon infiziert werden. Was einst noch auswechselbares „Kostüm“ war, wird zum seelischen Grundmuster des ganzen Wesen, geht in „Fleisch und Blut“ über. Am Ende eines solches Weges verbindet sich das kalte Machtstreben mehr und mehr mit einer Lust am Bösen – an zugefügtem Schmerz, an Peinigung und Erniedrigung. Gefühle von Ekel und Abscheu werden zur Faszination. Die Infizierung kann die Seele in einem solchen Ausmaß ergreifen, daß es zur Sucht wird, Böses zu tun.

Ahastar ergänzt an dieser Stelle, daß jede Seele im Spannungsfeld dieser Pole steht. Ohne jenen dunklen Bereich ist sie nicht vollständig und kann auch ihren hellen Pol nicht zum Leuchten bringen. Ob jener dunkle Bereich aber zum Krankheitsherd wird, der die Seele zu infizieren droht, entscheidet sich an der Frage der Wachsamkeit dem Dunklen gegenüber. Wie das Gute, so läßt sich auch das Dunkle kultivieren.

Im konkreten Fall der Osterinsel handelt es sich um eine kleinere Gruppe von Entwickelten Tyrannen, die ursprünglich von der „Alten Venus" – dem Heimatplaneten Ahastars – stammen. Es sind also Venusier. Dies läßt insofern aufhorchen, als das Charakterbild des Entwickelten Tyrannen gerade einer Venusier-Seele so wenig entspricht – mit ihren Gaben der Hingabe und Schönheitsliebe, wie sie Ahastar in vielen Details geschildert hat. Hier müssen wir auf Ahastars Darstellungen von der beschriebenen „Rebellion im Himmel" zu sprechen kommen: Für den Vernichtungsangriff auf den venusischen Heimatplaneten waren in erster Linie venusische Rebellenseelen verantwortlich.

Ein Teil dieser Rebellenseelen war durch das kosmische Gesetz schließlich gezwungen, erneut in eine grobstoffliche Körperlichkeit einzutauchen. Der Großteil der Venusiermenschheit hatte längst den Schritt in die Halbfeinstofflichkeit, viele bereits in die Feinstofflichkeit hinein getan. Als Aufenthaltsort dieser Seelen, einer Gruppe von etwa 500 Wesen, war die Osterinsel ausgewählt worden. Sie war damals größer als heute. Durch Vulkanausbrüche und Erdbeben, schließlich auch durch die Atlantis-Katastrophe zerbrach die ursprüngliche Landmasse, und Teile der Insel versanken im Meer. Durch ihre abgelegene Lage im pazifischen Ozean wie auch die Tatsache, daß sie damals völlig unbewohnt war, wurde sie zum geeigneten Niederlassungsort jener Rebellentruppen.

Im übertragenen Sinn könnte man von einem Experiment sprechen, das auf eine Umerziehung ausgerichtet war: Jene Wesen, die sich so sehr in der Lust am Bösen verloren hatten, sollten mit den Auswirkungen davon direkt konfrontiert werden, indem sie sich auf begrenztem Raum fortwährend „ihresgleichen" ausgeliefert fanden. Gewaltsame Übergriffe und Vernichtungsstreben stießen beständig auf dieselbe Seelenkonstitution der anderen Wesen. Diese Rebellen waren, so Ahastar, ihrem kosmischen Alter entsprechend in der

Mehrzahl sehr vermögend und kraftvoll. Auch in grobstofflichen Körpern „gefangen“, besaßen sie magische Fähigkeiten, wie die der Wetterbeeinflussung und telepathischen Einflußnahme in vielen Formen.

Der karmische Bann, dem sie unterlagen, erlaubte ihnen kein Wirken über den Inselbereich hinaus. Dennoch fanden sich nach Jahrtausenden schließlich Menschen auf der Insel ein, vor allem Seereisende der polynesischen Inselgruppe. Damit nähern wir uns bereits der Endzeit des genannten Experiments. Die unverändert miteinander rivalisierenden Venusierrebellen nahmen sich der eintreffenden Irdischen an, dies aber letztlich doch in der Absicht, aus ihnen gehorsame Untergebene und Gefolgsleute zu machen. Durch den weiteren Zustrom von Menschen entstanden nach und nach zwei völlig unterschiedliche Bevölkerungsgruppen auf der Insel: noch jungen, eher unbedarften irdischen Seelen standen die unterschiedlichen Gruppierungen der ehemals Ausgesiedelten gegenüber, die noch immer von machtgieriger Raffinesse und Gewaltdenken geprägt waren. Auf der ganzen Insel entwickelte sich, wenn auch in verschiedene konkurrierende Regionen unterteilt, ein Gewaltregime, das die Neuankömmlinge als Sklaven hielt und sie einer ständigen Bewachung unterzog. Ein ernsthafter Widerstand von seiten der irdischen Ankömmlinge war zwecklos, Fluchtversuche scheiterten meist an dem technisch perfekten Überwachungssystem. Gruppen bereitwilliger Kollaborateure wurden schließlich als Priesterschaft ausgebildet und selbst in Teile des magischen Wissens eingeweiht.

Doch kommen wir zu den kolossalen Steinfiguren: Sie wurden nach Anweisung der „Götter“ von den menschlichen Arbeitern in Stein gehauen und waren Teil jenes Überwachungssystems. (Nicht nur daß die starr landeinwärts blickenden dunklen Gesichter den Betrachter ängstigen sollten; auf dem Kopf dieser Gestalten befand sich auch eine Apparatur, die einen unerträglich schmerzhaften Pfeifton ausstieß, sobald jemand das ihm zugewiesene Areal zu verlassen versuchte.

Von planetarischer Seite griff man schließlich aufs neue ein. Die venusischen Rebellen mußten die Insel wieder verlassen. Ahastar deutete ohne weitere Details ihre Unterbringung auf einem anderen Planeten an. Auch wurde ein langsamer Heilungsprozeß der geschädigten irdischen Bevölkerung unterstützt. Ebenso wurde das erlangte Wissen über die angewandte Energieübertragung auf Heil- und

Erneuerungsprozesse ausgerichtet. Die irdischen Bewohner blieben schließlich allein zurück.

Das Aussiedlungsprojekt auf der Osterinsel mußte letztlich als gescheitert angesehen werden. Es endete in neuer Entartung und Chaos. Kaum einer der venusischen Rebellenseelen war ein wirklicher Transformationsprozeß gelungen.

Das Wagnis dieses Experiments auf einem noch jungen Planeten durchzuführen, erschien unter anderem deshalb gerechtfertigt, weil es auf der Erde bereits seit Jahrtausenden eine starke Präsenz der Venusier gab, die sehr positive Wirkungen hinterlassen hatten. Die zurückgebliebenen Einheimischen schufen, in Erinnerung an ihre „Götter", schließlich weitere jener Steinfiguren – während das Wissen um deren einstige Funktion bald in mystische Ferne rückte. Auf eine kurze Formel gebracht, handelte es sich dabei um mit Köpfen und Augen versehene „Wachtürme" – Machtmittel eines Gewaltregimes.

Der Betrachter kann die Aura der Gewalt weiterhin spüren. Interessant ist auch, daß die Geschichte des Inselvolkes, selbst die der letzten Jahrhunderte, von Gewaltmythen und schrecklichen Kriegsgreueln bestimmt ist, wie der Kampf der „Langohren" gegen die „Kurzohren", die sich gegenseitig verspeisten, deutlich macht.

Fassen wir Ahastars Erklärung zum Thema Entwickelte Tyrannen noch einmal zusammen: Jeder Seele ist – an welchem Punkt einer dunklen Evolutionsverstrickung, also ihrer Identifizierung mit dem negativen Pol des Kosmos – die freie Entscheidung zur Umkehr gegeben. Weigert sie sich aber beständig, so beginnt sie sich selbst von vielen Arten kosmischer Energie abzuschneiden. Diese ist ihr im fortschreitenden Prozeß der Absonderung dann nicht mehr beliebig verfügbar. Lehnt sie eine Rückkehr in die Ordnung und Harmonie des Kosmos auf Dauer ab, so bleicht sie gewissermaßen aus, und ihre Stagnation wird zum Sterbeprozeß.

König Artus und die Tafelrunde

Die Orte Glastonbury und Tintagel sind untrennbar mit Artus und seiner Tafelrunde verbunden. Bis heute hat der Name „Artus“ (in der alten keltischen Form „Arthur“) einen Glanz und Zauber bewahrt, der in der abendländischen Geschichte seinesgleichen sucht, obwohl seine konkreten historischen Spuren nur schwer auszumachen sind. Nachschlagewerke bezeichnen ihn als britischen Sagenkönig, der um 500 n. Chr. gelebt haben soll. Erst Jahrhunderte später wurden einige dieser Spuren durch zwei große schriftliche Werke für die Nachwelt festgehalten: durch die *Historia Regum Britanniae* des Geoffrey of Monmouth und schließlich durch das berühmte Epos des Chrétien de Troyes.

Gewiß müssen wir die historische Existenz von König Artus nicht in Zweifel ziehen. Wie beiden genannten Werken zu entnehmen ist, wuchs der Knabe Artus in einem Britannien auf, in dem fortwährend Kriege zwischen den unterschiedlichen Königshäusern und Stammesfürsten wüteten. Vor allem nicht enden wollende blutige Fehden zwischen den Volksstämmen der Angeln und Sachsen waren an der Tagesordnung. Und immer wieder machten die Überfälle und Raubzüge der Wikinger der Bevölkerung zu schaffen.

Dem jungen König gelang es, obwohl er zunächst nur herrschaftlicher Vertreter eines kleineren Stammes war, in einem jahrelangen unermüdlichen Einsatz das Land Stück für Stück zu vereinen – dies zunächst auf dem Weg kriegerischer Auseinandersetzungen, in denen er selbst die Rolle des heldenhaften Heerführers einnahm, dann zunehmend durch die Wirkung und Autorität seiner Person.

Zentrum seines späteren Wirkens wurde die berühmte Tafelrunde – für zwölf Ritter bestimmt, unter denen sich so berühmte Helden wie Erec, Iwein, der „Ritter mit dem Löwen", und Lanzelot befanden, mit dem er in späteren Jahren in Konflikt um seine Frau Ginevra, geriet; daneben Gawain, der seine Abenteuer im Zauberschloß Klingsors, dem Chateau Mervielle, bestehen mußte. Auch Parzival gehörte kurzfristig dieser Tafelrunde an. Um jeden dieser Ritter haben sich eigene Heldenepen gerankt.

Die überragende Gestalt neben Artus allerdings ist der Druide und Naturmagier Merlin. Soweit wir den Sagen vertrauen dürfen, war er es, der aus dem Hintergrund ständig „Regie führte": bei den geheimnisvollen Umständen von Artus' Geburt, bei der Ausbildung des heranwachsenden Königs, bei seiner Inthronisaton, bei der Einrichtung der Tafelrunde.

Das Geheimnis der Geburt – Die Lehrjahre bei Merlin

Gehen wir gleich auf die sonderbaren Umstände ein, mit denen die Sage die Geburt des späteren Königs umgibt. Mutter von Artus war Igraine, Tochter aus einem Adelsgeschlecht, der per Geburtsrecht die Burg Tintagel gehörte. Doch der Ehemann, der Herzog von Cornwall, dem sie zur Zeit der Zeugung Artus' angehörte, war nicht Artus' Vater. In den Tagen seiner Zeugung ging der Herzog Kriegsgeschäften nach und befand sich zur Befestigung eines Kriegslagers an einem abgelegenen Ort.

Einer seiner Kontrahenten war Uther Pentragon, für den die Burg Tintagel allerdings eine uneinnehmbare Festung darstellte. Die Sage berichtet, daß dieser Uther Pentragon in „unsterblicher Liebe" zu Igraine entbrannte, die bei seinem Krönungsfest als Gast eingeladen war. In seiner Not schloß er einen Pakt mit Merlin. Dieser sollte ihm mit seiner Zaubermacht während der Abwesenheit von Igraines Gemahl Zugang zu ihrem Schlafgemach verschaffen.

Merlin kommt seinem Wunsch nach und verwandelt ihn für eine Nacht in die Gestalt des Herzogs von Cornwall. Seine Bedingung allerdings ist, daß das Kind, das aus dieser Verbindung hervorgeht, in seine Obhut gegeben wird. Der Betrug gelingt, Igraine läßt den nächtlich anreitenden Uther in ihr Schlafgemach. Am nächsten

Tag erreicht sie die traurige Nachricht, daß ihr Gemahl, der sein fernes Kriegslager nie verlassen hatte, auf dem Schlachtfeld gefallen sei.

Wenig später heiratet Uther Pentragon die verwitwete Igraine und wird rechtmäßiger Herrscher, auch über ihre Besitztümer. Der bald darauf geborene Knabe wird vertragsgemäß an Merlin übergeben, der für ihn nun die Aufgaben eines Ziehvaters übernimmt. Soweit in den Grundzügen die Sage, die auch in abweichenden Variationen erzählt wird.

Wichtig bleibt festzuhalten, daß ein fremder Vater den Akt der Zeugung vornimmt – ein in der Literatur häufiger anzutreffendes Motiv, das hier allerdings tatsächlich eine sehr tiefgründige Dimension besitzt. Auch in der Jesus-Biographie spielt gleich zu Beginn eine entscheidende Rolle, daß es sich bei Joseph nicht um den leiblichen Vater handelt. Und die weitere Spurensuche führt in beiden Fällen zu einer fast gleichen Antwort. Leider muß sich die öffentliche Darstellung, wie in der Jesus-Biographie, auf den Hinweis beschränken, daß der eigentliche „Erzeuger" nicht irdischen Ursprungs sei. Wie bei der Jesus-Persönlichkeit ging es auch im Fall von Artus darum, für die sich inkarnierende Seele eine andere genetische Grundlage und damit eine besondere Form der Körperlichkeit zu schaffen. Das konnte nur auf dem Weg einer außerirdischen Zeugung vollzogen werden – und in beiden Fällen war das gleiche planetarische Wesen in dieser Form als Inkarnationshelfer tätig. Damit war nicht ebenfalls ein Planetarier-Körper geschaffen worden. Es existierte ja durch die Mutter in gleicher Weise ein irdisch-menschlicher Anteil – auch hier wieder eine Parallele zur Jesus-Biographie. Angestrebt wurde eine spezielle Form der genetischen Vermischung, die es einer hochschwingenden Seele erlaubte, in anderer, direkterer Art spirituell wirksam zu werden.

Aussagen wie diese mögen befremdlich erscheinen, besonders wenn sich die naheliegenden Fragen der konkreten Durchführung und schließlich des realen Vollzugs einer solchen Intention stellen. Die Ansätze einer Antwort auf diese Frage finden wir, so Ahastar, bei jenen spirituell weit fortgeschrittenen Wesen, denen eine Transformation der Körperlichkeit aus der Grob- in die Feinstofflichkeit und umgekehrt möglich ist. Ahastar spricht in diesem Zusammenhang von „physikalischen Wesen". Wer mit solchen Hintergründen vertraut ist, dem wird es keineswegs als Auswuchs der Phantasie oder bloßes Märchen erscheinen, was mit dem Hinweis auf diese Art der Inkarnationshilfe angedeutet wird. Oberstes Gebot ist in einem solchen Fall, daß alles auf dem Einverständnis der betroffenen Seelen und auf (vorgeburtlichen) karmischen Absprachen beruht.

Im Zusammenhang mit Artus spricht Ahastar von einer alten Venusier-Seele, die schon häufiger Kontakt zur Erde gesucht hatte, lange vor der Artus-Inkarnation und auch noch danach. So war diese Seele beispielsweise als Lehrer in der venusischen Schulungsstätte im alten Tibet tätig – zu jenen uralten Zeiten, als mehrere solcher planetarischen Schulungsstätten über die Erde verteilt waren. Sie blieb dem Lebensbereich Tibet auch weiterhin verbunden. So gingen dem Artus-Leben elf Inkarnationen in Tibet voran, immer in der Rolle eines führenden spirituellen Oberhauptes, wie es heute die Vertreter in der Linie der „Karmapas" sind. Diese Linie hat eine viel weiter zurückreichende Tradition, als es unsere Urkunden belegen, so daß er ihr indirekt, sehr wohl zugerechnet werden kann. Auf die Artus-Inkarnation folgte ein Leben in der Glaubensgemeinschaft der Katharer, wo diese Seele zu Zeiten der Verfolgung und des Niedergangs eine zentrale Führungsposition einnahm. Daran schlossen sich nochmals zwei Inkarnationen als Karmapa in Tibet an.

Doch kommen wir nun zur Artus-Biographie selbst: Ahastar sieht in Merlin eine Gestalt, die für Artus eine ähnliche Position eingenommen hat wie Johannes der Täufer für Jesus: als ein Wegbereiter und früher Mentor. Merlin war die Herkunft der Artus-Seele bekannt, auch die Besonderheit seiner Geburt. Und er wußte um die Rolle, die ihm, dem keltischen Schamanen und Zauberkundigen, in diesem vorgeplanten „Szenario" zukam: diese Seele, von Kindesbeinen an in sein spirituelles und magisches Wissen einzuweihen – in einer Inkarnation, die zugleich auf die spätere Position eines weltlichen Herrschers hin angelegt war.

Die Sage stellt anrührend dar, wie der neugeborene Säugling sogleich in die Arme des greisen Magiers übergeben wird. Und wir bleiben etwas ratlos mit der Frage zurück, wie dieser Zaubermächtige anschließend wohl seinen „Mutterpflichten" nachgekommen sein mag. Der konkrete Ablauf, wie Ahastar ihn schildert, freilich war der, daß Artus zunächst vor allem von einer Amme betreut und versorgt wurde, wie es den höfischen Gepflogenheiten dieser Zeit entsprach. Diese Amme, die er als Mutter empfand, stand ihm auch nach seinem Abschied aus dem elterlichen Schloß weiter zur Seite. Artus war bei der „Übergabe" etwa drei Jahre alt, und auch Merlin war keineswegs alt und hinfällig, sondern ein Mann Anfang dreißig.

Artus wuchs, abseits aller königlichen Etikette, in der Obhut Merlins als ganz normaler Junge auf. In dieser Zeit der Kinderheit und Jugend, die von einer starken Naturverbundenheit geprägt war, setzte sanft und doch beständig die angestrebte Schulung ein: die Einweisung in altes keltisches und schamanisches Einweihungswissen. Dies waren Fähigkeiten des spirituellen Heilens und vor allem solche einer erweiterten Wahrnehmung, sei es in Form von luziden Träumen oder in der konkreten Umwelt. Als ein Beispiel nennt Ahastar die Fähigkeit, sich mit dem Bewußtsein eines Tiers verbinden zu können – ein Vorgang, der in der Sprache der Sagen und Mythen oft als die direkte „Verwandlung" in ein Tier dargestellt wird. Gemeint ist aber, daß der entsprechend Geschulte einen eigenen Bewußtseinsanteil direkt in einen Tierkörper hineinschicken kann und so die Umgebung etwa mit den Augen eines Adlers real zu erspähen vermag. Es ließe sich hier im esoterischen Sprachgebrauch von einer Teil-Astralprojektion sprechen. Auch in den bekannten Büchern von Castaneda sind solche Vorgänge geschildert. Eine andere Fähigkeit wäre die, das Kraftpotential bestimmter Tierstufen, wie sie genetisch im Körper verankert sind, zu „revitalisieren". Damit etwa ließe sich die Kraft eines Bären oder die Geschicklichkeit einer davonjagenden Gazelle erlangen. (Eine Aussicht, die vielen heutigen Leistungssportlern ein Funkeln in die Augen zaubern könnte.)

Auch Merlin war in all diesem schamanischen Können geübt, was eben zur Grundlage seines Rufs wurde, ein Magiekundiger und Zauberer zu sein. Er wurde Mentor eines im Verlaufe der Jahre anwachsenden Schülerkreises, an den er sein Wissen weitergab, und leitete eine eigene Druiden-Ausbildungsstätte.

Die jungen Mannesjahre – Der keltische Kulturraum

Als junger Mann zog sich Artus, und hier liegt wieder eine kleine Parallele zur Jesus-Biographie vor, für eine längere Zeit in die Einsamkeit zurück – so verbrachte er ab dem 20. Lebensjahr gewissermaßen seine „Zeit in der Wüste". Seine Wanderungen führten ihn weit in das karge schottische Hochland, wo er wenig Kontakt zu Menschen hatte und seine ganze Aufmerksamkeit den Elementar- und Naturwesen zuwandte, aber auch mit anderen Geistwesen in Verbindung stand. Dabei handelte es sich zum einen um die Ahnen seiner Familie (denen er sich durch das mütterliche Erbe durchaus zugehörig fühlte), zum anderen um planetarische Wesen einer verwandten Seelenart.

Da sein Lebenskonzept und seine Mission eine irdische Herrschaftsposition und weltliche Macht einschloß, war es für ihn wichtig, die Mentalität seines Volkes ganz zu begreifen und in eine ausreichend tiefe Berührung mit dem „Volksgeist" zu kommen. Dieser war in besonderer Weise aufzuspüren im Denken und Fühlen der Ahnen. Bei den genannten planetarischen Wesen handelte es sich gleichfalls um Verstorbene – Wesen, die sich zu jenem Zeitpunkt in keiner Inkarnation befanden oder ihren Inkarnationszyklus bereits abgeschlossen hatten. Es ist also hier von einer rein geistigen Kommunikation die Rede. Das Ziel dieser Kontakte war unter anderem, Artus auf seine spätere Arbeit mit Kristallen sowie die Geheimnisse ihrer verborgenen energetischen Wirkung vorzubereiten.

In diesem Zusammenhang wollen wir kurz auf die eigentliche „Mission" des Artus-Wesens eingehen und auch einen Blick auf die zeitgeschichtlichen Umstände werfen, wie sie sich in der Berührung und im Spannungsfeld von keltischer Naturreligion und Christentum darstellte.

Durch die geschichtlichen Quellen ist hinreichend bekannt, wie das Christentum – in seinen Anfängen eine mit brutaler Gewalt verfolgte, sektenähnliche Gruppe von Außenseitern, Weltverbesserern und Märtyrern – seinen Eroberungszug durch die germanischen und nordischen Länder antrat. Es war ein Weg, der gleichfalls wieder von Gewaltsamkeit geprägt war und oft blutige Spuren hinterließ. Den eifernden Missionaren folgten, wie unter Karl dem Großen, die Legionen der christlichen Herrscher.

Die tatsächliche „religiöse" Begegnung zwischen Keltentum und Christentum war weitgehend eine andere. Ohne gewaltsame Exzesse stellte sich nach und nach eine Symbiose ein. Vieles, was wir als natürlichen Bestandteil christlicher Tradition ansehen, ist eigentlich keltischen Ursprungs. Als Beispiele dafür seien ein Ritual wie die Kindtaufe sowie unsere christlichen Festtage Ostern und Weihnachten genannt.

Das ursprüngliche Christentum kannte diese Kindtaufe nicht. Wie Johannes der Täufer die Umkehrwilligen im Jordan einem reinigenden Taufbad unterzog, so verstanden auch die ursprünglichen Christen die Taufe als ein Reinigungsritual für Erwachsene. Bei den Kelten dagegen war eine Kindtaufe üblich. Mit ihr wurde das Kind, etwa neun Monate nach seiner Geburt, den „Göttern" geweiht, als nun der Menschengemeinschaft fest zugehöriger Erdenbürger. Dies beruht auf dem keltischen Wissen, daß erst zu diesem Zeitpunkt die Verankerung in der Körperlichkeit einsetzt und die endgültige Entscheidung zur Inkarnation getroffen wird. Bekannt ist – eben für den Zeitraum davor – das Phänomen des „plötzlichen Kindstods". In diesen Fällen zieht sich die Seele einfach wieder aus dem physischen Körper zurück, in der Regel ohne körperliche Symptome, was die Medizin immer wieder vor Rätsel stellte. Die Kindtaufe, also die christliche „Einkleidung" eines alten heidnischen Rituals, ist bis in unsere Zeit selbstverständlicher Bestandteil eines christlichen Lebens geblieben, bei Katholiken und Protestanten gleichermaßen.

Das Osterfest, für uns mit den Geschehnissen von Kreuzigung und Auferstehung verbunden, ist gleichfalls heidnischen Ursprungs. Es war der Frühlingsgöttin Ostara geweiht. Mit dem aufsteigenden Zyklus des Jahres wurde die Erneuerung allen Lebens gefeiert. Auch für uns sind das Hühnerei und der Hase noch immer Zeichen der Lebenserneuerung und Fruchtbarkeit. Bei den Kelten und anderen germanischen Völkern hatte das Osterfest einen zentralen Stellenwert. Ein Fest der Jugend – all jener, die soeben die Pubertätsschwelle überschritten hatten. Überall fanden Rituale statt, um diesen Eintritt ins Erwachsenenalter festlich zu begehen. Männliche und weibliche Jugendliche durften in arrangierten Begegnungen erste Erfahrungen mit dem anderen Geschlecht sammeln, um sich so auf die späteren festen Partnerschaftsverbindungen vorzubereiten. Dies eröffnet uns ein Bild großer Freizügigkeit, demgegenüber selbst die Normen unserer modernen Gesellschaft eher engstirnig erscheinen. Tatsächlich handelt es sich dabei um einen entscheidenden „Charakterzug" der ursprünglichen keltischen Religion, und hier lag auch die größte Diskrepanz zum sich ausbreitenden Christentum. Erst dieses ordnete solche Formen der kreatürlicher Lebensnähe in Rubriken wie „Sittenverfall" und „Seelenverderbtheit" ein.

Sprechen wir schließlich vom Weihnachtsfest. Es war ursprünglich das Fest der Wintersonnenwende, die Festlegung auf den 24. und 25. Dezember hat nichts mit religiösen Daten zu tun, die sich etwa zwingend aus der Bibel ergeben würden. Es sind einfach die kürzesten Tage des Jahres, nach denen der Sonnenbogen wieder an Höhe gewinnt. Das zurückkehrende Licht war von entscheidender Bedeutung für das tägliche Leben der heidnischen Völker. Das zentrale Ritual bestand darin, mit einem brennenden Strauch das Herdfeuer neu ins Haus zu tragen – ein Feuer, das am heiligen Ort, im geweihten Tempelbezirk, immer brennen mußte und von einer Wächterin Tag und Nacht gehütet wurde.

Anders als im römischen Territorium traf das Christentum in Artus' Britannien nicht auf eine bereits überlebte Naturreligion, von der nichts weiter als eine tote Hülle übriggeblieben war. Hier war das Keltentum noch lebendiger Bestandteil im täglichen Leben der Menschen. Seine eigene Attraktion verdankte das Christentum der schließlich rege einsetzenden karitativen Wirksamkeit, wie sie sich durch christliche Gemeindeverbände und später durch Klöster, Hospitäler und Ritterorden entfaltete und wie sie der urchristlichen Grundtugend der Nächstenliebe entsprach. Mit dieser Ausbreitung gingen gleichfalls kirchlicher Dogmatismus, starre moralische Regeln und einsetzende Körperfeindlichkeit einher. Daß diese letztlich so dominant wurden, lag wiederum an einer anderen Art der Attraktivität: an Verzichtshaltungen, die als ein besonderes Verdienst der Seele gewertet wurden. Zum anderen kam das kirchliche Obrigkeitsdenken jenen entgegen, die sich gern einer fremden Autorität anvertrauten und sich scheuten, selbst Verantwortung zu übernehmen.

Doch es bleibt festzuhalten, daß christliche Gemeinde- und Ordensgründungen zunächst viel Segensreiches für ein Land brachten, das in jahrhundertelangen Kriegsfehden verwüstet worden war. Zahlreiche Samariter wurden tätig – im Zeichen des Kreuzes.

Schon lange vor dem Christentum gab es das keltische Kreuz – jenes Symbol, bei dem sich um die Kreuzfigur noch ein kosmischer Kreis schließt. Die symbolische Bedeutung war einfach: Die horizontale Linie stellte das Irdisch-Menschliche dar, dies vor allem in seinem Aspekt des Naturerbes und so auch des Animalischen. Die vertikale Linie stand für die „Durchkreuzung" dieser Ebene durch das Göttlich-Geistige, das zur eigentlichen Menschwerdung führt. Der Kreis, als Symbol des Kosmos wie auch der Erde in ihrem kosmischen Aspekt, wurde als Verbindungselement zwischen beiden eingesetzt.

Das Keltentum, in seiner Haltung großer spiritueller Offenheit und Toleranz, war mehr als andere heidnische germanische Religionen geeignet, die Symbiose mit dem Christentum einzugehen. Trotzdem sollten wir in dem weitgehend friedlichen, etappenweisen Vollzug dieser Symbiose die Nachwirkung dessen sehen, was durch Artus und seine Tafelrunde in diesem ursprünglich keltischen Bereich bereits im Keim angelegt worden war. Hier, so könnte man sagen, lag der Kern seiner Mission.

Werfen wir in diesem Zusammenhang einmal einen Blick auf die Spuren, die sich durch die folgenden Jahrhunderte zogen. Großbritannien war das erste Land, das sich dem alles umklammerden Griff der katholischen Kirche entzog, ohne dies in blutigen Fehden auszutragen. Auch wenn am Anfang dieser Befreiung der raffinierte Schachzug eines einzelnes Herrschers, Heinrich des VIII. stand, der sich, mit dem Bann belegt, einfach von der katholischen Obrigkeit lossagte und die anglikanische Kirche gründete. Dennoch mußte der Boden für einen derartigen Schritt bereitet sein. Die anglikanische Kirche lehnte von Beginn an Ablaß, Fegefeuer sowie Heiligen- und Reliquienverehrung ab und erlaubte die Priesterehe, was wiederum einen keltischen Akt der Freizügigkeit darstellt. Diese religiöse Grundeinstellung – und nicht die katholische Strenge, wie sie in den von Spaniern und Portugiesen unterworfenen südamerikaniscen Ländern verbindlich eingeführt wurde – wurde schließlich auch in die neugegründeten Vereinigten Staaten übertragen, wobei wir es zugegebenermaßen mit einem Schmelztiegel vieler Religionsgemeinschaften zu tun haben.

Auch die moderne Demokratie geht auf jene Anfänge zurück. Sie erwuchs, zunächst als ein klar formuliertes und real angestrebtes Ideal, vor allem aus den Glaubenskämpfen des 17. Jahrhunderts, wie sie in Schottland, England und den Niederlanden stattfanden. Diesem Ideal entsprach es, die Gemeinde selbst als Träger des religiösen und politischen Lebens hervortreten zu lassen – eine Spur, die sich letztlich bis in die Vereinigten Staaten verfolgen läßt, wo sich viele Anhänger jener Ideale und Glaubensbewegungen einfanden.

Die geschichtliche Entwicklung Britanniens bis zum heutigen Tage ist das Ergebnis zahlreicher Weichenstellungen, die den im Großen sichtbaren Ereignissen vorangingen. In diesem Sinn ist auch das Wirken einer Gestalt wie Artus zu verstehen. Sie steht gleichfalls in einem größeren Kontext, stellt aber nicht den einzig wesentlichen Brennpunkt all dieser Entwicklungen dar. Und doch ist ihr Anteil daran groß, so sehr sie für den Historiker auch im Legendenhaften verschwimmen mag.

Anders als der Jesus-Gestalt gelang Artus – durch andere Zeitumstände begünstigt – tatsächlich die so schwierige Symbiose weltlicher und spiritueller Herrschaft und Erneuerung.

◈ ◈ ◈

Das Schwert „Excalibur“ – Der Weg auf den Thron

Schon die frühen Sagenerzähler, aber auch die Filmemacher unserer Tage hat „Excalibur“, das legendäre Schwert von König Artus, beschäftigt. Was ist daran Sage, was Wirklichkeit?

Wieder einmal geht es hier um zwei verschiedene Ebenen. Tatsächlich handelte es sich um ein ganz reales Schwert, das in einem besonderen Schmiedeverfahren hergestellt worden war. Es bestand aus Sarazenenstahl – einem Material, das eine besondere Haltbarkeit gewährleistete – und war das Ergebnis einer Schwertschmiedekunst, die lange Zeit wie ein Geheimnis gehütet wurde. Es wurde in den Werkstätten von Schmiedemeistern aus dem kleinwüchsigen „alten Volk“ hergestellt. Dieses sagenumwobene Volk lebte sehr zurückgezogen und meist in Erdhöhlen in den schottischen Hochebenen. Das geheimnisvolle alte Volk steht in einer besonderen Beziehung zu den Elementarwesen, dies auch evolutionär, wenngleich es sich dabei durchaus um materielle und auch menschenähnliche Wesen handelte. Eine archetypische Gestalt dieser unterirdisch hausenden Schmiedemeister ist der Zwerg Alberich aus der Nibelungensage. Vor allem durch Richard Wagners „Ring der Nibelungen" ist dieser Zwergenschmied vielen ein Begriff. Aus diesem Bezug zu den unterirdischen Felsenwerkstätten hat sich wohl das Bild eines „Felsenamboß" entwickelt, in dem das zauberkräftige Schwert feststak und aus dem es, wie die Sage erzählt, nur von dem einen Berufenen herausgezogen werden konnte. Diese Aufgabe wird von Artus geradezu spielerisch und in jugendlicher Naivität bewältigt, und eben jenes Schwert ist für alle das eindeutige Zeichen, daß er der auserwählte, zukünftige Herrscher ist.

Nun aber zu der anderen Ebene: Zauberkräftig wurde jenes Schwert erst durch seinen Träger und einen speziellen Gebrauch, der eine gezielte Schulung voraussetzte. Dies führt zu einer besonderen Art von Energiebündelung im immateriellen Bereich. Dabei handelt es sich hier um Vital- und Astralkörper, die daraufhin trainiert werden können, sich über die grobstofflichen Körperkonturen hinaus auszudehnen. Ein in diesem Sinn verlängerter „Astralfinger" beispielsweise wäre von einem im Hellsehen Geschulten durchaus als ein solcher zu erkennen. Soweit er mit Energieströmen aufgeladen ist, könnte er auch psychokinetische Effekte auslösen, wie etwa das Durchschlagen eines Ziegels durch einen ausgebildeten Karatekämpfer.

Zeitlupenaufnahmen zeigen, daß bei einem Karatemeister hier keineswegs die eigentliche Handfläche aktiv wird. Der Ziegel bricht bereits, wenn sich die Hand noch Zentimeter über dem Ziegel befindet. Ein ähnliches Phänomen liegt vor, wenn die bekannten Shaolin-Mönche harte Stangen, ja selbst Eisenstangen, an ihren Köpfen oder anderen Körperpartien zerschlagen.

Artus war in der Lage, das Schwert durch eine gezielte Streckung seines „Astralarms" mit einem speziellen Energiestrom zu füllen. Amüsanterweise hat sich diese erlernbare Fähigkeit im Bild des Laserschwerts erhalten, wie es uns aus Science-fiction-Filmen, insbesondere aus „Krieg der Sterne", bekannt ist. Sinnvoll ist ein solches Kampfgerät in einer hochtechnisierten Welt eigentlich nicht, wo bereits eine simple Feuerwaffe jeden Gegner leicht beseitigen kann.

Das Laserschwert ist lediglich ein Überrest der alten Ritterromantik, in der das ehrenhafte Kräftemessen noch seinen Stellenwert hatte.

Artus trug das Schwert „Excalibur" in zahlreichen Schlachten, die seiner Inthronisation als Herrscher Britanniens vorangingen, doch war er – wie Ahastar erklärt – kaum jemals selbst in Kämpfe verwikkelt. Seine Gestalt, bereits körperlich imponierend und überragend, war von so viel Charisma umgeben und hatte, mit dem aufgerichteten magischen Schwert in der Hand, für den potentiellen Angreifer so viel Gebieterisches und Furchteinflößendes, daß schon ihr Anblick allein die meisten Gegner in die Flucht schlug.

Offenbar war es jedoch unerläßlich, daß der in die Magie eingeweihte Artus selbst in den Kampf zog, um für das Gros seines Kriegsgefolges die erforderliche Motivation zu schaffen. Hierin liegt etwa auch das Geheimnis der Jungfrau von Orléans, die – nicht einmal selbst kämpfend – nur durch ihre Anwesenheit auf dem Schlachtfeld die ihr folgenden Soldaten zu Heldentaten animierte.

Artus hatte jedoch nicht nur Schlachten, sondern auch familiäre Konflikte zu bestehen. Er war außerhalb des mütterlichen Schlosses aufgewachsen, und sein Vater sah ihn nur als „Bastard" an. Denn – auch wenn die Sage es anders erzählt – jener reale Uther Pentragon wußte sehr wohl, daß er selbst als Erzeuger Artus' nicht in Betracht kam. Angeblich soll es eine Rivalität mit dem älteren Bruder gegeben haben. Einen solchen Bruder gab es auch tatsächlich. Er starb jedoch schon früh an Blattern. Ein vorübergehender Rivaltitätskampf mit dem jüngeren Bruder Jeronimus begann schließlich, doch Jeronimus war – so Ahastar – ein seelisch etwas gestörtes Kind, das zu manisch-depressivem Verhalten neigte. Der Vater bevorzugte ihn zunächst als Nachfolger, die mangelnde Eignung war jedoch bald ersichtlich, und zunehmend stellten sich bei dem Heranwachsenden Neid und Eifersucht gegenüber Artus, dem älteren Bruder, ein.

Schließlich kam es zu einer harten Auseinandersetzung zwischen Jeronimus und dem Vater, der zum Zorn seines Jüngsten immer noch zögerte, ihn als Thronfolger zu bestätigen. Dieser Streit endete in Handgreiflichkeiten, bei denen Uther Pentragon schwer verletzt wurde und bald darauf starb.

Damit war der Weg auf den Thron, mit Einverständnis des alten Herrschers, für Artus endgültig frei. Schon zuvor hatte Artus das Herzogtum seiner Mutter Igraine verwaltet und begonnen, sich in

Tintagel als allseits geachteter Regent durchzusetzen. Seine tolerante und zugleich gerechte Herrschaftsführung veranlaßte viele Bewohner der angrenzenden Regionen, in seinem Herzogtum Zuflucht zu suchen. Dieser Zuwanderungsstrom begünstigte – wenn auch gewisse Rivalitäten mit der Obrigkeit dieser Herzogtümer dadurch verschärft wurden –, daß er ein eigenes, schlagkräftiges Heer aufstellen konnte.

Als Nachfolger auf dem Thron seines Vaters setzte er, oft zunächst auf dem Weg weiterer Schlachten, schließlich Friedensschlüsse mit einst befeindeten Fürsten und Königen durch, womit er sich nicht nur in die Rolle eines zentralen Vermittlers und Friedensstifters, sondern auch in die eines weithin anerkannten Herrschers brachte, dessen Vormachtstellung bald unumstritten war.

So wurde er auch für eine Reihe herausragender junger Ritter zunehmend attraktiv. Hier beginnt die Geschichte der allseits bekannten Tafelrunde.

Die Tafelrunde

Die Tafelrunde ist ein Werk Merlins. Wie die Sage berichtet, waren, König Artus selbst eingeschlossen, zwölf Ritter um den legendären Tisch versammelt. Diese Anzahl hatte einen realen Hintergrund – anders als die eher symbolische Bedeutung der zwölf Jünger um Jesus. Doch darauf kommen wir in dem Kapitel über Jesus noch zurück. Jedem der Ritter kam eine spezielle Aufgabe zu. Die zwölf Ritter ergänzten einander vollständig, worin das Geheimnis ihrer Wirkung nach außen bestand. Die Zahl Zwölf hatte im übrigen im mystischen Empfinden der Menschheit von alters her einen hohen Stellenwert. Auch mathematisch gesehen ist sie bemerkenswert. Als noch gut überschaubare Einheit hat sie eine reiche Innenstruktur, die viele Teilungen und korrespondierende Innenbezüge möglich macht. (Viel mehr als die arabische Zehn wäre sie geeignet gewesen, Grundlage eines Zahlensystems zu werden. Und sie wurde es im übrigen auch im angelsächsischen Währungenssystem.)

Sie versammelten sich um einen runden Tisch, der – wie Ahastar beschreibt – in der Mitte ein größeres Loch hatte. Die runde Form war ein Symbol der Gleichwertigkeit: Keiner der anwesenden Ritter war einem anderen über- oder untergeordnet. Jeder sollte gleichberechtigt seine Individualität mit all ihren Qualitäten einbringen – eben dafür wurde er ausgewählt und nahm „seinen“ einzigartigen Platz an diesem Tisch ein.

Was geschah, wenn sich die Ritter um diese Tafel versammelten? Im modernen Sprachgebrauch könnte man sagen, daß sie Konferenzen abhielten – auch wenn das Diskutieren um Staatsgeschäfte nur den geringeren Teil ihrer Gespräche ausmachte.

Wie Artus selbst besaß jeder der Ritter ein besonderes Schwert, das mit ganz besonderen Edelsteinen und Kristallen besetzt war. Was uns heute, speziell in Esoterikerkreisen, über den wirksamen Einsatz von Edelsteinen und Kristallen bekannt ist, ist nur ein schwacher Vorgeschmack dessen, was sie wirklich vermögen. Steine werden heute eingesetzt als Energiespender, zum magischen Schutz, zur Konzentration von Heilenergien. Aber selbst für den fachkundigen Esoteriker ist häufig unklar, ob die energetische Wirkung eines Steins wirklich von diesem selbst ausgeht oder auf einer Suggestion des Anwenders beruht.

Die Arbeit mit Edelstein- und Kristallenergien war für die Ritter der Tafelrunde in höchstem Maße konkret, auch wenn wir auf Beweise dafür nicht hoffen können. Doch allein die Wirksamkeit der „Arbeit“ dieser Tafelrunde spricht für sich: In wenigen Jahren verwandelte sich das von Kriegen geschüttelte Britannien in ein friedliches Land, in dem Wohlergehen und Lebensfreude herrschten. Nicht ohne Grund hat sich die Tafelrunde einen geradezu magischen Glanz bewahrt. Ahastar schreibt der Tafelrunde eine Macht und Wirksamkeit zu, die erstaunen muß. So konnten gebündelte Schutz- und Heilernergien in Regionen geschickt werden, die von Krankheit und Seuchen bedroht waren. Ebenso möglich war die Beeinflussung des Wetters, um das Gedeihen der Ernte zu fördern und Unwetter abzuwenden. Im weiteren halfen Kristallenergien, die Grenzen des Landes zu sichern und sie gegen feindliche Einbrüche zu immunisieren.

Jeder der zwölf Ritter war mit einem eigenen Aufgabenbereich betraut, für den er, seinem Charakter und seinen Qualitäten entsprechend, die geeigneten Voraussetzungen besaß. Unerläßlich war hier die Fähigkeit, intensive mentale Prozesse in Gang zu setzen. Den Vorgang selbst kann man sich so vorstellen, daß sich die Gedankenenergien der Tafelritter zunächst in den Kristallen bündelten, wobei besondere Steinkombinationen wie Verstärker wirkten und gezielt die gewünschten Energien aussenden konnten. Doch erst in der sachgerechten Kombination der aufgeladenen Steine stellen sich die gewünschten Wirkungen ein, die nochmals gesteigert werden können durch den gemeinschaftlichen Einsatz einer speziell dafür ausgewählten Gruppe von Menschen. Hier beginnt, was Ahastar als „Matrix-Arbeit" bezeichnet.

Doch betrachten wir diesen Vorgang einmal ganz konkret: Je nach anstehender Aufgabe übernahm der zuständige Ritter die Führungsposition, der sich alle anderen mental anschlossen. Ahastar verwendet als Vergleich das Bild einer Stimmgabel, auf die das gesamte Instrument – hier alle zwölf Ritter – durch die Führung eines Ritters eingestimmt wird.

Überlieferungen haben uns Hinweise auf die besonderen Qualitäten jedes der Ritter hinterlassen. So wird der eine, Iwein, „Ritter mit dem Löwen" genannt. Gawain erscheint speziell als ein „Herzensritter" mit allen erforderlichen Tugenden, auch denen des feinen höfischen Taktgefühls. Lanzelot hat den Charakter des selbstbewußten, klaren Denkers – eigentlich die Züge einer eigenständigen Führungspersönlichkeit.

Nun noch ein Hinweis zum Einsatz von Kristallenergien: Ein Zauberkundiger wie Merlin war in der Lage, damit sogar kleinere Fluggeräte zu bauen. Sie waren wie geflügelte Luftdrachen, die zunächst wie Segelflugzeuge funktionierten und sich die Windströmungen zunutze machten. Sie taten dies aber nur unter Zusatz einer weiteren Antriebsenergie, deren Grundlage wiederum Kristallkombinationen waren. Drei bis vier Leute konnten in einem solchen fliegenden Drachen Platz finden. Die Existenz solcher Luftdrachen hat zweifellos dazu beigetragen, den Mythos „echter", also „lebender" Drachen im Bewußtsein der Menschen zu verankern.

Merlin blieb mit der Tafelrunde durch all die Jahre ihres Bestehens hinweg als Berater verbunden. Er plante, weitere Tafelrunden in anderen Gegenden Britanniens ins Leben zu rufen. Diese Pläne kamen letztlich nicht zur Ausführung. Doch diente die Burg Camelot – von der es heißt, daß sie um die Tafelrunde erbaut und stets erweitert wurde – über Jahre hin auch als Ausbildungsstätte für weitere Adepten.

Das Kapitel der Tafelrunde ist mit diesen Hinweisen noch nicht vollständig abgeschlossen. Die Sage selbst geht über die zwölf um den Tisch versammelten Ritter hinaus. Sie berichtet geheimnisvoll von einem dreizehnten, zunächst leeren Platz, der einem besonderen Ritter vorbehalten sei. Das Galahad-Kapitel wird darauf noch eingehen.

Ginevra und Lanzelot – Die Gestalt des Parzival

Bereits vor seiner Ehe mit Ginevra war Artus mit einer Frau namens „Myra“ (gesprochen „Moira“) verheiratet. Sie war Prinzessin in einem kleinen Fürstentum, und beide verband eine alte Kinder- und Jugendfreundschaft, wenn Artus auch etwa sieben Jahre älter war. Myra schenkte ihm vier Kinder. Doch bei der Geburt des vierten starb sie, nach 15jähriger Ehe, im Kindbett. Es waren die glücklichsten Herrscherjahre von Artus. In dieser Zeit begann sich die Tafelrunde zu etablieren, und im Land breitete sich erstmals Frieden aus. Nach dem Tod Myras, mit der er in einer wirklich glücklichen Liebesehe gelebt hatte, lag Artus jeder Gedanke an eine weitere Ehe fern. Fünf Jahre lang lebte er anschließend ehelos.

Merlin war es, der ihn schließlich zu einer zweiten Vermählung drängte. Und dies hat wiederum mit jenem besonderen Hintergrund zu tun, der bei Artus' Geburt eine Rolle spielte – und der auch in der Jesus-Biographie eine „verborgene Schicht“ hinter den bekannten Abläufen darstellt. Dieses Thema ist mit einer gewissen Vorsicht zu behandeln, da sich hier leicht Mißverständnisse einschleichen können. Wenn es hieß, daß Artus väterlicherseits nicht irdischen Ursprungs gewesen sei, so gilt dies, wie wir ja bereits angedeutet haben, auch für Jesus. Beide waren Träger eines zusätzlichen, anderen Genmaterials, mit dem sich besondere Qualitäten und Fähigkeiten verbanden. Doch es muß noch einmal betont werden, daß der Entwicklungsgrad der inkarnierten Seele selbst ein ausschlaggebender Faktor für die „Nutzung“ dieses Erbguts ist. Kein Genmaterial kann Spiritualität gewährleisten – sie in ihrem Ausdruck aber doch fördern.

Ginevra war Trägerin eines Erbmaterials aus der Linie der Jesusnachfolge. (Auf weitere Details dazu werden wir in dem Jesus-Kapitel eingehen.) Die Pläne Merlins gingen dahin, daß in einer Verbindung zwischen Artus und ihr viele der ursprünglichen Qualitäten an die Nachkommen weitergegeben und so bewahrt werden könnten. Doch dieser Plan schlug fehl. Wohl kam es zur Ehe der beiden, die aber – aus tragischen Gründen – kinderlos blieb.

Artus gab dem Drängen Merlins schließlich nach. Und tatsächlich gelang es ihm, sich in die junge zauberhafte Ginevra zu verlieben, die ihn in ihrer Gestalt an Myra erinnerte. Ginevra, 25 Jahre jünger als Artus, stand dem großen Herrscher zunächst in scheuer Verehrung gegenüber, doch natürlich stimmte sie dem Vorschlag einer Ehe zu. Auf dem Weg zur festlich geplanten Hochzeit in Camelot wurde Ginevra entführt. Ein anderer Ritter erhob nach einer einst gegebenen Zusage Anspruch auf sie und raubte sie aus dem Troß ihrer ritterlichen Begleiter, unter denen sich auch Lanzelot befand. Dieser wurde bei jenem Zwischenfall schwer verletzt. Monate später, nach seiner Genesung, wurde er beauftragt, Ginevra aus der fremden Burg zu befreien. Dies gelang. Und besonders hier liegen die Hintergründe für die bekannte Liebesgeschichte zwischen Ginevra und Lanzelot – eine Liebe, die Lanzelot in seiner Treue zu seinem Herrscher erschüttert und sogar zur Zwietracht zwischen beiden geführt haben soll. Diese Liebe gab es allerdings nicht wirklich – Ginevra verband nach ihrer Befreiung nur ein tiefes Gefühl der Dankbarkeit und Freundschaft mit Lanzelot.

Sie war indes während ihrer mehrmonatigen Gefangenschaft von ihrem Entführer vergewaltigt und geschwängert worden. Mit dem Makel der Schändung behaftet, versuchte Ginevra schließlich, das Kind abzutreiben – mit fatalen Folgen: Sie wurde unfruchtbar.

Artus hielt an seinem Eheversprechen fest. In den weiteren Jahren blieb er ihr in väterlicher Zuneigung verbunden. Wenn es auch die oft berichtete Liebesbeziehung mit Lanzelot nicht wirklich gab, so trifft doch zu, daß Ginevra in späteren Jahren ihrer Ehe mit Artus auch andere Liebhaber hatte. Ahastar fügte hinzu: mit dem Wissen von Artus. Der alternde Herrscher, der den Höhepunkt seiner Manneskraft längst überschritten hatte, ließ schließlich voller Großmut und Weitherzigkeit zu, daß seine Gemahlin ihre emotionalen Sehnsüchte und Wünsche mit einem anderen erfüllte. Die Sage zeichnet ihn hier ganz richtig als einen edelherzigen Mann, der nicht bereit ist, seine Frau selbst für die schlimmste Verfehlung anzuklagen – auch wenn der Kreis der getreuen Ritter ihn dazu drängte.

Über Parzival, einen Bruder von Ginevra, soll hier nur kurz, und dies auch nur mit einem gewissen Zögern, berichtet werden. Die Sage, die sich um diese Gestalt rankt, hat soviel eigenen Zauber und ist von so viel spiritueller Einsicht durchwebt, daß man diese Wirkung mit der Schilderung der realen Hintergründe eher abschwächt.

Wie Ginevra war Parzival „Träger" des Christusblutes, jenes besonderen Erbmaterials. Auf seiner Suche nach dem Gral brach er, noch als sehr junger Mann und wiederum auf Anraten von Merlin, zu den Pyrenäen auf – oder konkret zur Burg Montségur. Dabei handelt es sich tatsächlich um die Burg, die später als die Gralsburg „Montsalvatsch" in die Geschichte einging. Dort lebte eine Gruppe von Menschen, die ein gemeinsamer Lebenszweck zusammenhielt: die Hinterlassenschaft von Jesus zu bewahren und sie von Generation zu Generation weiterzugeben.

Hier befand sich eine größere Anzahl von Menschen, die ihre Ahnenlinie direkt auf Jesus zurückführen konnte. So wie Verbindungen zwischen diesen „Erbträgern" bewußt angestrebt wurden, so gab es in solchen Arrangements doch keinerlei Zwang, und alles war dem Prinzip der Freiwilligkeit unterstellt.

Eine festliche Zeremonie wurde begangen, wenn die „geheimen Hinterlassenschaften" Jesu von einer Generation an die nächste übergeben wurden. Hier können wir uns in einen prunkvollen Saal versetzt sehen – und nähern uns vielleicht wirklich einem „Akt der Weihe", wie Wagner ihn in majestätischen Bildern in seiner Oper darstellt.

Parzival fand auf dieser Burg die gesuchte Lebensgefährtin, mit der er viele Nachkommen zeugte – auch dies war Anlaß seines Aufbruchs gewesen, was aus den genannten Hintergründen verständlich wird. Da er nicht die Tochter des Burgherrn wählte, sondern eine andere Frau, „qualifizierte" er sich nicht zum gewünschten Erben der Burg. Der damalige Burgherr Amfortas war krank. Er hätte auf dem Weg dieser familiären Bindung die Burg gerne an den jugendlichen Parzival übergeben. Dieser allerdings „scherte" sich nicht darum, er blieb gegenüber diesem Anliegen „taub". Hier klingt, wenn auch mit anderem Stellenwert, das Thema des verweigerten Mitleids an, das sodann zu dem der „Leidensfrage" wurde, die Parzival gegenüber dem kranken Amfortas verzäumte. Diese Leidensfrage entwickelte sich später zum eigenständigen Motiv, zunächst im Epos von Wolfram von Eschenbach, dann in der Wagner-Oper.

Erneut sind wir mit der „Historie" konfrontiert, die zur Sage im Widerspruch steht oder diese doch profanisiert. An dieser Stelle hält man sich besser an die Sage – an ihren Zauber und Glanz, mit denen sie Menschliches urbildhaft anschaulich macht und überzeitliche Wahrheiten in Bilder faßt.

Zur Burg Montségur und ihrer Gralsgemeinschaft ist nachzutragen, daß das dort gepflegte höfische Leben zur inspirierenden Quelle der höfischen Minne wurde, die das gesamte Mittelalter prägen sollte. Sie wurde zur Verehrung der Frau im Sinne urchristlichen Lehren, also der vollkommenen Würdigung der ihr zugedachten Stellung. Minne ist ohne diese Komponente der Verehrung nicht zu verstehen. Sie kann nicht einfach mit Liebe gleichgesetzt werden, sondern ist nur im Kontext anderer ritterlicher Tugenden zu verstehen, welche ein Idealbild des Mannes entwerfen.

Galahad – Galathee – Mordred und das Ende der Tafelrunde

Überlieferungen zufolge gehörte der Tafelrunde noch eine weitere rätselhafte Gestalt an: Galahad. Als er das erstemal auf die „Artus-Runde" traf und sich einer Bewährungsprobe stellen mußte, war keiner der Ritter in der Lage, ihn aus dem Sattel zu heben. Er wird als der erwartete dreizehnte Ritter erkannt, dessen Platz bisher frei blieb und nun endlich würdig besetzt werden kann. Gleichzeitig klingt mit dem Erscheinen Galahads bereits etwas Verhängnisvolles an – so als werde der Blick auf einen schicksalhaften Knotenpunkt gerichtet, an dem sich Heil oder Verderben der Gruppe entscheiden werden.

Galahad wurde stets etwas sonderbar Androgynes, fast Geschlechtsloses zugeschrieben. Mehr noch als Parzival erscheint er von untadeliger Reinheit der Seele und frei von irdischen Belangen. Das hat ihm in manchen Esoterikerkreisen einen besonderen Vorzug verschafft, indem man in ihm den eigentlichen „Christus-Ritter" zu erkennen meinte.

Bei der Schilderung der Tafelrunde überraschte uns Ahastar mit der Mitteilung, daß auch eine Frau diesem Ritterkreis angehörte. Er nannte sie Galathee und beschrieb ihre Aufgabe bei den geschilderten Energieaufladungen als die eines „Transmitters". Obgleich sie damit ein reines Medium war und lediglich eine zuverlässige klare

Empfangsstation für die eintreffenden mentalen Botschaften zu sein hatte, so kam ihr doch zugleich ein zentraler Platz in der Runde zu.

Der hohe Entwicklungsstand dieser Seele sowie ihre Fähigkeit, ein ungetrübter Spiegel zu sein, machten sie zu einer solchen Aufgabe fähig – die ohnehin in dieser Art nur von einer Frau zu erfüllen war. Weibliche Qualitäten wie insbesondere die Fähigkeiten des vorurteilslosen Aufnehmens und Empfangens waren bei ihr in hervorragender Weise entwickelt. Die in den Kristallen gesammelten Energien, durch Gedankenformen vorstrukturiert, konnten sich in ihr wie in einem Brennglas sammeln und dem zugedachten Ort zugeleitet werden.

Die gemeinsame „Recherche" mit Ahastar, der nicht mit den Details der uns bekannten Sagen vertraut ist, ergab, daß Galathee mit dem geheimnisvollen Ritter Galahad identisch ist. Im mehr und mehr christlich geprägten Denken späterer Jahrhunderte wirkte es befremdlich, daß in einem Männerbund wie dem der Artus-Ritter eine Frau in so singulärer Position stehen könnte. So wurde eine Umdichtung vorgenommen und Galahad erschaffen.

So wie die „Arbeit" der Tafelrunde erst mit der Ergänzung durch den Dreizehnten ihre volle Wirksamkeit entwickelte, so war sie in diesem Punkt auch angreifbar. Die Transmitter-Tätigkeit der Galathee wurde durch einen dramatischen Zwischenfall nachhaltig beeinträchtigt, so daß die Rittergemeinschaft um Artus ihres wirksamsten Instruments – der Tafelrunde – beraubt wurde. Zumindest wurde die gemeinsame Matrix-Arbeit daraufhin schwer gestört.

Das Ende und der Niedergang der glorreichen Ritter, ihr Zerriebenwerden in immer neuen blutigen Kämpfen, denen schließlich auch Artus zum Opfer fällt, wird in düsteren Farben ausgemalt. Die zentrale Gestalt dieser Zerstörungsversuche ist Mordred, der im Bund mit einer bösen Zauberin steht, welche ihn mit magischen Kräften unterstützt – ein Negativpol zu dem inzwischen greisen Druiden-Eingeweihten Merlin. Die Sage sieht in Mordred einen Sohn von Artus. Ihm kommt die Rolle des finsteren, machthungrigen Verräters zu, der vor keiner Untat zurückschreckt. Allerdings muß er all seine Schandtaten auf dem Schlachtfeld selbst mit dem Leben bezahlen.

Eine Gestalt „Mordred" hat es in der Tafelrunde gegeben. Er war jedoch nicht der leibliche Sohn von Artus, wohl eine Art Zögling, dem sich Artus in besonderer Weise annahm, da er in ihm sowohl hervorragende Fähigkeiten als auch bedenkliche menschliche Schwächen erkannte. Die Fähigkeiten qualifizierten ihn für einen Platz in der Ritterrunde. Es kam aber zu einer emotionalen Bindung zu Galathee. Diese entwickelte sich mehr und mehr zum Begehren, das Galathee aber nicht erwiderte. So nahm sich Mordred letztlich mit Gewalt, was ihm verwehrt wurde und vergewaltigte Galathee. Dies hinterließ eine schwere Verstörung in ihrer Seele. Ihr seelisches Gleichgewicht, Grundlage jeder medialen Arbeit, war nicht wieder herzustellen. So konnte sie ihre Aufgabe im Kreis der Tafelrunde nicht mehr erfüllen. Ahastar deutete an, daß es ein persönliches Karma zwischen Mordred und Galathee gäbe, ein bereits vorangegangenes sowie ein bis in unsere Gegenwart hinein wirkendes. Da beide wieder verkörpert sind, kann über die Hintergründe nicht gesprochen werden.

Mit der entscheidend geschwächten Wirksamkeit der Tafelrunde mehrten sich auch wieder die Zwischenfälle an den Landesgrenzen. Der energetische Schutzschirm Britanniens (wir sprachen von einer mentalen Grenzfestigung) war beeinträchtigt, und mehr und mehr sahen sich Artus und seine Gefolgsleute wieder in die bekannten kriegerischen Auseinandersetzungen verwickelt. Ein Teil der Artusritter kam der Sage nach auf dem Schlachtfeld um. Auch Mordred starb. Und schließlich fiel auch Artus, 60jährig, selbst im Kampf. So wie er mit diesem Tod trotz seines magischen Schwertes „Excalibur“ letztlich doch menschlich und verwundbar erscheint, so mögen wir mit Bewunderung sehen, daß er in diesem Alter – in den damaligen Zeitbegriffen fast schon ein Greis – selbst noch auf das Schlachtfeld zog.

Den todkranken König erwartet ein geheimnisvolles Schiff für seine letzte Reise nach Avalon – ein Schiff, das er besteigt und das ihn fortträgt in das geheimnisvolle märchenhafte Land, in dem er genesen und aus dem er wieder zurückkehren wird. Die letzten seiner getreuen Ritter, unter ihnen auch Lanzelot, stehen am Ufer und winken dem Schiff nach, das in der Weite des Meeres entschwindet. In dieser Schilderung wird ein durchaus realer keltischer Brauch beim Ableben eines Herrschers wiedergegeben: Man ließ ihn auf einem Schiff auf das offene Meer treiben, wo das Schiff verbrannte. Mit einem solchen königlichen Seebegräbnis brachten die Kelten symbolisch die Verbindung aller vier Elemente zum Ausdruck – wobei der menschliche Körper und das hölzerne Schiff für die nun abgelegte Materie standen.

Der Name „Avalon“ war für die Kelten einfach ein Wort für das Zwischenreich, in dem sich die Toten versammeln – im weitesten Sinne könnte man auch einfach vom „Jenseits“ sprechen. Wie vieles um die Artus-Gestalt hat aber auch dieses Wort einen eigenen Zauber entwickelt. Es klingt darin nichts von der Schattenhaftigkeit eines Totenreichs an, eher scheint es auf einen paradiesischen Ort des Friedens und der Wunder zu deuten, an dem jede Heilung möglich ist.

Merlin, inzwischen tatsächlich in hohem Greisenalter, nahm alle Schwerter der zwölf Ritter wieder an sich und machte sie unbrauchbar. Auch alle Aufzeichnungen und Unterlagen, die der Matrix-Arbeit zugrunde lagen, vernichtete er. Sie sollten nicht in falsche Hände geraten und so möglicherweise mißbraucht werden. In einem nochmals eindrucksvollen Bild wird geschildert, wie das Schwert „Excalibur“ den Mächten der Natur zurückgegeben wird: Weit hinaus in den See geschleudert, wird es plötzlich von einer sich ausstreckenden Hand ergriffen und verschwindet für immer in dunklen Tiefen.

Wie alles, was um Merlin und Artus geschieht, mit den Elementen eines Naturmärchens durchsetzt ist, so endet es letztlich auch. Die „Dame vom See“ (ein hohes Deva-Wesen der Elementarreiche) sammelt jenes zauberkräftige friedenstiftende Schmiedewerkzeug wieder ein, das den Menschen eine Zeitlang gegeben war, und das sie, nach gescheiterter Mission wieder zurückfordern muß.

Merlin richtete seinen Blick bis zuletzt auf einen möglichen Nachfolger für Artus. Doch diese Sehnsucht erfüllte sich nicht. Die Sage beschreibt seinen Tod in einer Berghöhle, in der er nach einem Beben eingeschlossen war und aus der er sich nicht mehr befreien konnte. Für ein junges feenhaftes Wesen, zu dem er in Liebe entbrannt war, entsagte er schließlich all seiner Zauberkraft, und kein magischer Befehl konnte so den verschlossenen Berg wieder öffnen.

Wie Ahastar es sagt, legte Merlin seinen Körper ab, als er spürte, daß die Zeit reif dafür war. Seine letzten schamanischen Lehrstunden galten einer jungen Druidenpriesterin, an die er all sein magisches Wissen weitergab. Aber auch Merlin lebt, eingeschlossen und letztlich unsterblich, weiter in dem Berg. Und auch seine Zeit der Rückkehr wird möglicherweise noch kommen. Und wieder berichtet die Sage so letztlich die Wahrheit: Es gibt kein Vergehen und keinen Tod. Dies ist ganz konkret zu verstehen und bedeutet weit mehr, als daß die Helden fortleben in Sagen und Mythen.

Die Biographie Jesu

Dem Entschluß, ein Kapitel über Jesus in dieses Buch aufzunehmen, ging ein langer Warte- und Reifungsprozeß voraus. Schließlich war auch die Niederschrift selbst immer wieder von einem Zögern begleitet. Dieses Thema ist auch in unserer Zeit unverändert von höchster Brisanz – und damit zweifellos attraktiv. Wie kaum ein zweites ist es mit so tiefgreifenden Emotionen behaftet, die nur schwerlich eine Stellungnahme oder gar Parteinahme ermöglichen, mit der man nicht irgendwelche Tabus verletzt oder der einen oder anderen Seite scheinbar Unrecht tut. Nicht zuletzt aus diesem Grunde sollen diesem Kapitel einige persönliche Bemerkungen vorangestellt werden – Bemerkungen, die sich auf häufige Fragen und Konflikte beziehen.

Wir wissen heute, wie wenig von dem als historisch abgesichert gelten kann, was die Evangelien des Neuen Testamentes berichten. Niedergeschrieben wurden sie alle erst nach dem Tode Jesu – das Markus-Evangelium vermutlich in den 70er Jahren n. Chr., das Matthäus-Evangelium in den 80ern, das Johannes-Evangelium in den 90ern, das Lukas-Evangelium erst zu Beginn des zweiten Jahrhunderts. Am ältesten sind die Paulus-Briefe, die etwa 50 Jahre n. Chr. entstanden.

Es ist mit Sicherheit anzunehmen, daß die Evangelien nicht aus der Feder der genannten Apostel selbst stammen. Sie sind das Ergebnis einer Sammlung von Geschichten, die die Gestalt Jesu umkreisten und über Jahrzehnte hin mündlich weitergegeben worden sind. Unübersehbar sind die Widersprüchlichkeiten innerhalb der Evangelien selbst. Offenbar gleiche Begebenheiten werden gelegentlich so abweichend voneinander berichtet, daß sie kaum ein einheitliches

Bild ergeben und nicht einmal im Sinne einander ergänzender Puzzleteile erklärt werden können. Dies beginnt mit der Beschreibung von Jesu Geburt und setzt sich bis in die Schilderung des Kreuzigungsverlaufs fort. Die Fülle der unterschiedlichen Varianten vergrößert sich noch, wenn man sich auf das Studium der Apokryphen, der geheim gebliebenen Evangelientexte einläßt, die in die Bibel keinen Eingang fanden.

Dies kann nur zu dem Schluß führen, daß die tatsächlichen Begebenheiten innerhalb der unterschiedlichen Gruppierungen gläubiger Anhänger zu verschiedenen Fassungen führten, die mit jeweils anderen Details ausgeschmückt wurden. Unserer Mentalität entsprechend mögen wir dabei von Geschichtsfälschung sprechen, doch gehen wir einmal in die damalige Zeit und in den Orient – das Land der Geschichtenerzähler – zurück und stellen uns vor, wie ein Wanderprediger im Kreis der Dorfgemeinde die Botschaft des Herrn verkündete und liebevoll ausmalte und wie dies wiederum in den folgenden Tagen und Wochen an andere Dorfbewohner weitergegeben wurde. Die Lust zum Fabulieren ist ein natürlicher menschlicher Trieb, der mit religiöser Inbrunst gepaart, viele mögliche Ereignisse erschaffen kann.

Auch ein weiterer Aspekt ist beachtenswert: Wie viele Veränderungen haben die Texte bis zur letztlichen Übernahme in die Bibel erfahren? Die „Endfassung" unterlag auch den zielgerichteten Interessen der damals herrschenden „Lager" – politischer wie religiöser Art. Palästina war ein von den Römern besetztes Land, und man mußte diesen Umständen Rechnung tragen. Historische Verzerrungen mußten dadurch oft in Kauf genommen werden.

Ebenso setzte sich bei den für die Endfassung zuständigen Kirchenvätern bereits ein starker Wille durch, den Texten die von ihnen gewünschte „Handschrift" zu geben – eine Prägung, die letztlich auf eine mehr und mehr weltliche Kirche hinauslief, die mit der Bibel einen festen Gesetzeskanon erhalten sollte.

Schon bei den ersten, nun lange zurückliegenden Befragungen Ahastars wurde ersichtlich, daß wir es bei den Evangelien häufig eher mit bloßen Mythen als mit historischen Begebenheiten zu tun haben – wenngleich es wohl in den meisten Fällen einen konkreten Bezug gab und auch Jesus selbst als historische Figur außer Frage steht. Jedes intensivere Nachfragen erwies sich in den Anfangsjahren des Kontaktes mit Ahastar allerdings als weitgehend sinnlos, da bei dem Medium zunehmend Blockierungen einsetzten. Der Hintergrund einer strengen christlichen Erziehung – tief im Unterbewußtsein verankert – ließ davon abweichende Aussagen nicht zu, schon gar nicht solche, die auch nur den Hauch des Unerlaubten, Ketzerischen besaßen.

Doch auch ich, der die Fragen stellte, wäre zum damaligen Zeitpunkt von nicht wenigen Aussagen schockiert, in jedem Fall aber doch überfordert gewesen. Auch in meiner Vergangenheit, mit einer gutgemeinten, aber dennoch streng christlich-anthroposophischen Erziehung, gab es festgefügte Glaubenssätze, die unaufhebbare Wahrheiten darstellten. Die Wunder, die das Leben Jesu umgaben, waren nach diesen Glaubenssätzen real: der nicht natürliche, geistige Vorgang seiner Zeugung, sein über die irdischen Gesetze erhabener Umgang mit der eigenen Körperlichkeit. Selbstverständlich waren es auch die von ihm vollbrachten Wundertaten, zentral aber das Ereignis der Kreuzigung und der Auferstehung. Vor allem das letztere auch nur in Frage zu stellen, mußte als Blasphemie, im besten Falle als bedauernswerte Ignoranz gelten.

Ein erster nachhaltiger Schock setzte bei der Lektüre der Seth-Bücher von Jane Roberts ein, speziell der Titel *Gespräche mit Seth.* Daß hier ein geistiges Wesen kompetent und mit großer spiritueller Übersicht sprach, war nicht zu leugnen. Dann aber näherte sich das Buch gegen Ende jenem Kapitel, in dem Seth einige Bemerkungen über Jesus fallen läßt, speziell zum Ereignis der Kreuzigung. Ohne Vorbereitung des Lesers und schonende Einleitung wird dort von Seth erklärt, daß Jesus nicht am Kreuz gestorben und daß es auch nie seine Absicht gewesen sei, so zu sterben. Ein Kreuzigungsereignis selbst, wie es etwa in der Bibel berichtet wird, räumt Seth ein. Hauptakteur dieses Geschehens allerdings sei ein anderer Mann gewesen – ein Mann, der unter Drogen stand und dem Wahn verfallen war, diesen Kreuzigungstod auf sich nehmen zu müssen, um so die Prophezeihungen der alten Schriften zu erfüllen. Seth erklärt etwa sinngemäß, Jesus sei ein viel zu hoch entwickeltes geistiges Wesen, um in Glaubenssätzen wie denen von Opfertod und Sühne befangen zu sein. Dennoch habe es den Kontext eines größeren Szenarios gegeben, in dem letztlich alles sinnvoll seinen Platz gehabt habe – dem Bewußtseinsstand des Menschen vor rund 2 000 Jahren entsprechend, mußte auch ein „Schauspiel" des schmerzvollen Sühneopfers, des körperlichen Tods und der Auferstehung stattfinden. Für mich war dies seinerzeit Anlaß genug, das Buch kurzerhand zuzuschlagen und für längere Zeit in die hintere Ecke des Bücherregals zu verbannen.

Erst sehr andere innere Erfahrungen bewirkten, daß ich mich diesem Thema noch einmal unbefangen öffnen konnte. Und nicht zuletzt ein kurzer Kommentar Ahastars war es, der meine gewohnte Sichtweise allmählich in eine andere Richtung lenkte. Ahastars Reaktion auf die Seth-Version des Kreuzigungsgeschehens war lediglich die: „In der Tat hat sich vieles so ähnlich abgespielt ..." Damit mußte ich mich zunächst viele Jahre lang begnügen.

Auch wenn es zahllose Darstellungen von der Kreuzigung und dem vorangehenden Passionsweg gibt, so lassen wir uns doch in der Regel kaum darauf ein, tatsächlich in diese Bilder emotional einzutauchen. Dies ist möglicherweise ein natürlicher und gesunder Schutz – ohne Zweifel werden wir durch solche Bilder mit einer höchst grausamen Bluttat konfrontiert. Geißelung bis zur blutigen Zerfetzung des Körpers, Verspottung durch eine schaulustige, sensationsgierige Menschenmenge, grobe Eisennägel durch Hände und Füße getrieben, dornengekrönt unter der sengenden Sonne am Kreuz hängend, schon halb verdurstet nochmals von einer Lanze an der Hüfte durchbohrt – all dies bedeutet einen Exzeß an Marterqualen, der unsere Vorstellungskraft gewöhnlich bei weitem übersteigt. Gerade in diesem Exzeß lag gewiß das Übermenschliche dieser göttlichen Opfertat.

Wir können uns ruhig der Wirkung des Geschehens überlassen und tiefe Ergriffenheit spüren oder in die Position einer nüchtern betrachtenden Vernunft wechseln und die Frage stellen: Was für ein Gott ist das, der durch ein solches Blutopfer mit den Menschen versöhnt werden muß? Wo liegt das Unvermeidliche und Zwingende eines solchen Kreuzigungstodes? Was ist denn die ursächliche Schuld der Menschen, die einer solchen Erlösungstat bedarf? Ist es die vielzitierte Erbsünde, die durch Adam und Eva und ihren Sündenfall, ihren Ungehorsam auf uns gekommen ist? Woher stammt dieses Dogma einer kollektiven Schuld, das so gar nicht nach dem einzelnen fragt – nach seiner persönlichen und vielleicht auch ganz anderen Schicksalsgeschichte?

Was schließlich bedeutet die Schuldübernahme durch Jesus? Sicherlich kann die Schuld für ein begangenes Unrecht durch einen Dritten beglichen werden, was auch eine Form der Wiedergutmachung ist. Wo aber liegt die Wirkung einer Wiedergutmachung durch einen Kreuzigungstod? Dieser bedeutet, unendliche Demütigungen und Körperqualen auf sich zu nehmen. Gewiß könnte dies im Sinne einer „Karmaablösung", wie Ahastar es nennen würde, gewählt werden. Es könnte aber, sinnvolles Karmaverständnis vorausgesetzt, letztlich immer nur eine Funktion haben: die des Lernens und der seelischen Korrektur des Leidenden selbst.

Niemand, auch kein göttliches Wesen, kann stellvertretend für andere einen Prozeß des Lernerns übernehmen. Niemand kann auf dem Weg eigener Körperleiden die Schuld anderer abbüßen.

Ein Wesen, das innere Entwicklung und Lernen in Gang setzen und beschleunigen will, kann sich durchaus selbst „verschenken" – in all seinen Eigenschaften, wie etwa einer überlegenen Kraft und Weisheit oder einem spirituell hochentwickelten Bewußtsein. Welcher Stellenwert kommt in diesem Zusammenhang einem blutigen Opferritual zu?

Hinweise auf einen ganz anderen Verlauf des Kreuzigungsgeschehens, als ihn die Bibel berichtet, gibt es viele – selbst in den Apokryphen. Wir wollen aus den Nag Hammadi-Handschriften zitieren, die nach bisherigen Erkenntnissen größtenteils zeitgleich zu den Evangelien niedergeschrieben worden sind und den eher gnostisch orientierten Schriften zugerechnet werden. Sie zitieren Jesus selbst mit den folgenden Sätzen: „Ich unterlag ihnen nicht, wie sie es erhofft hatten ... Und ich starb nicht wirklich, ich tat nur so, denn ich wollte mich von ihnen nicht beschämen lassen ... Der Tod, den sie mir zugedacht hatten, traf einen der ihren ... Es war ein anderer, der die Galle trank und den Essig, nicht ich ... Es war ein anderer, der das Kreuz auf seinen Schultern trug. Ein anderer war es, dem sie die Dornenkrone aufsetzten."

Auch der Koran, in dem Jesus häufig erwähnt wird, spricht mehrmals eindeutig davon, daß nicht er selbst, sondern ein anderer an seiner Stelle den Kreuzigungstod erlitten habe. Man mag als Christ geneigt sein, die Objektivität einer solchen Quelle in Frage zu stellen. Aber es gibt innerhalb des Korans keine Bestrebungen, die Person

Jesu in Mißkredit zu bringen, wird er doch durchaus als ein Prophet benannt, wenn auch nur als Vorläufer von Mohammed.

So lassen sich viele Puzzleteilchen zusammensuchen, die ein ganz anderes Bild des Kreuzigungsgeschehens als das traditionelle entstehen lassen. Und man muß die möglichen Schlußfolgerungen natürlich nicht so schonungslos präsentieren, wie ein Seth dies tut, der hier zweifellos einen Fauxpas begeht und tiefverwurzelte religiöse Empfindungen verletzt.

Wir wollen es gleich vorwegnehmen: Auch in den Darstellungen Ahastars werden wir keinen am Kreuz sterbenden Jesus finden. Wer dies als eine inakzeptable Zumutung empfindet, der möge dieses Kapitel hier beenden.

Auch über andere Tabus und Dogmen setzt sich Ahastars Darstellung hinweg. Jesus erscheint nicht beschränkt auf die Rolle des frommen Mannes, des armen und bescheidenen Wanderpredigers, der, seiner religiösen Mission ergeben, durch die Lande zieht. Vielmehr ist er in diesem Bild mit den Qualitäten eines charismatischen Führers ausgestattet, der – zumindest zu Beginn seiner Tätigkeit – auch handfeste weltliche und politische Ziele verfolgte. Und mehr noch: Er führte keineswegs ein Leben in körperlicher Abstinenz und Askese. Jesus war verheiratet und hatte selbst Kinder, sogar von unterschiedlichen Frauen. Auch hier gibt es Bibelstellen und andere Aufzeichnungen, die einen solchen Schluß nahelegen, wenngleich in den Evangelien eine Ehe Jesu nirgends erwähnt wird. Die Gründe dafür, daß solche Passagen möglicherweise vollständig ausgelöscht wurden, mögen bei genauerer Betrachtung einleuchtend erscheinen: Zu sehr widersprach ein verheirateter, kinderzeugender Jesus dem sich zunehmend etablierenden Bild eines Messias, der „Gottes Sohn" war und in dieser göttlichen Abstammung alles gewöhnlich Menschliche weit hinter sich ließ.

Wer befürchtet, mit diesem Bild eines menschlichen Jesus etwas einzubüßen von dem, was ihm zwar verehrungswürdig und heilig erschien, der ist zunächst durchaus zu verstehen. Doch möglich ist auch, daß wir dadurch etwas gewinnen: Einen neuen, lebendigen Jesus, der uns in vielen seiner Empfindungen erstaunlich nahe ist, mit uns auf diese Weise ganz anders brüderlich und direkt verbunden ist – ein Wesen, das uns in unseren menschlichen, auch den ganz irdischen Belangen kennt und versteht.

Es bleibt noch genug Raum für das Wunderbare. Zum Abschluß dieser einleitenden Betrachtungen sei auf den Bericht einer Reinkarnationserfahrung verwiesen, in der es zu einer direkten Begegnung mit eben diesem Jesus kam. Dieser Bericht ist auf Kassette festgehalten und wurde mir von einer jüngeren Frau freundlicherweise zur Verfügung gestellt, die mit einem Reinkarnationstherapeuten zusammenarbeitete – dies aufgrund ihrer Fähigkeit, sich anstelle des Klienten in Trance zu begeben und Zugang zu den Bildern seiner früheren Inkarnationen zu haben. (Nicht alle Klienten sind selbst in der Lage, den Zustand der Tiefenentspannung zu erreichen, der sie bewußt in diese Bilderwelt einsteigen läßt.) Da sie sich über zahlreiche Sitzungen hin vielfach in diesen Fähigkeiten bewährt hatte – etwa auch sehr konkret und zutreffend Geburtserfahrungen der Klienten beschrieb –, darf die geschilderte Begebenheit als authentisch gelten.

In unserem Fall ging es um eine Reinkarnationssitzung, zu der sich ein junger Journalist bereit erklärt hatte, um in einem Wochenblatt darüber zu berichten. In den Zustand der Trance eintauchend und zunächst durch die Bilder einer zeitlich näher zurückliegenden Inkarnation streifend, sah sich das junge Medium plötzlich in ein Leben zur Zeit des alten Palästina versetzt. Sie „war" (stellvertretend für den anwesenden Journalisten) ein römischer Soldat in diesem jüdischen Lebensraum und gehörte der damaligen Besatzungsmacht an. Plötzlich stand sie ihm gegenüber, und sie wußte im selben Augenblick, daß es Jesus war. Sie reagierte zunächst fast erschrocken, in beinahe mädchenhafter Naivität. (Konkret mit dem Ausruf: „Mensch! Den gibt es ja wirklich ...!") Zugleich erlebte sie einen Moment der tiefen Berührung, von dem sie auch Wochen später noch lebendig berichtete. Die Begegnung ging über einen kurzen Augenkontakt nicht hinaus, doch allein dieser Moment signalisierte ihr, daß sie es hier mit einem außergewöhnlichen Menschen zu tun hatte. Der Blick war so durchdringend, daß sie sich sofort bis auf den Grund ihrer Seele durchschaut fühlte – doch ohne Urteil und ohne Kritik. So klar und entblößend dieser Blick war, so fühlte sie sich doch gleichzeitig völlig verstanden und angenommen. Es war die Art des Schauens, nach der sie sich eigentlich immer gesehnt hatte. so wollte sie angesehen und wahrgenommen werden.

In dieser Begegnung war ihr auch auf Anhieb klar, daß er mit einem großen Charisma auf seine Umgebung gewirkt haben mußte und ganz selbstverständlich von vielen als Führungsautorität akzeptiert wurde, wohl auch in der Rolle eines kommenden Messias.

Es bleibt ein großes Geheimnis um die Jesus-Gestalt. Wie wir durch die Erkenntnisse von Historikern wissen, hat es damals zahlreiche religiöse Führer gegeben – speziell in diesem Lebensraum, der seit Jahrzehnten der römischen Fremdherrschaft unterworfen war. Überall entstanden Gruppierungen und Sekten, religiöser wie politischer Färbung, alle hatten sie ihre Führer und ihren Messias. Ein durch das Land reisender, predigender Rabbi, wie Jesus es war, gehörte in das alltägliche Bild jener Zeit. Und doch hat die Geschichte all jene religiösen Führer mehr oder weniger rasch vergessen. Nur einer wurde nach seinem Tod zu einem von Jahrhundert zu Jahrhundert immer heller aufleuchtenden Stern – bis ganze Völker und halbe Kontinente ihn zur zentralen Figur ihres religiösen Glaubens – ihres Denkens und Handelns – machten.

Alle Versuche einer rationalen Erklärung für dieses Phänomen bleiben letztlich unbefriedigend und lückenhaft. Es geht um ein Geheimnis, das in der Gestalt Jesu selbst verborgen liegt – ein Geheimnis, das in seiner Ausstrahlung nicht dadurch getrübt wird, daß es den menschlichen Jesus – den Ehemann, Vater und Mann mit politischen Ambitionen – gab, das vielleicht eben in dieser Menschlichkeit noch an Eindringlichkeit gewinnt. Ahastar kann uns dazu eine Reihe interessanter Aufschlüsse geben.

Der Familienhintergrund – Die unterschiedlichen Stammbäume – Das Geburtsereignis

Das Leben Jesu ist von Beginn an mit einer Reihe ungewöhnlicher Begebenheiten und Wundern verknüpft: Maria wird durch einen Engel die Geburt angekündigt, doch sie „weiß von keinem Manne". Drei Könige folgen einer seltsamen Erscheinung am Himmel, dem Stern von Bethlehem. Hirten erscheinen, von Engeln gerufen, in der heiligen Nacht der Geburt im Stall, um das Kindlein anzubeten. Herodes wird in Kenntnis gesetzt, daß ein künftiger Herrscher und Messias geboren ist, und er läßt daraufhin Hunderte von kleinen Kindern ermorden. So weit die biblischen Berichte.

Wie waren die Ereignisse wirklich? Ahastar verlegt die Geburt von Jesus in das Jahr 7 v. Chr. Damit stimmt er mit den Astrologen überein, die für diesen Zeitpunkt eine Konjunktion von Jupiter und Saturn errechnet haben, die offenbar fast wie ein einziges Sterngebilde erschienen, wodurch ein auffälliges Phänomen am Himmel zu sehen war. Hinzu kam, so Ahastar, daß dieser Konjunktion das helle Aufleuchten einer Supernova voranging. Beide Erscheinungen flossen zum Bild des Sterns von Bethlehem zusammen.

Bei den Weisen aus dem Morgenland handelte es sich um Astrologen aus Syrien, die am Hof des Herodes tätig waren. Tatsächlich ergab sich aus ihren Berechnungen und ihrer visionären Schau, daß sich die Geburt eines „neuen Herrschers" ankündigte. Da eine solche Geburt am königlichen Hof selbst nicht anstand, war das Mißtrauen von Herodes geweckt. Er stammte aus dem wohlhabenden jüdischen Adel und war von den Römern als Verwalter in Galiläa eingesetzt worden. Er sah sein Amt unter beständiger Bedrohung, sowohl durch die machthabenden Römer, mit denen er zusammenarbeitete, wie auch durch die jüdische Bevölkerung, die von vielen rebellischen Gruppierungen durchsetzt und der er weitgehend verhaßt war. Er starb bereits im Jahr 2 v. Chr. Auch wenn er ein Kollaborateur war, so muß das finstere Bild, das die Geschichte von ihm gemalt hat, offenbar korrigiert werden. Einen Auftrag zum hundertfachen Kindermord konnte Ahastar nicht bestätigen. Wohl setzte eine Suche nach dem möglicherweise gefährlichen „Thronerben" ein, hierbei kam es in einigen Fällen auch zu Übergriffen, das große blutige „Kinderschlachten" jedoch ist eine Zutat der Bibel.

Die Geburt Jesu in einer einfachen Herberge in Bethlehem entspricht den Tatsachen, auch die spätere Flucht nach Ägypten. Wir wollen im weiteren darauf eingehen, uns aber zunächst dem Familienhintergrund Jesu zuwenden.

Ahastar beschreibt die Familie Jesu als durchaus wohlhabend. Joseph war kein armer Zimmermann, sondern ein angesehener Baumeister mit eigenen Untergebenen – in unserem heutigen Vokabular könnte man von so etwas wie einem Architektenbüro sprechen.

Als Maria mit ihm verlobt wurde, war diese 16jährig und er bereits ein – den damaligen Verhältnissen entsprechend – älterer Mann von Mitte 30. Auch Maria entstammte einer wohlhabenden Familie. Für

Joseph war es bereits die zweite Ehe, in die er vier leibliche Kinder einbrachte – zwei Töchter und zwei Söhne. Aus der Verbindung mit Maria sollten noch einmal zwei Söhne und eine Tochter hervorgehen; womit wir tatsächlich bei den vier Brüdern Jesu sind, welche die Bibel namentlich nennt und die sich ihm teilweise auch als Jünger anschlossen.

Immer wieder wird über den langen Stammbaum gerätselt, der dem Matthäus-Evangelium vorangestellt ist und der, noch ausführlicher und mit abweichenden Namen, im Lukas-Evangelium zu finden ist. Bei Matthäus führt dieser Stammbaum bis auf David und Abraham zurück, bei Lukas sogar bis auf Henoch und schließlich Adam selbst. Nach jüdischer Denkweise, insbesondere der damaligen Zeit, war ein solcher Stammbaum von größtem Interesse. Wer seine Herkunft bis auf das Haus Davids und Salomons zurückzuverfolgen imstande war, konnte damit den Anspruch erheben, selbst von „königlichem Blut" zu sein. Dies spielt für die Jesus-Biographie eine nicht unbeträchtliche Rolle, und nicht umsonst widmen die Evangelisten dieser „Ahnenschau" soviel Raum. Mit dem Stammbaum sollte der „Beleg" erbracht werden, daß es sich bei Jesus tatsächlich um einen rechtmäßigen Anwärter auf den jüdischen Königsthron handelte.

Allerdings liegen in der biblischen Darstellung selbst unübersehbare Widersprüche. Warum werden zwei völlig unterschiedliche Ahnenreihen aufgeführt? Weiter müssen wir fragen – wenn im Anschluß an diese Aufzählung sofort die Aussage fällt, daß Maria offenbar vom Heiligen Geist geschwängert wurde und Joseph nicht als der leibliche Vater des sich ankündigenden Kindes in Betracht kommt –, welcher Wert überhaupt in einem solchen Stammbaum zu sehen ist? Ahastar erklärt zu der Unterschiedlichkeit der beiden Stammbäume, daß sich der eine, jener bei Lukas, auf Joseph bezieht, der andere, der bei Matthäus, dagegen auf die Familie Marias.

Maria konnte ihre „königliche Herkunft" direkt auf das Haus Davids zurückführen. Demgegenüber handelt es sich bei Joseph lediglich um eine Seitenlinie, und der Stammbaum mit seinen Verästelungen bis zu Adam ist eine liebevolle Mixtur aus tatsächlich auffindbaren und erdachten Namen (so Ahastar sinngemäß). Dagegen befand sich Maria, deren eigentlicher Name Mirijam war, erbrechtlich eigentlich im Status einer Prinzessin.

Diese Herkunft konnte einen Erstgeborenen als rechtmäßigen Anwärter auf den Königsthron legitimieren. Daß uns die Bibel diesen

Tatbestand verschweigt, liegt wieder am patriarchalischen Denken der späteren „Bibelschreiber", die eine weibliche Linie in Jesu Stammbaum nicht anerkennen wollten. So ist der Verweis auf den Stammbaum Josephs im Matthäus-Evangelium in der Tat ein Fehler.

Als Marias Schwangerschaft sichtbar wurde, laut Bibel noch vor der offiziellen Vermählung mit Joseph und vor dem „Vollzug" ihrer Ehe, sah sich der vorgesehene Ehemann in einen schweren Konflikt getrieben, über den vor allem das Matthäus-Evangelium ausführlich berichtet. Er plante sogar, Maria wieder zu verlassen – bis ihm im Traum ein Engel erschien, der ihn auffordert, Maria die Treue zu halten, denn „das in ihr geboren ist, das ist von dem Heiligen Geist".

Zuspruch fand Joseph und fand auch Maria vor allem durch ihre Mutter, Anna, wie auch durch Elisabeth, die schon ältere enge Freundin Marias und Mutter Johannes des Täufers, sowie durch deren Mann Zacharias. Diese Eltern, vor allem der Priester Zacharias, waren hellseherisch veranlagt und konnten so Auskünfte geben, die es den frisch Verlobten möglich machten, dieses sonderbare Schicksal doch anzunehmen und weiter zueinander zu halten.

Allerdings stellte die vorzeitige Schwangerschaft Marias für die Familien ein gewisses Problem dar, und man legte dem Paar nahe, Jerusalem eine Zeitlang zu verlassen. So brachen sie kurz vor der Geburt in eine andere Gegend auf, und Maria kam in jenem Stall in Bethlehem nieder. Die laut der Bibel von Kaiser Augustus angeordnete Volkszählung wird von Ahastar als Grund für den Aufbruch nicht bestätigt.

Die Familie war, ihren Verhältnissen gemäß, mit einer kleinen Reisekarawane und auch mit Bediensteten unterwegs. Sie fanden in Bethlehem ein eher ärmliches Quartier, das aber den Gewohnheiten einfach lebender Juden entsprach. Es war ein schlichter quadratischer Raum, an dessen Seitenwänden auch Vieh hinter Gattern untergebracht war. Die Nähe des Viehs zu den Schlafstätten der Menschen war in kalten Nächten angenehm, da die Tiere wie eine Art natürlicher Wärmespender wirkten.

Damit sind wir schon mitten in der malerischen Idylle des immer wieder dargestellten und besungenen Stalls von Bethlehem angelangt. Das Erscheinen der kleinen Familienkarawane und schließlich auch das Ereignis der Geburt erregten in der Ortschaft einiges Aufsehen.

Doch Ahastar kann weder das Eintreffen der das kleine Kind anbetenden Hirten noch die Ankunft der drei Weisen aus dem Morgenland bestätigen. Diese Ereignisse wurden später hinzugefügt. Sie haben ihren eigenen Mythos erschaffen, den wir nicht missen wollen. Was wäre ein Weihnachtsfest ohne Hirten und Könige! Gerade auch der Kontrast beider Gruppen drückt etwas Archetypisches aus. Die Hirten sind die unbedarften Besucher mit der natürlichen und beinahe kindlichen Gemütsart. Die Könige und „Weisen" sind die Welterfahrenen, die Philosophen und Denker. Nicht ohne Grund wird von einem „Hirtenweg" und einem „Königsweg" in der christlichen Esoterik gesprochen. Beide haben sie ihre besonderen Qualitäten. Beide führen an die Krippe des verheißenen neuen Herren der Welt.

Das Paar wählte für den neugeborenen Jungen den Namen „Joshua", dessen griechische und uns gebräuchliche Form „Jesus" ist. Der hebräische Name „Joshua" oder „Jeshua" wiederum bedeutet: „Gott ist Errettung". Es ist zugleich der Name des Vaters, der von Joshua zu Joseph geworden ist. Mit dieser Namenswahl bekannte sich Joseph noch einmal zu seiner „angenommenen Vaterschaft", so sehr diese Geburt auch für ihn selbst in ein Rätsel gehüllt blieb.

Das Geheimnis der unbefleckten Empfängnis

Kommen wir nun zum Thema der „unbefleckten Empfängnis", die – später zum Kirchendogma erhoben – so viele kontroverse Diskussionen auslöste und von vielen auch überreichlich mit Spott kommentiert wurde. Immerhin nimmt die Beschreibung der Zeugungsumstände in der Bibel, vor allem bei Matthäus, doch auch bei Lukas, einen breiten Raum ein. Bei Matthäus beschwören diese unerklärlichen Umstände offensichtlich einen Familienkonflikt herauf, doch auch bei Lukas wird Maria klar mit den Worten zitiert, daß sie „von keinem Manne weiß".

Schon in vorangegangenen Kommentaren stellte Ahastar klar, daß Joseph in der Tat nicht der leibliche Vater von Jesus war. Die sicherlich für viele inakzeptable Aussage Ahastars geht aber noch weiter. Er behauptet, daß Jesus überhaupt nicht von einem irdischen Menschen gezeugt worden ist. Wie sollen wir das verstehen? Ahastar bestreitet im Prinzip nicht den irdischen Zeugungsakt, wenn diese Zeugung auch nicht mit der wachbewußten Anteilnahme Marias stattfand. Die Zeugung durch den Heiligen Geist kann, wie es die Bibel sehr unbestimmt ausdrückt, nicht als ein rein geistiger Akt ohne jegliche physische Grundlage aufgefaßt werden. Allerdings meint, so Ahastar, das biblische Bild vom „Heiligen Geist“ tatsächlich, daß ein nichtirdisches Wesen einer hohen Entwicklungsstufe diesen Vorgang vollzog.

Wer sich mit den Beschreibungen der Fähigkeiten und Qualitäten hochentwickelter Planetarier, wie Ahastar und andere kompetente Geister sie darstellen, auskennt, hat an dieser Stelle weniger Mühe. Er wird sich daran erinnern, daß es den sogenannten „physikalischen Wesen“ möglich ist, sich aus einer feinstofflichen in eine grobstofflich-materielle Körperform hinein zu verdichten und von dieser wie von einem ganz normalen menschlichen Körper Gebrauch zu machen. So wie der Vorgang einer solchen Zeugung geheimnisvoll – vielleicht für manche auch schockierend – ist, so kann er vor diesem Hintergrund auch wieder natürlich erscheinen. Sollte eine außergewöhnliche Seele, mit all jenen Qualitäten begabt, die wir mit dem Jesus-Wesen verbinden, in dieser Region der Erde einen wichtigen Auftrag übernehmen, so war es naheliegend, eine spezielle, im besonderen dafür geeignete Körperlichkeit mit den entsprechenden genetischen Besonderheiten zu schaffen.

Das Thema einer nichtirdischen „Beigabe“ im Erbmaterial von Jesus wird uns an anderer Stelle noch einmal beschäftigen. Tatsächlich ergab sich hieraus ein Grund, das Blut Jesu als heilig zu erachten: in der direkten Linie seiner leiblichen Nachkommen – aber auch in anderer Form, wie bereits beim Gralsmysterium angedeutet. Nach langen Diskussionen mit Ahastar fiel der Entschluß, den eigentlichen Erzeuger von Jesus in einer Niederschrift wie dieser namentlich nicht zu nennen. Es verbirgt sich ein weiteres grandioses Geheimnis dahinter, das allerdings eine Fülle weiterer Hintergrundinformation voraussetzt.

Gesagt werden aber kann dies – und auch hier muß in Kauf genommen werden, daß die Grenzen des rasch Verständlichen und leicht Zumutbaren überschritten und für manche möglicherweise sogar verletzt werden: Die Seele, die sich im so erzeugten Körper inkarnierte, war ein direkter Teil der Osiris-Seele. Dem Osiris-Wesen ist im vorangegangenen Ahastar-Buch ein eigenes Kapitel gewidmet worden, und der genannte Zusammenhang mit der Jesus-Gestalt wurde dort schon angesprochen, wenn auch in sehr unklarer, rudimentärer Form, wie es dem damaligen Verständnis der Autoren entsprach.* Osiris, der „Gottkönig" der Ägypter, war über Jahrtausende hin in Ägypten eine reale Herrscher-Gestalt. Nach seinem Konflikt mit Seth, seiner in der Mythologie berichteten Zerstückelung und seinem Tod inkarnierte er nach der Rettungstat der Isis in halbfeinstofflicher Form erneut. Nochmals übte er die Herrschaftsgewalt in Ägypten aus. Später wurde er der Wächter des Totenreichs.

Ohne einen Hintergrund, wie Ahastar ihn bereitstellt, mag es zunächst schwerfallen, das Osiris-Wesen als mit dem „Christus-Geist" identisch zu erkennen. So sehr diese altägyptischen Götter-Gestalt ein mystischer Glanz umgibt, so mag sie doch kaum als gleichrangig mit einer Wesenheit akzeptiert werden, die als Sohn Gottes für viele Menschen über Jahrtausende hinweg zum Mittelpunkt ihres Denkens und Handelns wurde.

Dies ist wiederum eine Sichtweise, die sich im Verlauf einer geistig engstirnig werdenden Kirchentradition etablierte. Sie entsprang dem Bedürfnis, dem alleinigen Höchsten zu dienen, der alle Ideale verkörperte und daher alleiniger Sohn des allmächtigen Gottes sein mußte. Damit freilich war eine mehr und mehr unüberbrückbare Kluft aufgerissen zwischen einem Jesus als Menschensohn und einem göttlich entrückten Wesen. In der neueren Esoterik hat man dieses Problem zu lösen versucht, indem man Jesus und Christus zu trennen begann. Jesus war demnach der irdische Mensch, eine reine, hochentwickelte Seele. Beseelt war er – vom Ereignis der Jordantaufe an – vom unpersönlichen göttlichen „Christus-Geist". In einem Punkt kommt diese Betrachtung der Wahrheit recht nahe: Tatsächlich muß man zwischen der inkarnierten Jesus-Gestalt und dem seelenerzeugenden Osiris-Wesen trennen. Es handelt sich dabei um so etwas wie eine direkte Seelen-Auslagerung und Seelenabspaltung, die schließlich zu einem eigenständigen Menschen mit individueller Persönlichkeit wird. Dies, so Ahastar, ist Göttern möglich.

Das ursprüngliche Osiris-Wesen bleibt somit als ein gesondertes Bewußtseinszentrum, das wiederum ein neues erschaffen hat, weiter

* *Ahastar – Botschaften vom Rand der Galaxie,* siehe Kapitel „Isis, Osiris, Seth"

präsent. Soweit wir, Ahastar folgend, den „Christus-Geist" als jenes ursprüngliche Osiris-Wesen identifizieren können, muß hier zugleich gesagt werden, daß dieses ganz gewiß ein personales Wesen ist. Es handelt sich dabei auch um ein Wesen mit einem eigenen Karma, das ein für uns unvorstellbares Alter erreicht hat. Die Anfänge seiner Entwicklung reichen sogar weit über die alte Venusiermenschheit zurück, auch wenn es selbst auf der alten Venus einen weiteren Entwicklungszyklus durchlaufen hat. So, wie es Ahastar mehrmals darstellte, haben wir es mit einem Wesen von einer göttlichen Glanz- und Machtfülle zu tun, die alle gewöhnlichen Vorstellungen weit übersteigt. Ahastar verglich diese Machtfülle einmal mit der Leuchtkraft einer hell strahlenden Sonne gegenüber den im Raum verstreuten Planeten. Dieser überirdische Glanz spiegelt sich in den Darstellungen seiner Funktion als „Totengott" Osiris im alten Ägypten.

Gelegentlich sind Parallelen zwischen der Osiris-Gestalt und Christus gezogen worden, da sich um beide ein Auferstehungsmythos rankt. Vor dem Hintergrund des hier Dargestellten dürfen uns solche Parallelen nicht verwundern. Intuitiv kann man erspüren, daß beide Mythen auf dieselbe „Lichtquelle" zurückgehen. Letztlich ist es müßig, darüber zu streiten, welcher Name Vorrang hat.

Die Kindheit in Ägypten

Doch kehren wir zur Jesus-Biographie zurück. Drei Jahre nach dessen Geburt begab sich Joseph mit seiner Familie nach Ägypten, wo sie acht Jahre lang, also bis zum elften Lebensjahr von Jesus, bleiben sollte. Der Grund war weniger die Besorgnis um das Leben des kleinen Sohnes als eine Gefahr für Joseph selbst – war er doch Anhänger einiger rebellischer jüdischer Gruppen, die er vor allem mit finanziellen Zuwendungen tatkräftig unterstützte.

Die Übersiedelung nach Ägypten entsprach aber auch einem sinnvollen karmischen „Plan", denn sie brachte den heranwachsenden Jungen in Berührung mit ganz unterschiedlichen Menschen sowie mit Lehrern, die für sein weiteres Leben entscheidende Weichen stellen sollten. Da waren zunächst, nahe am Roten Meer gelegen, die jüdischen Enklaven der Nazaräer und Essener, mit denen Jesus später noch häufiger in intensivem Kontakt stehen sollte. Vor allem waren für den Jungen jedoch die ägyptischen Priesterschulen von Bedeutung. Hier erhielt er ab dem sechsten Lebensjahr eine umfassende Ausbildung.

Diese Priesterschulen entsprachen im allgemeinen zunächst dem, was unsere heutigen Universitäten sind. In diesem Sinne vermittelten sie den Schülern und „Studierenden" durchaus auch ein weltliches Wissen. Zudem verfügten sie über ein praktisches Lehrangebot für heranwachsende Kinder, wobei deren Eignung ausschlaggebend war. Darüber hinaus gab auch ein esoterisches Studienangebot, das meist in den Händen der älteren, reiferen Priester lag, von denen einige noch wirkliche Eingeweihte waren. Sie lehrten, ohne an irgendeine Religion gebunden zu sein, und waren nur ihrem spirituellen Wissen verpflichtet. Diesen Priestern wurde das Besondere der Jesus-Seele rasch deutlich. Sie bezogen die Eltern Jesu in dieses Wissen ein und förderten seine übergroße Begabung durch eine behutsame und gezielte Zuwendung.

Nach acht Jahren kehrte die Familie nach Palästina zurück. Die Schulung des Jungen wurde dort bei den jüdischen Priestern und Schriftgelehrten fortgesetzt und umfaßte neben den alten jüdischen Schriften und der mystischen Seite der Religion auch das Studium der Kabbala. Welche Fülle an Wissen der offenbar hochintelligente Junge zu diesem Zeitpunkt bereits erlangt haben mußte, zeigt die hübsch ausgemalte Geschichte von dem zwölfjährigen Jesus im Tempel. Nachdem ihn Maria drei Tage lang vergeblich bei Bekannten und Freunden gesucht hat, findet sie ihn endlich in einer Synagoge. Er sitzt dort im Kreis ehrwürdiger Schriftgelehrter, die mit ihm diskutieren, ihn offenbar als ganz und gar Ebenbürtigen anerkennen und ihre Verwunderung (die Bibel spricht sogar von Entsetzen) unverhüllt zum Ausdruck bringen.

Nach der Rückkehr nach Palästina kam es auch zur ersten Begegnung mit dem sieben Jahre älteren Johannes, dem Sohn des Priesters Zacharias, der später Johannes der Täufer werden sollte. Dem doch größeren Altersunterschied entsprechend, stellte sich zu dieser Zeit zwischen beiden noch keine direkte Freundschaft ein, aber sie trafen sich ab und an bei Familienfesten. Wir wollen nicht ausschließen, daß es erste Momente des Erkennens zwischen beiden gab. Vielleicht fielen sie einander wegen ihrer besonderen Nachdenklichkeit auf, die

Ahastar bei beiden erwähnt – ein Wesenszug, der im Fall des jungen Jesus allerdings mit einem sehr lebhaften Temperament einherging.

◈ ◈ ◈

Der jugendliche Jesus – Schulungs- und Lehrjahre

Die Bibel berichtet über das Leben Jesu zwischen seinem zwölften und seinem dreißigsten Lebensjahr, dem Jahr seiner Jordantaufe, praktisch nichts. Dics hat verständlicherweise immer wieder Anlaß zu den unterschiedlichsten Spekulationen gegeben. Und tatsächlich hält diese Zeit einige Überraschungen bereit. Der Unterricht in den Synagogen war für Jesus in seinem 15. Lebensjahr abgeschlossen. Er faßte nun den Entschluß, ein Handwerk zu lernen, wozu sich vor allem die Bauwerkstatt seines Vaters anbot. So ging er für drei Jahre bei Joseph in die Lehre. Hintergrund dieser Entscheidung war auch eine alte Tradition jüdischer Königshäuser. Demnach mußte jeder heranwachsende König irgendwo in einem Handwerksbetrieb eine solche Lehrzeit ableisten. Dies war ein sinnvoller Brauch, um den zukünftigen Herrscher mit den Mühen des Alltags vertraut zu machen, bevor er sich in die „abgehobene“ Stellung eines Königs begab.

Nach Abschluß seiner Lehre war in Jesus eine Entscheidung gereift, die seine Familie und Freunde irritierte und auch bei uns heute möglicherweise noch Befremden auslösen mag: Er wollte seine Ausbildung durch das Erlernen des Kriegshandwerks vervollständigen. Da die Juden keine militärischen Einrichtungen unterhalten durften, trat er so für zwei Jahre einer römischen Garnison bei. Offenbar hielt er es – als möglicher zukünftiger König der Juden – für unverzichtbar, sich auch in der Kunst des direkten Kampfes zu üben. Allerdings hatte eine Entscheidung wie diese zunächst auch den Beigeschmack der Kollaboration mit den Römern. Später sah er sich gelegentlich Beschimpfungen wie etwa der, „ein Römer zu sein“, ausgesetzt.

An dieser Stelle ist es noch einmal wichtig, auf gewisse Grundkonstellationen im Leben Jesu hinzuweisen, die in den Überlieferungen selten erwähnt werden und so kaum bekannt sind. Keineswegs war sein Leben, wie es uns heute erscheinen mag, geradlinig darauf ausgerichtet, einen großen Religionsstifter hervorzubringen. Ahastar ergänzt an dieser Stelle, daß es ein solches Lebenskonzept auch nicht als karmische Vorgabe gegeben habe. Wohl hätten Impulse zu einer spirituellen Erneuerung in seinem Leben immer eine Rolle gespielt, doch wäre dies durchaus in Verbindung mit einer hohen weltlichen Position, konkret der eines jüdischen Herrschers, möglich gewesen. Nicht ohne Grund war für seine Geburt eine Wahl getroffen worden, die ihm einen königlichen Stammbaum bescherte. Ein spiritueller „Lehrauftrag" mußte nicht im Widerspruch zur Königswürde stehen. Daß es letztlich dazu nicht kam, hat verschiedene Ursachen, und es war ein Thema, das Jesus bis in sein 30. Lebensjahr hinein zu inneren und äußeren Kämpfen trieb.

Auch sein konkretes Umfeld, seine Stellung innerhalb seines Volkes, müssen wir in diesem Zusammenhang betrachten: Das jüdische Volk war seit dem Jahre 61 v. Chr. von den römischen Legionen besetzt und wie andere Völker im Mittelmeerraum zur abgabepflichtigen römischen Provinz geworden. Das rigorose Auftreten der römischen Besatzungsmacht in ihren Provinzen ist historisch belegt. Über allen religiösen und kulturellen Bräuchen der besetzten Völker stand das römische Gesetz, in dessen Namen Bespitzelung, Verfolgung und Hinrichtungen auf der Tagesordnung standen. Über Generationen hinweg mußten sich die Juden dieser Fremdherrschaft ohnmächtig fügen. Sie waren das vertriebene Volk, das die babylonische Gefangenschaft durchlitten hatte und nun seine Heimat – das lange gesuchte gelobte Landes – von fremden kriegerischen Eindringlingen besetzt sah. Für diese Menschen konnte es nur ein Ziel geben: ihr Land zu befreien und die vielen verstreuten jüdischen Stämme wieder unter einem Herrscher zu vereinen. Neben dieser alles bestimmenden Sehnsucht wogen geistig-religiöse Anliegen und Bestrebungen eher gering. So wurde auch der verheißene Messias, von dem die großen Propheten des Alten Testaments so wortgewaltig sprachen, vor allem als ein weltlicher Herrscher angesehen, der die Feinde vertreiben und dem jüdischen Volk mit starker Hand wieder zu seinen Rechten verhelfen würde.

In diesem geistigen Umfeld wuchs Jesus als königlicher Erbe heran. Natürlich übte die Sehnsucht seines Volkes auch auf ihn eine Wirkung aus. Bis zu einem bestimmten Zeitpunkt in seinem Leben unterstellte er so all seine Bestrebungen vor allem dem einen Ziel: ein

Befreier seines Volkes zu sein. Eine solche Befreiung war keineswegs ein rein illusorisches Ziel. Immer wieder gab es aufständige Provinzen, die die verhaßte Fremdherrschaft – wenn auch meist nur vorübergehend – abschütteln konnten. Doch ohne kriegerische Konfrontation war das nicht möglich. Und eben darin bestand der Konflikt, von dem sich Jesus mehr und mehr vereinnahmt sah. Das Problem der kriegerischen Gewaltanwendung blieb aber letztlich unlösbar und ließ ihn später einen radikal anderen Weg einschlagen: sich auf die Rolle eines geistigen und religiösen Lehrers zu beschränken.

Jesus war Anfang 20, als er sich im engsten Familien- und Freundeskreis einem Ritual unterziehen mußte. Es war ein Reinigungsritual, durch einen der ältesten Priester vollzogen, das in seiner Salbung zum König endete. (Wir wissen, daß „Christus" – das griechische Wort – lediglich „der Gesalbte" bedeutet.) Er hatte sich über die vorangegangenen Wochen hinweg einer intensiven Vorbereitung unterzogen, die Ahastar als eine Art Einweihung bezeichnet – eine Einweihung im eigentlichen Sinn dieses Wortes, durch die man über ein allgemeines spirituelles Wissen hinaus in „die eigene geistige Herkunft" und so „in sich selbst eingeweiht wird".

Auch Johannes, der einen großen Anteil an den Vorbereitungen hatte, war bei dieser Zeremonie anwesend. Es handelte sich dabei um ein Ritual mit sowohl weltlichem als auch spirituellem Hintergrund, und es ist wichtig, es in diesem größeren Zusammenhang zu sehen. Etwa zehn Jahre später wird es durch Johannes in besonderer Weise „ergänzt" – durch die Taufe im Jordan. Dieser Jordantaufe gingen drei intensive Ausbildungsjahre bei dem sogenannten „Prediger in der Wüste" voran, Lehrjahre, in denen Jesus in unterschiedliche Fähigkeiten eingeführt wurde, vor allem auch solche, die wir heute als parapsychologisch bezeichnen würden.

Beide Zeremonien ergänzen einander und stellen eigentlich das Ereignis der Taufe dar. Bei dem Reinigungsritual sei es, so Ahastar, zu einer direkten geistigen Anwesenheit des Osiris gekommen, die sichtbar einen Lichtschein auf alle Anwesenden geworfen habe, als die Salbung vollzogen wurde.

Der junge Mann – Im Bund mit den Widerständlern gegen die Besatzungsmacht

Nach diesem Ereignis beginnt ein neuer Abschnitt im Leben Jesu. Er fängt an, die ersten festen Bündnisse zu schmieden, indem er sich mit Gefolgsleuten umgibt, von denen einige später seine Jünger sein werden. Doch noch viele Jahre trennen ihn von dem wandernden Prediger, der die religiösen Lehren einer neuen Menschlichkeit und Friedfertigkeit verkündet. Ganz im Gegenteil, die folgende Zeit ist von überwiegend kämpferischen Tönen bestimmt.

Ehe wir genauer darauf eingehen, wollen wir einmal die damalige Zeit und die Lebensweise der Menschen ganz konkret betrachten. Wie wohnten die Menschen? Was aßen und tranken sie? Wie waren sie gekleidet? Ihre Häuser, meist aus gebranntem Lehm und Zedernholzbalken errichtet und ohne Fenster gebaut, bestanden in der Regel nur aus einem einzigen Raum, der etwa 20 bis 30 Quadratmeter groß war. In der Mitte befand sich eine Kochstelle, darüber ein Loch in der Decke für den abziehenden Rauch. Während man in der größten Mittagshitze die schützende Kühle im Inneren der Häuser aufsuchte, spielte sich das Leben ansonsten vor allem auf dem Dach ab, das über eine Leiter oder eine Außentreppe zu erreichen war. Besonders in der Abenddämmerung war dies der beliebteste Platz für ein Schwätzchen mit dem Nachbarn. Dabei lehnte man am Dachgeländer, für das Moses vorsorglich ein Gesetz erlassen hatte: „Wenn du dir ein Haus baust, mußt du den Rand deines Daches mit einem Geländer schützen." Brot war das Hauptnahrungsmittel, das in flachen, runden, wagenradgroßen Laiben zubereitet wurde. Angepflanzt wurden außer Weizen und Gerste auch Bohnen, Linsen, Gurken, Zwiebeln und Knoblauch. Die wichtigsten Früchte waren Trauben, Granatäpfel und Oliven sowie natürlich Datteln, die fast jeder, frisch oder getrocknet, bei sich trug. Da Dattelkerne gut gegen den Durst helfen, behielt man sie möglichst lange im Mund. Senf und Blattsalat wuchsen wild. Beliebte Gewürze waren Koriander, Kümmel, Dill und Sesam. Bekannt ist, daß Schweinefleisch bei den Juden verpönt war. Es wurde auch durch die Thora ausdrücklich verboten. Lamm- und Ziegenfleisch wurden aber häufig gegessen, auch wenn der Verzehr teuer war und eine Familienportion einen ganzen

Wochenlohn kostete. Rind- und Kalbfleisch konnten sich nur Reiche leisten. Getrunken wurde vor allem Wasser, das aus den tiefen Zisternen geschöpft wurde. Milch gaben die zu fast jedem Haushalt gehörenden Ziegen, Schafe und Kühe. Und natürlich wurde zu allen festlichen Anlässen Wein getrunken, den man in großen Amphoren aufbewahrte, in bis zu einem Meter hohen, zweihenkeligen und spitz nach unten zulaufenden Tonkrügen. Der Mode entsprechend war es auch für Männer üblich, lange Haare zu tragen – jedenfalls für die einfachen Leute wie Bauern, Handwerker und Händler. Kürzeres Haar trugen nur die Reichen und die Soldaten der römischen Besatzungsmacht. Ebenso modern war es, mit einem ärmellosen, am Hals ausgeschnittenen Hemd als Untergewand bekleidet zu sein. Dieses war knielang und aus Leder oder Leinen hergestellt. Ein überwurfartiges Kleidungsstück aus grober Wollle wurde darüber getragen. Es reichte bis an die Knöchel und konnte nachts auch als Decke dienen. Soweit man nicht ohnehin barfuß ging, trug man Sandalen. Die durchschnittliche Lebenserwartung der Menschen war vergleichsweise niedrig. Bei den Männern lag sie, durch Seuchen, Unfälle und Kriege bedingt, bei 20, bei den Frauen nur wenige Jahre darüber.

Wie war Jesus äußere Erscheinung? Wir können ihn uns der „Mode“ entsprechend gekleidet vorstellen – in wollenem weißen Obergewand und mit Sandalen. Wie die meisten Abbildungen es zeigen, trug er seine dunklen Haare mindestens schulterlang. Das eher Herbe, Asketische seiner Gesichtszüge, das auch viele Bilder zum Ausdruck bringen, war allerdings nur eine Seite seines Wesens und keineswegs vorherrschend. Jesus hatte sehr viel Humor. Er konnte im Kreis seiner Jünger viel Ausgelassenheit zeigen und herzlich lachen.

Erinnern wir uns in diesem Zusammenhang an die Beschreibung des Mediums, das ihm in einer Inkarnationsrückschau plötzlich gegenüber stand. In hohem Maße fasziniert und tief berührt war sie vor allem von seinen Augen. Was ihr hier spürbar an Erkenntnis, Klarheit und Einsichtsvermögen entgegenleuchtete, hatte sie noch nie zuvor erlebt. Damit erklärt sich gewiß auch das große Charisma, das von seiner Persönlichkeit ausging.

Neben einer solchen Schilderung relativiert sich, wenn Ahastar hinzufügt, Jesus sei nicht das Idealbild eines auf Anhieb attraktiven Mannes gewesen, jedenfalls nicht im Sinne einer makellosen Schönheit. Die Ausdrucksvielfalt seiner Erscheinung war dafür einfach zu groß. Auch war er keineswegs muskulös, sicherlich eher schlank, doch nicht groß, jedenfalls in seiner Statur nicht die typische heldenhafte Verkörperung eines Volksbefreiers. Ahastar ergänzt, daß es sich hier um einen gewissen Schutz handelte. Wäre er in seiner Erscheinung zu auffällig gewesen, so hätte er auch weit stärker die Aufmerksamkeit der römischen Besatzungsmacht auf sich gezogen.

Die Bibel berichtet von all diesen Jahren bis zu seinem Auftreten als religiöser Wanderprediger nichts. In der Tat werden wir, schließt man diese Lücke, mit einer ganz anderen Rolle innerhalb der Jesus-Biographie konfrontiert: mit einem Jesus, der einen Pakt mit Partisanengruppen und patriotischen Widerstandskämpfern schloß. Diese Zeitspanne, die über fast sechs Jahre andauerte, fällt völlig aus dem traditionellen Jesusbild heraus. Mit seinen Führungsqualitäten und seiner charismatischen Ausstrahlung war Jesus in den Reihen der Rebellen und Untergrundkämpfer auf Anhieb willkommen. Er organisierte Partisanenkämpfe gegen die Festungen und Wachbastionen der Römer, wobei er allerdings großen Wert darauf legte, sich von plündernden, mordenden Banden abzugrenzen.

Der Aufnahme einer auch nur andeutenden Darstellung dieses Lebensabschnitts in die Bibel stand vieles im Weg. Das „Lamm Gottes" konnte mit einem schwertgerüsteten Widerständler keine Gemeinschaft bilden. Es kam hinzu, daß sich dieser Widerstand gezielt gegen die römische Besatzungsmacht richtete und es den Schreibern der endgültigen Bibelfassung nicht opportun erscheinen konnte, diese Phase zum Thema zu machen. War doch die christliche Religion bereits auf dem Weg, mit der weltlichen Macht Roms ein Bündnis einzugehen. Auch die Beschreibung der Kreuzigungsereignisse sind von solchen Kompromissen mit der römischen Staatsmacht geprägt. Sie laufen darauf hinaus, den Juden selbst die Verantwortung für den Tod Jesu zuzuschieben, nicht aber dem römischen Statthalter Pilatus – mit Sicherheit eine historische Verzerrung.

Immerhin sind doch die folgenden irritierenden Worte Jesu in der Bibel geblieben: „Ich bin nicht gekommen, um den Frieden zu bringen, sondern das Schwert." Dies wird meist so gedeutet, daß er für die Gerechtigkeit Gottes kämpft. Wie dies im weitesten Sinn sicher auch zutreffend ist, so kann es uns doch überraschen, wie wörtlich diese Worte zu verstehen sind.

Wir haben schon mehrfach betont, daß wir vor allem den Menschen Jesus genauer betrachten wollen. Besonders in dieser Zeit lebte er vorwiegend seine menschliche Rolle aus. Das heißt natürlich nicht, daß er etwa Züge eines Haudegens und Raufbolds angenommen hätte. Wir können mit Sicherheit davon ausgehen, daß er auch hier seine Wesensart der Souveränität und Würde nicht einbüßte. Doch in jedem Falle erweist sich die eingeschränkte Sichtweise auf Jesus als blutlosen Asketen als völlig verfehlt. Jesus zu Pferd und in Partisanenausrüstung, auch dieses Bild gehört in das breite Wesensspektrum dieses Mannes – ein Bild, das er in einer späteren Lebensphase allerdings radikal ablegte.

Rückzug – Die Zeiten in der Wüste

Etwa vom 27. Lebensjahr an zog sich Jesus von allen kämpferischen Aktivitäten zunehmend zurück. In der Bibel wird davon immerhin andeutend berichtet, indem ein längerer Aufenthalt in der Wüste geschildert wird. Ahastar spricht von zwei längeren Zeiträumen in der Wüste und zeitweiliger Einsamkeit. In diesen neuen Lebensabschnitt fällt auch die erneute Begegnung mit Johannes – der inzwischen zu „Johannes dem Täufer" geworden ist. Dieses Zusammentreffen sollte für den weiteren Weg von Jesus von zentraler Bedeutung werden.

Die Bibel erzählt, daß Jesus „vom Geist in die Wüste geführt ward", 40 Tage und Nächte lang, und daß er in all dieser Zeit nichts aß. Ein durchaus dramatischer Ton klingt an, wenn berichtet wird, wie er während dieser Fasten- und Einkehrzeit „vom Teufel versucht" wird. Dieser fordert den Hungernden auf, mit Hilfe seiner göttlichen Macht Steine in Brot zu verwandeln. Weiter verlangt er von Jesus, von der Zinne des Tempels zu springen und auf die Rettung durch die Engel zu vertrauen, ebenfalls um seine Gottessohnschaft unter Beweis zu stellen. Mit der nächsten Forderung wird die Versuchung unmißverständlich: Jesus soll sich vor dem Satan selbst niederwerfen und ihn anbeten, und „alle Reiche der Welt und ihre Herrlichkeit" sollen ihm gehören.

Hier spiegeln sich ganz konkret die inneren Konflikte und Kämpfe Jesu. Bei Lukas wird die letztgenannte Forderung des Teufels, anders als bei Matthäus, an den Anfang gestellt. In dieser Versuchung drückt sich der Jesus zu diesem Zeitpunkt vereinnahmende Konflikt aus, nämlich an der Rolle eines Volksbefreiers und Volksführers der Juden weiterhin festzuhalten oder aller weltlichen Macht zu entsagen und sich darauf zu beschränken, ein geistiger und religiöser Lehrer zu sein. Er hatte die Gewalt jahrelang aus erster Hand kennengelernt und verspürte nun wachsende Zweifel, ob er die in ihn gesetzten Erwartungen auf diesem Weg erfüllen könnte. Es gab Menschen in seinem Umkreis, die ihn protegierten, und ihm war bewußt, daß ein „Rückzug“ bei vielen seiner Anhänger, selbst in seiner Familie, eine große Enttäuschung auslösen würde. Tatsächlich entstanden aus dieser Entscheidung schließlich Konflikte, die seine weiteren Lebensjahre begleiten sollten.

Andererseits ging es aber um einen Verzicht, den auch er der eigenen Seele mühsam abringen mußte. Hier kommen wir wieder auf den menschlichen Jesus zu sprechen. Ahastar sagt von ihm, daß er durchaus mit dem ganzen Spektrum menschlicher Empfindungen vertraut war – auch denen von Ehrgeiz und Stolz. Der Unterschied zu anderen Menschen war lediglich, daß er diese Eigenschaften bewußt „unter die Lupe nehmen“ und dadurch mit ihnen umgehen konnte. Jesus nahm in der Einsamkeit der Wüste gelegentlich medial Verbindung mit geistigen Helfern und Führern auf. Diese Kontakte beschränkten sich allerdings auf eine freundschaftliche, tröstende Kommunikation und hatten nicht das Ziel, ihn in seiner Entscheidung grundsätzlich zu beeinflussen. Es ging vielmehr um einen Entscheidungskampf, den er allein mit der eigenen Seele ausfechten mußte.

Besonders die erste Zeit in der Wüste war von der Versuchung geprägt. Sollte er eine weltliche Herrschaft anstreben oder sich davon lösen? Die anderen Versuchungen quälten Jesus mit Zweifeln und Verunsicherung über das eigene Wesen: Es sind Zweifel an seiner göttlichen Herkunft, die besondere und spektakuläre Beweise erforderte, wie der Versucher ihm einredete.

Zwischen den beiden Aufenthalten in der Wüste erhielt Jesus eine intensive geistige Ausbildung durch Johannes den Täufer. Diese Unterweisungen fanden nach dem zweiten Wüstenaufenthalt schließlich ihren Abschluß mit der bekannten Taufe im Jordan.

In dieser Zeit nahm Jesus auch wieder intensivere Kontakte zu den Glaubensgemeinschaften der Essener und der Nazaräer, einer Untergruppe der Essener, auf.

Über die Essener, ihre Lebensgewohnheiten und ihren Glaubenshintergrund, ist nach dem Fund der Qumran-Rollen am Toten Meer in letzter Zeit viel geschrieben worden. Dieses Thema ist speziell für Theologen, doch letztlich für alle Bibelgläubigen nicht ohne Brisanz, weil es unübersehbar eine Reihe von Parallelen zwischen den Glaubensinhalten und Überzeugungen der Essener und den Aussagen sowie Lehrsätzen der Bibel offenlegt, ja sogar zu der Vermutung Anlaß gibt, daß viel von ihren Lehren in die Lehren Jesu eingeflossen ist.

Das historische Bild der Essener wurde zunächst durch die Schilderung des Römers Plinius des Älteren geprägt, der sie als eine kleine weltfremde Sekte beschreibt, die westlich des Toten Meers lebte. Er nannte sie ein „einsames, wunderliches Volk", das ohne jegliche Gemeinschaft mit dem weiblichen Geschlecht und völlig ohne Zahlungsmittel in der Einsamkeit seiner Palmen lebte. Ein anderer Chronist, Flavius Josephus, entwarf ein weniger zur Kenntnis genommenes Bild. Nach seiner Beschreibung waren Gruppen von Essenern über ganz Palästina verstreut, neben den Sadduzäern und Pharisäern waren sie die dritte große jüdische Religionsgemeinschaft. Er rühmt ihre vortrefflichen Sitten und ihre bei anderen Völkern völlig unbekannte Gerechtigkeit. Er erwähnt die besonders strengen Regeln, die sie sich auferlegt hätten, und einen Eid, mit dem sie sich verpflichtet hätten, die geheime Lehre der Gemeinschaft zu bewahren. Doch keineswegs entsteht hier das Bild frauenfeindlicher, schrulliger Mönche.

Ahastar unterstützt die Darstellung des Flavius Josephus. Die mönchische Gesinnung der Essener ging keineswegs mit einer Ablehnung der Weiblichkeit einher. Der Großteil der Männer hatte sehr wohl eine eigene Familie, doch zogen sie sich für das Studium der Schriften und zur Meditation immer wieder für längere Zeit aus dem geselligen Leben zurück.

Wir wollen kurz auf die in Esoterikerkreisen weitverbreitete Ansicht eingehen, daß viele Glaubensinhalte und Lehren der Essener denen der Bibel auf erstaunliche Weise gleichen. Dies hat beispielsweise zu der Vermutung geführt, Jesus habe einen Großteil dieser Lehren lediglich kopiert. In der Tat mag hier eine Irritation entstehen für den, der die christliche Botschaft als eine ganz neue, originäre Lehre versteht. Doch Jesus stand, wie jeder andere religiöse Führer seiner Zeit auch, zugleich in der Tradition eines jahrtausendealten Einweihungswissens, was den meisten Bibelforschern allerdings unbekannt ist. Er aber war es, der dieses Wissen in einer Person vereinte und es kraft seiner Person vermittelte.

Von den geheimen Lehren der Gemeinschaft, die bei den Essenern um jeden Preis gewahrt werden mußten, war bereits die Rede. Dies bedeutet unter anderem, so Ahastar, daß im engeren Kreis dieser Gruppe (und dies vor allem bei den Nazaräern) ein altes esoterisches Wissen gab, wie etwa die Überzeugung, daß es die sogenannte „Seelenwanderung", also die Reinkarnation, wirklich gäbe. Auch der spätere Jüngerkreis um Jesus, jedenfalls der harte Kern, war mit dem Reinkarnationsgedanken vertraut. In der Bibel selbst gibt es eine Reihe von Textstellen, die als versteckte Hinweise auf ein solches Wiederverkörperungswissen gelesen werden können. Bevorzugt taucht der Name Elias, doch auch der anderer Propheten auf, und die Frage, ob Johannes oder auch Jesus der wiedererschienene Elias sei, läßt einen relativ eindeutigen Schluß zu.

Jesus hielt die Kontakte zu den genannten Glaubensgemeinschaften auch während seiner Aufenthalte in der Wüste aufrecht. Ahastar entwirft ein sehr realistisches Bild von diesen Zeiträumen. Er schildert Jesus im Austausch mit Nomadengruppen, denen er gelegentlich seine Dienste als Heiler und als Erkunder von Wasserquellen (er arbeitete dabei nicht mit der Wünschelrute, hatte er doch eine gewisse Wasserfühligkeit entwickelt) anbot, besonders aber auch als beliebter Geschichtenerzähler, im abendlichen Kreis einer aufmerksam lauschenden Zuhörerschaft.

Die Gestalt Johannes des Täufers

Das Lukas-Evangelium räumt der Geburt Johannes des Täufers, vor allem aber der „Vorgeschichte", annähernd den gleichen Raum ein, den es dafür Jesus widmet. Dies zeigt die zentrale Stellung, die Johannes von einem Teil der frühen Christengemeinden zugesprochen wurde – in vieler Hinsicht zu Recht.

Johannes hatte, zum Zeitpunkt der erneuten Begegnung mit Jesus, seine Laufbahn als Prediger und geistiger Lehrer eingeschlagen. Vorausgegangen war eine intensive mehrjährige Ausbildung bei einem Lehrer in Syrien, der über ein fundiertes Einweihungswissen verfügte. Nach dessen Tod kehrte Johannes endgültig nach Palästina zurück. Er sah sein eigenes Wirken als Fortführung der Tradition dieses großen Meisters an. Einem kleinen Kreis seiner engsten Schüler, zu denen bald auch Jesus gehören sollte, vermittelte er sein Einweihungswissen. Vor allem aber führte er sie in unterschiedliche magische Praktiken ein. Für das Volk war er der „Prediger in der Wüste", der die Menschen zur inneren Umkehr aufrief. Denen, die einen Schlußstrich setzen und sich von ihrem alten Lebenswandel lösen wollten, bot er die Taufe im Jordan an. So wurde er zu Johannes dem Täufer.

Diese Taufe konnte als rein symbolischer Akt, aber auch in recht rigoroser Form vollzogen werden. Dabei handelte es sich um die auch von anderen Täufern und Predigern praktizierte Technik, den Täufling für längere Zeit ganz unter Wasser zu halten – bis zu dem Punkt, an dem es in der einsetzenden Körperbedrängnis zu einem scheinbaren Nahtoderlebnis kam. Von den intuitiven und hellseherischen Gaben des Täufers hing es ab, diesen Moment genau abzupassen.

Ahastar berichtet, daß Johannes durch ein etwas verkürztes Bein von Kindheit an eine Gehbehinderung hatte. Als er sich der Ausbildung durch den syrischen Meister unterzog, war dies zugleich die Entscheidung, sein Leben ausschließlich auf geistige Werte auszurichten – ein Vorsatz, dem er als Prediger und Täufer stets treu blieb. Seine asketische Lebensführung schloß auch jeden intimen Kontakt mit Frauen aus, ohne daß dies auf einer prinzipiellen Ablehnung oder Frauenfeindlichkeit beruht hätte. Doch er war überzeugt, einer Frau ein Leben wie das seine nicht zumuten zu können, darüber hinaus meinte er, für Frauen nicht attraktiv zu sein. Vieles, so Ahastar, was zum Wesen des strengen, ernsten Johannes gehörte, so etwa sein zurückgezogener, asketischer und äußerst einfacher Lebenswandel, ist später in die Gestalt des biblischen Jesus mit eingeflossen.

Johannes war ein Mensch mit einem gespaltenen Wesen. So wie er sich unwürdig fühlte, dem, der nach ihm kommen sollte, auch nur die Schuhriemen zu lösen, so hatte er doch selbst eine große charismatische Ausstrahlung und hatte bald einen wachsenden Kreis von

Anhängern um sich geschart. Seine Gespaltenheit hatte mit einer karmischen Verstrickung auf Atlantis zu tun. Ahastar spricht von Johannes als einer alten Sirianer-Seele, die eine Zeitlang selbst in den Sog der Dekadenz geraten war und dabei sogar in einer direkten Gegnerschaft zu Osiris stand.

Diese karmische Belastung wurde von Johannes noch größtenteils während der atlantischen Zeit abgetragen. Es ist dennoch aufschlußreich, diesen Hintergrund seines Wesens zu kennen und den Empfindungen nachzuspüren, die sich für ihn im Kontakt mit Jesus und schließlich in seiner spirituellen Arbeit als Lehrer entzündet haben mögen.

Für Jesus begann bei Johannes eine Zeit der traditionellen Einweihungsschulung. Dazu gehörten nicht nur intensive Meditationstechniken, sondern auch harte Praktiken, in denen bewußt das Ausgeliefertsein in extremen Situationen gesucht wurde. Johannes hatte die besonderen Fähigkeiten Jesu erkannt, der zudem durch seinen bisherigen Ausbildungsweg gut vorbereitet war, so daß die gemeinsame Arbeit rasch Früchte tragen konnte. Es handelte sich immer wieder um Übungen, die im Grenzbereich von Nahtoderfahrungen lagen, wie etwa diese: über Wochen zu fasten, schutzlos der Kälte ausgesetzt zu sein und einzig durch suggestive Gedankenkraft die lebenserhaltende Erwärmung des Körpers herbeizuführen, Feuerläufe, für Tage im Sand eingegraben zu sein.

Einige Details zu solch einer Schulungszeit finden Sie im übrigen auch in dem Buch *Jesus – größtes Medium aller Zeiten* des bekannten Parapsychologen Milan Ryzl. Dieser schickte zwei Medien auf eine Zeitreise ins alte Palästina. Auch sie berichten von einer Schülerschaft Jesu bei Johannes. (Das so entstandene Protokoll medialer Mitteilungen bleibt allerdings sehr lückenhaft und in vielen seiner Auskünfte recht vage. Besonders die Fragen nach den geistigen Hintergründen finden meist keine Antwort. Dennoch wollen wir diese Drstellungen als Ergänzung begrüßen.) Unter anderem berichten diese Medien, Johannes habe Jesus über einen längeren Zeitraum in eine abgelegene Hütte eingeschlossen und dort sich selbst überlassen – ohne Nahrung und wärmende Kleidung. Allein durch den Einsatz suggestiver Gedankenkraft mußte Jesus seinen eigenen Weg zu überleben finden.

Jesus verfügte nach Abschluß dieser Ausbildungs- und Einweihungszeit über ein großes Potential gezielt geschulter Heilkräfte.

Damit werden viele der zahlreich geschilderten Wunderheilungen erklärbar. Auch die Begebenheit, in der Jesus in Anwesenheit seiner ungläubigen Jünger über das Wasser läuft, hat einen realen Hintergrund. Infolge jener Schulungspraktiken besaß er auch gewisse Fähigkeiten zur Levitation.

Nachdem das Spektrum möglicher Grenzerfahrungen in nahezu allen Elementen – in der Konfrontation mit dem Feuer, der Erde (im Begrabensein), der Luft (im Ertragen von Kälte) – durchlaufen war, bildete die Taufe durch die elementare Berührung mit dem Wasserelement den krönenden Abschluß. Hier kam die Taube ins Spiel: Die weiße Taube galt in der jüdischen Tradition als Symbol für den Kontakt und das Einssein mit dem eigenen höheren Selbst. Wir erinnern an die Salbung, die mit der Taufe eine Einheit bildete. Jesus war nun gerüstet, den Meisterweg anzutreten.

Doch kommen wir noch einmal auf das Leben des Johannes zurück: Als selbst dem jüdischen Adel zugehörig, verkehrte er häufig am königlichen Hof des Herodes Antipas (dem Nachfolger des zuvor genannten Herodes). Er stand dort in Ansehen für seine Gabe der Prophetie sowie seine Fähigkeit zu heilen und wurde bei vielen Gelegenheiten zu Rate gezogen. Es kam zum Bruch mit dem Königshof, als er öffentlich die intime Beziehung des Herodes anprangerte, die dieser zu der Frau seines Bruders unterhielt. Zudem sagte er Herodes eine schwere Krankheit voraus, die schließlich zum Tode führen würde. Auch wurde sein Auftreten als zwar rhetorisch hochbegabter, aber radikaler Bußprediger und als Prophet mit magischer Anziehungskraft auf das Volk zunehmend als provozierend empfunden. Vor allem von jener Geliebten des Herodes, die mit Ehrgeiz eine eigene königliche „Laufbahn“ anstrebte, gingen die Intrigen aus, die zu seiner Verhaftung und Einkerkerung führten. Zu den farbigen Ausschmückungen der Bibel gehört der berühmte, selbst zum Mythos gewordene „Tanz der Salome“, dem schließlich die Enthauptung des Johannes folgte.

Zu diesem Enthauptungstod kam es zweieinhalb Jahre nach der Taufe Jesu im Jordan. Er bildete, wie auch die Kerkerzeit, den Abschluß des Johannes-Karmas, wie Ahastar erklärte. So lag es auch nicht in der Macht Jesu, sich für den Lehrer und Freund einzusetzen und damit in dessen Schicksal einzugreifen. Über andere Hintergründe konnte uns

Ahastar nichts sagen. Sein Bericht mußte sich weitgehend auf das bekannte Johannes-Leben beschränken, da dieser zur Zeit wieder inkarniert ist.

Viele Anhänger des Johannes, auch noch in späteren Generationen, sahen in ihm einen Lehrer, der Jesus ebenbürtig war. Zweifellos spielte er eine entscheidende Rolle im Leben Jesu, das ohne ihn sicher einen anderen Verlauf genommen hätte.

Der Jüngerkreis

Auch über die Jünger Jesu gibt uns Ahastar eine Reihe von interessanten Details. Allerdings sollten wir uns dabei nicht zu sehr an die Vorgaben der Bibel klammern. Keineswegs waren alle der dort genannten Zwölf die engsten Vertrauten Jesu. Andere Männer, die nicht diesem Jüngerkreis zugerechnet werden, sind hier von gleichem oder auch größerem Gewicht. Und überhaupt sollte uns bewußt sein, daß die gewählte Anzahl vor allem eine symbolische Bedeutung hat. Sie korrespondiert mit der Zwölf in vielen anderen Zusammenhängen – wie etwa den Monaten im Jahreslauf und den Sternzeichen. Doch das Leben ist fließend und kann auf solche statischen Muster nicht festgelegt werden. Auch der Kreis der Freunde und Jünger um Jesus war in diesem Sinne stets ein lebendiges Geflecht.

Nur von fünf der Jünger berichtet Ahastar, daß sie sich ständig im näheren Umkreis von Jesus aufhielten. Dies waren Petrus, Johannes, Judas, sein jüngerer Bruder Jakobus und schließlich Lazarus, der in der Bibel nicht als Jünger bezeichnet wird und mit dem späteren Joseph von Arimathia identisch ist. Nicht zu diesem engsten Kreis gehörten hingegen die bekannten Evangelisten Matthäus, Markus und Lukas.

Petrus

Eine der markantesten Gestalten unter seinen Jüngern ist Petrus. Er ist das Urbild des einfachen, unbedarften Fischers. In der Bibel nennt Jesus ihn den „Fels“, auf dem er seine Kirche bauen will. Mit dieser Auszeichnung erscheint uns Petrus als ein Symbol der Standhaftigkeit und Zuverlässigkeit – und erweist sich dann schließlich doch als schwach: Noch ehe der Hahn kräht, hat er den Herrn dreimal verleugnet. Er ist eben einfach ein Mensch mit all den ihm eigenen Unzulänglichkeiten und Schwächen.

Ahastars Schilderung des Werdegangs von Petrus ist um einiges anders als in der Bibel. Etwa neun Jahre älter als Jesus, stammte er aus Cäsarea und diente als junger Mann einige Jahre lang als römischer Soldat. Sein Vater, ein zur See fahrender Händler, unterhielt geschäftliche Beziehungen mit den Römern, darin glaubte der Sohn für sich die Chance zu einem beruflichen Aufstieg in einer der römischen Legionen zu sehen. Doch er wurde dort nicht seinen Erwartungen und seinem Ehrgeiz entsprechend gefördert und wandte sich so im Zorn von dem Soldatendienst wieder ab. In der folgenden Zeit schloß er sich den Widerständlern aus Palästina und auch einigen der brandschatzend marodierenden Horden an.

Petrus hatte ein hitziges Temperament und neigte schnell zu Wutausbrüchen. Ahastar scheute sich nicht, das Wort „Raufbold" in diesem Zusammenhang zu verwenden. Gleichzeitig war ihm eine gewisse starre Gedankenhaltung zu eigen, die ihn zum Eigenbrödler machen konnte und sich vor allem in seinem ausgeprägten patriarchalischen Denken äußerte. Dadurch geriet er immer wieder in Konflikt mit Frauen, dies später besonders mit Maria Magdalena.

Gleich bei der ersten Begegnung mit Jesus – wie die Bibel sie am See Genezareth schildert – war Petrus von der Persönlichkeit Jesu tief beeindruckt. Die anfängliche Bewunderung führte bald zu einer tiefen Freundschaft und sollte über die folgenden Jahre anhalten. Ahastar bezeichnet Petrus als eine ehemalige Venusier-Seele, offenbar gab auch diese innere Verwandtschaft den Ausschlag für das feste Band zwischen den beiden Männern. Allerdings war auch Petrus, wie zunächst der größere Teil der Anhänger, fasziniert von dem Gedanken, Jesus könnte die Rolle eines Messias und in erster Linie weltlichen Machthabers ausfüllen. Als er sah, daß er sich darin getäuscht hatte, reagierte er verstört, womit er lange zu kämpfen hatte. Vor allem Maria Magdalena unterstellte er, auf Jesus in dieser Hinsicht einen verhängnisvollen Einfluß auszuüben und ihn von seinem eigentlichen Weg abzubringen.

Andreas, der jüngere Bruder des Petrus, schloß sich gleichfalls der Jüngerschar an. Allerdings blieb er seinen weltlichen Geschäften stärker verbunden, etwa indem er sich um die Geschäfte seines Vaters kümmerte.

Untrennbar mit der Gestalt des Petrus hängt seine dreimalige Verleumdung zusammen. Bei den Verhören im Vorfeld der Kreuzigung Jesu kam es tatsächlich dazu, daß Petrus seine Anhängerschaft abstritt. Dies zeigt ihn in seiner menschlichen Schwäche. Auch Petrus selbst reagiert erschüttert und weint anschließend bitterlich. Doch es ist müßig, über dieses Verhalten zu urteilen. Mit seinem offenen Bekenntnis zu Jesus wäre niemandem geholfen gewesen, so war die Verleugnung taktisch sicherlich klug. Sie war zudem motiviert durch den Umstand, daß sie sich letztlich nicht auf den eigentlichen Jesus bezog – wie die Darstellung des Kreuzigungsgeschehens noch zeigen wird.

Ahastar berichtet, daß der alternde Petrus – nach einer regen Zeit der Gemeindegründungen – Jesus noch einmal begegnete. Zunächst in einem Traum, der für ihn doch so etwas wie eine reale Begegnung war, und bald darauf auch in Wirklichkeit. Dies führte selbst in seinem fortgeschrittenen Alter noch einmal zu tiefgreifenden Veränderungen in seinem Denken und seiner Lebenshaltung. Nun verstand er zum ersten Mal, warum Jesus Frauen in seiner Lehre einen völlig gleichwertigen Platz neben den Männern eingeräumt hatte. Diese Einbeziehung der Frauen – und damit vor allem des spirituellen weiblichen Pols – hatte für Jesus immer eine zentrale Rolle gespielt.

Petrus starb, wie Ahastar bestätigt, im Verlaufe der einsetzenden Christenverfolgung durch Enthauptung, wie es auch auf Bildern gelegentlich dargestellt wird.

Judas

Judas ist die Gestalt des Verräters – in einem fast archetypischen Sinne. Ihm wird Geldgier unterstellt, die ihn zu seinem Verrat getrieben habe. Damit wurde er zugleich zum Abbild des widerwärtigen Juden. Doch es hat auch genügend Argumente zu seiner Entlastung gegeben. So sei seine Motivation in erster Linie die gewesen, Jesus in die klare Offensive zu zwingen – in der sich dieser zu seiner Gottessohnschaft und seiner Rolle als Messias offen bekennen sollte.

Der Vater des Judas war Steuereintreiber für die Römer und daher bei den Juden geächtet. Seine Mutter starb früh, so daß Judas von einer Tante großgezogen werden mußte. Der Vater, ein durchaus wohlhabender Mann, vergeudete sein Geld im Spiel und nahm sich schließlich selbst das Leben. Die familiäre Situation drückte Judas von früher Kindheit an den Stempel des Außenseiters auf. Obwohl er hochintelligent war, erhielt er doch nicht die ihm angemessene Schulausbildung. In seiner Jugend schlug er sich vor allem mit Gelegenheitsarbeiten und kleinen Diebstählen durch. Als er als junger Mann eine größere Summe Geld erhielt, die der Vater für ihn hinterlegt hatte, nutzte er dieses Geld, um ein eigenes Geschäft aufzumachen. Als Anhänger einer Gruppe von Widerstandskämpfern scheute er allerdings auch vor dem verbotenen Handel mit Waffen nicht zurück.

Ahastar nennt Judas eine vielfach gebrochene Gestalt. Als es gegen Ende seiner Rebellenzeit zur Begegnung mit Jesus kam, stellte sich auch hier sofort eine intensive Beziehung zwischen beiden ein. Diese hatte einen karmischen Hintergrund, der mit der Osiris-Seele Jesu selbst zusammenhing, über den Ahastar jedoch nichts weiter sagen konnte. Das Wissen um jene Außenseiterrolle war es, was Jesus veranlaßte, sich Judas besonders zuzuwenden und ihn intensiv zu unterweisen. Selbst im Kreise der Jünger legte Judas seine Außenseiterrolle nie völlig ab. Auf seinen Verrat werden wir im Kreuzigungskapitel zurückkommen.

Johannes

Johannes wird in der Bibel als „Jünger, den der Herr lieb hat" bezeichnet. Damit wird ihm eine besonders vertraute Nähe zum Herrn zugestanden, an dessen „Brust er lag". Für das Besondere an dieser Beziehung gibt es eine recht einfache Erklärung: Als Jesus und Johannes sich zum ersten Mal begegneten, war Johannes noch im Knabenalter. Auch als sich allmählich ein fester Kreis von Jüngern um Jesus zu scharen begann, war Johannes fast noch ein Kind. Dazu kommt, daß es eine direkte verwandtschaftliche Beziehung zwischen beiden gab. Johannes war ein Enkel Josephs. Er war ein Sohn der Tochter Josephs aus erster Ehe. Wie schon gesagt, war die Verbindung mit Maria seine zweite Ehe. Der heranwachsende Junge empfand tiefe Bewunderung für jenen Mann, der mit seinem Auftreten und seinen Reden so viele Leute bezauberte und von dem es hieß, daß er der neue Messias der Juden sei. In kindlicher Anhänglichkeit und unbedingter

Ergebenheit schloß er sich dem verehrten Meister über viele Jahre hinweg an.

Ahastar schildert, daß er beim abendlichen Gespräch mit den Jüngern häufig an der Seite Jesu saß – den Kopf an seine Schulter gelehnt und manchmal auf seinen Knien einschlafend. Jesus erwiderte diese Zuneigung offen mit kleinen Gesten der Zärtlichkeit für ein Kind. Auf ganz natürliche Weise war dieser heranwachsende Knabe damit der „Jünger, den der Herr lieb hat".

Über einen Zeitraum von sechs bis sieben Jahren hinweg lebte Johannes in der Nähe seines verehrten Meisters, und sehr bald erkannte Jesus die besonderen Fähigkeiten des Heranwachsenden. In der Art eines fürsorglichen Lehrers begann er vor allem seine hellseherische Begabung zu fördern. In den letzten Jahren des Zusammenseins vermittelte er dem inzwischen Jugendlichen vieles auch ganz direkt – Einzelheiten eines Geheimwissens, die später Grundlage für das eigene Wirken des Johannes als Priester und Prophet wurden. Johannes fand als junger Mann eine Zeitlang Unterkunft im Haus der Maria Magdalena, wo man ihm half, ein Handwerk zu erlernen. Später war er für kurze Zeit verheiratet. Doch seine Frau starb im Kindbett und mit ihr das Neugeborene, so daß er keine Nachkommen hatte. Während seiner späteren Tätigkeit in den frühchristlichen Gemeinden kam es wie bei Petrus erneut zu kurzen Begegnungen mit Jesus.

Vor allem seine visionäre Begabung war es immer wieder, mit der Johannes in besonderer Weise hervortrat. Hiermit begab er sich allerdings auch nicht selten in Gefahr, weil viele seiner Voraussagen – vor allem seine Visionen zum Untergang des römischen Reiches – für die Machthabenden bedrohlich waren. Schließlich wurde er als alternder Mann in die Verbannung auf Patmos geschickt. Hier nun wurde er zum ehrfürchtig aufgesuchten Propheten und zum Verfasser der Offenbarung oder auch Apokalypse, die allerdings nur zu einem gewissen Teil auf Johannes selbst zurückgeht. Darauf kommen wir im Kapitel über die Apokalypse noch zurück.

Abschließend noch ein Wort zum Johannes-Evangelium. Die Urheberschaft des Johannes konnte Ahastar nicht bestätigen. Die hier gesammelten Texte wurden später lediglich unter diesem Namen zusammengefaßt – aus einem interessanten Grund: Das sogenannte „Johannes-Evangelium" geht ursprünglich auf Johannes den Täufer zurück. Dieser war weder Evangelist noch Chronist. Doch es gab einige Jünger im Umkreis dieses Johannes, die mit einer solchen Chronistenarbeit begannen – ursprünglich als Schüler des hochverehrten Meisters, dessen Wirken damit festgehalten werden sollte. Doch davon ist wenig erhalten geblieben. (Die ausführliche Darstellung der Geburtsumstände des Johannes wurden in das Lukas-Evangelium übernommen. Man möge aber einen Blick auf die grandiose Eröffnung des Johannes-Evangeliums werfen, die in keinem Evangelium ihresgleichen findet. Hier stehen die bekannten Sätze: „Im Anfang war das Wort, und das Wort war bei Gott ..." In diesen tiefgründigen Sätzen, kann man deutlich die Stimme des Predigers in der Wüste vernehmen. Und sie gehen ohne Umschweife in den folgenden Vers über: „Es ward ein Mensch, von Gott gesandt, der hieß Johannes ..."

Thomas und Nikodemus

Es handelt sich hier um den sprichwörtlichen „ungläubigen Thomas". Er war Essener, ursprünglich einer der größeren Enklaven in Ägypten zugehörig und kannte Jesus aus der Zeit, als dieser selbst engeren Kontakt mit diesen Glaubensgemeinschaften pflegte. Thomas war Goldschmied und hatte eine Familie mit mehreren Kindern. Er kann nicht zum engeren Jüngerkreis um Jesus gezählt werden, doch kommt ihm durch seine geistige Herkunft und Vorbildung eine gewisse Bedeutung zu. Ein besonders enger Kontakt verband ihn in späteren Jahren mit dem Jünger Johannes.

Zum ungläubigen Thomas wurde er durch einen anderen Umstand, als die Bibel ihn schildert. Er war beim Abendmahl, der Verabschiedungsfeier im Jüngerkreis, nicht anwesend. Ungläubig nahm er wenig später zur Kenntnis, daß Jesus das Land zu verlassen plante. Da er aufgrund dieser Begebenheit als dieser „Ungläubiger" galt, paßte er gut zu einer Geschichte, die ihn in der Rolle des grundsätzlichen Zweiflers zeigt. Dieser späteren biblischen Geschichte zufolge konnte er nur durch das Handgreifliche, in diesem Fall die offene Wunde des auferstandenen Jesus, überzeugt werden.

Zu den Apokryphen wird ein Thomas-Evangelium gezählt, das allerdings nur noch sehr bruchstückhaft erhalten ist und in dieser Form der Öffentlichkeit nicht vollends zugänglich ist. Es stammt nicht aus der Feder des Thomas, aber es ist in vielen Passagen, mehr als die bekannten Evangelien dies in der Regel sind, relativ authentisch.

Als einen guten Freund und geheimen Anhänger Jesu stellt Ahastar Nikodemus dar. Dieser war offiziell Pharisäer und gehörte der Priesterschaft an. Das Johannes-Evangelium widmet der Beziehung zwischen diesen beiden Männern eine längere Textpassage – mit einem Gespräch, aus dem unschwer herauszulesen ist, daß es um Fragen der Wiedergeburt im Sinne der Reinkarnation geht. Wer die Metaphern richtig zu deuten versteht, wird rasch zu dem Schluß kommen, daß Jesus hier eine Unterweisung zu eben jenem Thema gibt. Nikodemus war der erste, der Jesus – als „Insider" der gegnerischen Priesterschaftskreise – freundschaftlich warnte, daß sich ein Netz der Verschwörung um ihn zu spinnen begann. Dies wiederum veranlaßte Jesus, seinen Abschied von Palästina vorzubereiten.

Die Frauen um Jesus

Das Thema „Jesus und die Frauen" hat die Menschen naheliegenderweise immer wieder beschäftigt. Gerade weil ihn die Bibel als in höchstem Maße abstinent beschreibt und Beziehungen zu Frauen nur auf der geistigen Ebene einer Meister-Schüler-Beziehung zur Sprache bringt, blieb viel Raum für Mutmaßungen und Spekulationen.

Das bisher Gesagte hat bereits zum Ausdruck gebracht, daß wir es im konfessionellen Christentum speziell bei dieser Frage mit einem stark verzerrten Jesus-Bild zu tun haben. Doch folgen wir den historischen Tatsachen, so müssen wir es korrigieren. Für einen Rabbi, wie Jesus selbst sich bezeichnen ließ und als der er offiziell seine seelsorgerischen Dienste erfüllte, war es im damaligen jüdischen Lebensraum undenkbar, nicht verheiratet zu sein. Die Aussage, daß Jesus Frau und sogar Kinder hatte, mag für manche noch immer schockierend sein. Wir kommen um diese Feststellung jedoch nicht herum – und müssen sie sogar noch erweitern: Auch vor seiner Eheschließung spielten Frauen für Jesus eine nicht unerhebliche Rolle.

Vorstellungen dieser Art, wenn auch meist nur als Spekulationen, sind sicherlich nicht neu. Es wird beispielsweise immer wieder hervorgehoben, daß Jesus sich offenbar nicht zu schade war, Umgang mit dem gemeinen Volk, mit Zöllnern, Tagelöhnern und auch Prostituierten zu pflegen. Diese Frauen – sie wurden durch ein Brandmal im Gesicht und auf den Außenflächen der Hände gezeichnet – waren per Gesetz geächtet und wurden von jedem rechtgläubigen Juden gemieden. In der Bibel legen einige Textstellen nahe, daß Jesus sich über solche Ausgrenzungen bewußt hinwegsetzte. Mit einem Ausspruch gegenüber Priestern und Vertretern des jüdischen Rates legt er sogar ein Wort für diese Frauen ein: „Sie werden eher in die neue Welt Gottes kommen als ihr!" Hier denkt man naheliegenderweise an Maria Magdalena, die allerdings in den Überlieferungen vielfach verzerrt dargestellt wurde. Wir werden später darauf noch zu sprechen kommen.

Mutter Maria

Zuvor aber soll sich unser Interesse der Mutter Maria, der zentralen weiblichen Gestalt der Bibel – und eigentlich auch des gesamten Christentums – zuwenden: Sie ist als Jungfrau Maria in den christlichen Sprachgebrauch eingegangen; dies obwohl die Bibel selbst von den vier Geschwistern des Jesus berichtet. Die mehrfache Mutterschaft der Maria wird kaum erwähnt, obwohl ihr dadurch nichts von dem verklärenden Glanz verlorengeht, der sie auch heute noch umgibt. Dennoch wurde ihre Jungfräulichkeit immer wieder hervorgehoben und gemeinsam mit ihrer Gottergebenheit und Demut zum höchsten Symbol der Reinheit erhoben.

Um die Marien-Gestalt ist ein eigenständiger Mythos entstanden, der – ebenso machtvoll wie der Kreuzigungs- und Auferstehungsmythos – zu den Grundpfeilern des Christentums gehört. Dies liegt in einer gewissen inneren Logik begründet. Die christliche Religion, die ausschließlich von Männergestalten beherrscht wird, brauchte – im Sinne von Yin und Yang – dringend einen ausgleichenden Pol, also auch eine zentrale Repräsentantin der Weiblichkeit. Alle Erwartungen und Sehnsüchte in dieser Richtung sind so in die Marien-Gestalt hineingeflossen.

Mit der wirklichen Maria, der Mutter Jesu, haben die meisten der Marien-Bilder in den Kapellen und Kathedralen sowie in den Gedanken der Menschen wenig zu tun. Von ihnen müssen wir uns lösen, wenn wir uns dem Menschen Maria nähern wollen. Doch werden wir den geliebten Mythos dann nicht schmerzlich vermissen? Und wieder stellen wir hier die Frage: Ist ein solches Vorgehen willkommen? Werden wir den geliebten Mythos, auf seinen realistischen Kern reduziert, nicht schmerzlich vermisssen? Jeder muß diese Frage für sich beantworten. Wenn wir den Darstellungen Ahastars folgen, können wir einen gewissen Zauber, den die Gestalt der Maria umgab, unverändert nachvollziehen; zugleich aber werden wir mit einer sehr menschlichen, realistischen Seite konfrontiert.

Ahastar zufolge war sich Maria, durch die wissenden Lehrer im Umkreis von Jesus, der Besonderheit seiner Seele bewußt. Sie lebte tief verwurzelt in der Tradition des königlichen Elternhauses, dem sie als Erstgeborene angehörte. Durch beide Einflüsse entwickelte sie hohe Erwartungen an die mögliche Mission ihres Sohnes. Selbstverständlich war sie nicht ohne Grund zur Mutter Jesu bestimmt. Ahastar berichtet, daß ihre Seele ursprünglich aus dem Bereich der Plejaden stammt, doch sie hatte schon eine Reihe irdischer Inkarnationen durchlaufen.

Ihre Art und Weise zu denken war in jener Marien-Inkarnation geradlinig, klar und schlicht. Den Traditionen der jüdischen Geschichte und einem natürlichen Erbfolgedenken verpflichtet, konnte sie die Vorstellung eines königlichen Sohns mit weltlichen Vollmachten nicht aufgeben und fixierte sich im Laufe der Zeit geradezu darauf. Doch sie dachte nicht an einen Volksaufstand gegen die Römer. Im Vordergrund stand für sie, daß das Königshaus des Herodes Antipas, das ohne die Legitimation der erblichen Thronfolge von den Römern eingesetzt worden war, Platz für den eigenen Nachkommen machen würde. So unternahm sie auch die unterschiedlichsten Versuche, Jesus standesgemäß zu verheiraten, um diesen Anspruch nochmals zu unterstreichen.

Für die Römer wäre ein solcher Wechsel möglicherweise sogar willkommen gewesen. Konnte doch Jesus auf eine viel breitere Zustimmung und Unterstützung des jüdischen Volkes rechnen als der weithin verhaßte Herodes. Dies hätte freilich von Jesus selbst Kompromisse in einem Ausmaß erfordert, die mit seiner eigentlichen Natur unvereinbar waren.

Als sich Jesus von allen Plänen einer weltlichen Machtübernahme mehr und mehr abwandte, kam es schließlich auch zum Streit mit Maria. Es gibt eine ganze Reihe von Bibelstellen, die dies belegen: Etwa wenn Jesus bei der Ankündigung eines Besuchs seiner Mutter und seiner Brüder auf seine wahren Brüder und Schwestern verweist. Dies gipfelt in einem schroffen Ausspruch wie diesem: „Weib, was habe ich mit dir zu schaffen?" – ein Satz, der einen fast erschreckend barschen, direkten Jesus zeigt. Jesus konnte, so Ahastar, durchaus in solcher Direktheit reagieren, und ein Satz wie dieser ist keineswegs unrealistisch.

Es kam zu weiteren Konflikten, die das Verhältnis zwischen Maria und Jesus belasteten, insbesondere durch die Beziehung Jesu zu Maria Magdalena. So sehr die Einmischung Marias auch Ausdruck ihrer mütterlichen fürsorglichen Liebe gewesen sein mag, so spiegelt sich doch darin ihre eingeschränkte Sichtweise wider. Diese führte mehr und mehr zur Entfremdung von ihrem Sohn, dessen veränderte Haltung ihr unverständlich blieb, und trieb Maria zum Zeitpunkt der Kreuzigung zu einer nicht geringen karmischen Verfehlung, auf die wir im Kreuzigungskapitel noch zu sprechen kommen.

Dazu an dieser Stelle ein paar Ergänzungen: Die Inkarnation als Maria zog eine ausgleichende nach sich, die geschichtlich gut belegt und bekannt ist. Es ist die der Jungfrau von Orléans. Wie das Marienleben, so ist auch das der Jugfrau von Orléans – wenn auch in kleinerem Rahmen – ein Faszinosum und Mysterium. Nicht ohne Grund hat Jeanne d'Arc die Geschichtsschreiber gefesselt und die Dichter immer wieder herausgefordert. Als die Stimmen, die sie inspirierten und unnachgiebig aufforderten, in das Kampfgeschehen einzugreifen, wo sie schließlich die entscheidende Wende herbeiführen konnte, nannte sie immer wieder die der Jungfrau Maria und des Erzengels Michael. Ihr Schicksal nach jenem triumphalen Sieg ist bekannt: Gefangennahme, Kerker, barbarische Folter, am Ende der Tod auf dem Scheiterhaufen. Keiner ihrer einstigen Gefolgsleute unternahm erfolgreiche Schritte zu ihrer Errettung. Ihr Handeln wurde durch einen selbst gefaßten Schicksalsbeschluß gelenkt. Die letztlich doch mutige Seele hatte in eigener Entscheidung den Ausgleich angestrebt – zusammengedrängt auf ein kurzes, hartes Martyrium. Damit waren die alten Schatten ausgelöscht.

Maria Magdalena

Zu der Frage, ob Jesus verheiratet gewesen sei, gehörte immer auch die, ob Maria Magdalena seine Ehefrau gewesen sein könnte. Als einzige

Frau wird sie neben Maria im Umkreis des erwachsenen Jesus häufiger erwähnt. Weitere Vermutungen gingen dahin, ob die in der Bibel geschilderte Hochzeit zu Kana nicht möglicherweise seine eigene gewesen sei. Beides wird von Ahastar bestätigt. Allerdings war Maria Magdalena, die Maria aus Magdala, keineswegs die Sünderin, als die sie meist dargestellt wird. Die Ehebrecherin, die Jesus vor ihren Verfolgern schützt, indem er den markanten Satz „Wer unter euch ohne Sünde ist, der werfe den ersten Stein auf sie" ausspricht, wird in der Regel mit Maria Magdalena in Verbindung gebracht. Ihr Name allerdings taucht in diesem Zusammenhang nirgends auf.

Maria Magdalena ist zum Sinnbild der Sünderin und reuigen Büßerin geworden. In dieser Rolle nimmt sie fast den Platz eines Archetyps ein. Dieser Sünderin gegenüber nimmt Jesus ganz klar den Standpunkt des Verstehens und Verzeihens ein, der von vielen als tröstlich empfunden werden mag. Doch er ermahnt sie auch, „fortan nicht mehr zu sündigen". Nach den dramatischen Ereignissen der Kreuzigung ist es Maria Magdalena, die dem Auferstandenen als erste begegnet.

Ahastar schildert Maria Magdalena als intelligente, für ihre Zeit bemerkenswert emanzipierte Frau. Ihr Vater stand bei den Römern in Diensten, deshalb wurde die Familie von den Juden mit einer gewissen Verachtung behandelt. Doch daneben gab es noch einen anderen Grund, der die Familie in eine Außenseiterposition trieb: Der Vater Maria Magdalenas war Nazazäer. Die Anhänger dieser Glaubensgemeinschaft lebten in Polygamie. Er selbst hatte zwei Frauen, wobei die eine die Mutter der Maria Magdalena und ihrer älteren Schwester Martha, die andere die des Lazarus war. Bei den Pharisäern und Sadduzäern war die Polygamie seit Generationen verpönt, obwohl sie bei den Patriarchen des Alten Testaments als eine normale Form des Zusammenlebens erwähnt wird. Sie glaubten, den Fortbestand der Familie durch eine reiche Nachkommenschaft sichern zu können. Doch die neue religiöse Haltung beruhte auf dem Vertrauen, daß Gott das Überleben der Familie auch bei geringer Nachkommenschaft sichern würde.

Bei einem Überfall jüdischer Widerstandsgruppen, der den römischen Besatzern galt, kamen die Eltern der Maria Magdalena ums Leben. Jesus empfand, obwohl er für dieses Unglück nicht verantwortlich war, doch so etwas wie eine Verpflichtung, sich um die

Familie zu kümmern. Seine häufigeren Besuche führten sehr bald zu einer intensiven Beziehung zu der jungen Maria Magdalena.

Jesus war für seine Zeit ein emanzipierter Mann. Anders als dies bei Paaren sonst üblich war, beschränkte er sich nicht darauf, seine Zuneigung nur im privaten Rahmen zu zeigen, sondern sie auch öffentlich – mit einer Umarmung oder einem gelegentlichen Kuß – zu bekunden. Was seine Beziehung zu Maria Magdalena betrifft, dürfen wir von einer gegenseitigen Verliebtheit und wirklichen Liebe ausgehen. Als das junge Paar ans Heiraten dachte, war der heftige Widerspruch seiner Mutter Maria geweckt. Sie sah durch eine Ehe mit Maria Magdalena das königliche Erbe ihres Sohnes in Gefahr. In ihrer großen Verbitterung scheute sie auch vor Intrigen und Verleumdung der Maria Magdalena nicht zurück. So ist es schließlich bei dieser Hochzeit zu Kana, daß er zur Mutter sagt: „Weib, was habe ich mit dir zu schaffen?"

Von Maria Magdalena wird gesagt, daß Jesus aus ihr sieben böse Geister ausgetrieben habe. Es war damals relativ üblich, körperliche Krankheiten als Besessenheit durch böse Geister zu deuten – was man bevorzugt bei Frauen behauptete. Krankheit stand auch immer im Zusammenhang mit Unreinheit und Sünde. Ahastar spricht davon, daß Maria Magdalena eine Lungenschwäche und schließlich Lungenerkrankung – bedingt durch die häufigen Sandstürme in der Gegend – gehabt habe und daß Jesus ihr zur Heilung verhalf.

Da sie zunächst einem anderen Mann versprochen war, ging Maria Magdalena nicht mehr jungfräulich in die Ehe mit Jesus. Dies, wie auch der Hintergrund des in Polygamie lebenden Elternhauses, umgaben ihre Person mit dem Ruf des Anrüchigen, der ihr durch die biblische Überlieferung bis in unsere Tage anhaftet.

Maria Magdalena sollte im Leben und Wirken Jesu weiterhin einen festen Platz einnehmen – nicht nur bis zu den Oster-Ereignissen, sondern auch darüber hinaus. Eine weitere Frau spielte im Leben Jesu eine wichtige Rolle. Sie stammte aus jenem Lebensraum, den Jesus später als seinen Wirkungsort wählte – aus Kaschmir. Schon nach seiner Ausbildungszeit bei Johannes hatte er diese Gegend besucht. Die Beziehung zu dieser Frau – einer sehr reifen, hochschwingenden Seele – führte, wie Ahastar erklärt, bei der ersten Begegnung zur Zeugung und Geburt eines Sohnes. Später gingen noch einmal zwei Kinder aus dieser Verbindung hervor. Aber auch Maria Magdalena gebar ihm eine Tochter und einen Sohn. Alle Hinweise darauf wurden aus der Bibel entfernt.

Der Wunderheiler und Lehrer

Neben den zahlreichen Gleichnissen, die eine Art Extrakt der vielen Predigten Jesu darstellen, nehmen die Wunderheilungen und -taten den größten Raum in den Evangelien ein. Wir können uns hier nur mit einer kleinen Auswahl befassen.

Daß Jesus tatsächlich über magische Fähigkeiten – wir würden heute von paranormalen Fähigkeiten sprechen – verfügte, die nach seiner Schulung bei Johannes verstärkt hervortraten, wurde ja bereits angedeutet. Ein Teil davon bestand in einem hohen Potential an Heilenergie. Diese setzte er sehr unterschiedlich ein. Manches, was die Bibel als Heilungswunder beschreibt, ist vor allem das Ergebnis eines stark suggestiven Ansprechens des betreffenden Menschen und damit auch eines geschulten psychologischen Gespürs. Gerade bei sogenannten „Spontanheilungen" war es oft ausschlaggebend, eine über Jahre gewachsene psychische Barriere zu durchbrechen. Zum anderen konnte die Übertragung von Heilenergie die tatsächliche Heilung extrem beschleunigen und eben jene Wunder bewirken. Jeder kennt den Satz: „Dein Glaube hat dir geholfen." Jesus verstand alle seine Wunderheilungen in diesem Sinne, nämlich daß sich die Seele mit ihrer inneren Kraftquelle verbindet, die über die Gesetze der Materie hinaus Wunder vollbringen kann. Er selbst konnte als Heiler sehr wohl der Vermittler sein, doch zu glauben bedeutete in erster Linie immer, zum Glauben an sich selbst zurückzufinden.

Mehrfach wird erwähnt, daß Jesus eines seiner Heilungswunder am Sabbat vollbrachte. Er setzte sich damit eklatant über die jüdischen Gebote hinweg, die besonders streng und rigoros befolgt wurden. So verstieß jemand beispielsweise auch gegen das Sabbat-Gebot, wenn er einem Tier, das an diesem Tag in einen Brunnen stürzte, wieder hinaushalf. Selbst die Möglichkeit, einem Menschen zu helfen, war aufs äußerste eingeschränkt. Die teils absurden Auswirkungen eines solchen Gebots diskutierte Jesus häufiger mit den Pharisäern und Schriftgelehrten. Zweifellos trugen ihm die Gebotsübertretungen Anfeindungen ein. Man kann sie allerdings auch als geschickt gesuchte Provokation ansehen.

Die Auferweckung des Lazarus

Selbst den mit Bibeldetails wenig Vertrauten ist die Auferweckung des Lazarus meist bekannt und damit diese Wundertat Jesu durchaus ein Begriff. Wie keine andere seiner Wunderheilungen hat diese Totenerweckung die Gemüter bewegt und Künstler zu zahlreichen bildnerischen Darstellungen motiviert. Lazarus wird unter diesem Namen nicht dem Jüngerkreis zugerechnet, dem er aber doch angehörte. Sein eigentlicher Name war Jussup, Lazarus dagegen bedeutet sinngemäß „der vom Tod Wiederbelebte". Wie schon gesagt, war er der Bruder von Maria Magdalena und Martha. Später nahm er den Namen Joseph von Arimathia an. Als solcher wird er in der Bibel im Zusammenhang mit der Kreuzigung nochmals erwähnt.

Bei Lazarus geht es letztlich um die Berührung mit dem Geheimnis des Todes, dessen Scheinrealität hier – durch Jesus selbst – gezeigt wird. In der Auferstehung des Lazarus liegt das Versprechen, daß letztlich jeder Tod überwindbar ist. Zum anderen stoßen wir hier auf ein archetypisches Bild: das des mehrtägigen Einweihungsschlafes in den Mysterienstätten, dem sich der Schüler zum Abschluß seiner Prüfungen zu unterziehen hatte. Auf den Tod mit all seinen Anzeichen folgt die Auferstehung – ein Motiv, das letztlich in der Auferstehung Jesu seinen Höhepunkt fand und noch heute einen zentralen Platz im Christentum einnimmt.

Doch an dieser Stelle konfrontiert uns die Realität wieder mit nüchternen Tatsachen: Ahastar spricht davon, daß Lazarus als junger Mann zuckerkrank war und schließlich, mit fortschreitender Krankheit, in ein Koma fiel. Damit war er nicht eigentlich tot, zeigte aber alle entsprechenden Symptome, wie einen aufgeblähten Leib, der bereits zu stinken begann (was die Bibel ausdrücklich erwähnt) und die völlige Leichenstarre. Es liegt an uns, die Größe des Wiederbelebungswunders damit geschmälert zu sehen. Für Jesus immerhin war durchschaubar, daß er es mit einem Scheintoten zu tun hatte, den er durch gezielte Beatmung wiederbeleben konnte. Die Bibel verkürzt dieses Geschehen auf die magischen Worte, die Jesus dem in der

Gruft Liegenden zuruft: „Lazarus, komm heraus!" Und tatsächlich, der Tote erhebt sich und verläßt das Grab.

Jesus sieht sich selbst nicht als den Vollbringer dieses Wunders. Er leitet den Dank an Gott weiter, der „ihn erhört hat" und ihn „allezeit hört".

Das Wort „Einweihungsschlaf" ist gefallen. Das viertägige Koma brachte Lazarus in den Bereich der Nahtoderfahrung, aus dem er sich als ein innerlich Verwandelter wieder erhob. Ein tiefer Hang zu allem Mystisch-Spirituellen hatte sich in ihm entwickelt, der sich schon bald darin ausdrückte, daß er eine Reise nach Ägypten zu Priesterschulen und alten Mysterienstätten unternahm. Eine kurze Zeit verbrachte er ebenfalls bei den Essenern. Im Mannesalter schließlich war er ein anerkannter Schriftgelehrter.

Die Heilung des Lahmen und des Gichtbrüchigen

Ebenfalls häufig erwähnt wird die Heilung des Lahmen, der, seit 38 Jahren krank, am Teich Bethesda liegt und vergeblich auf Heilung wartet. Ahastar bezeichnet die beschriebene Szene als weitgehend authentisch.

Mit dem genannten Teich wird eine ehemalige Heilquelle beschrieben. In der Bibel heißt es, daß ein Engel von Zeit zu Zeit in das Wasser fuhr und es bewegte und dann viele Kranke, Blinde, Lahme, Verdorrte darin Heilung fanden. Von Ahastar erfahren wir, daß der Teich mit einer Mineralquelle verbunden war. Jedesmal, wenn neues Quellwasser nachströmte, nahm die Stärke der Heilenergie zu, wodurch tatsächlich eine Linderung oder gar Spontanheilungen herbeigeführt werden konnte.

Der Lahme aber kann sich gar nicht erheben, um zum richtigen Zeitpunkt in die heilende Quelle zu steigen. Hier fallen die berühmten Worte Jesu: „Stehe auf, nimm dein Bett und gehe hin!" Und tatsächlich ist der Lahme plötzlich gesund und kann sich erheben. Später trifft Jesus noch einmal im Tempel mit ihm zusammen und sagt zu ihm: „Sündige hinfort nicht mehr, daß dir nicht etwas Ärgeres widerfahre."

Jesus hat seine Heilenergie in diesem Fall in stärkerem Maße eingesetzt, verbunden mit einer Suggestion, die dem Leidenden einen Moment lang seine Schmerzen nahm. Dadurch war der Lahme in der

Lage, in den Teich mit dem heilenden Quellwasser zu steigen. Das Zusammenspiel dieser Faktoren bewirkte tatsächlich eine entscheidende Besserung. Doch auch das anschließende Gespräch im Tempel ist wichtig. Hier versucht Jesus, dem Geheilten den Zusammenhang zwischen seiner Lebensweise und seiner Krankheit aufzuzeigen. „Sündige hinfort nicht mehr" heißt einfach, der Lahme muß seine Lebensweise ändern – weil ihm sonst „Ärgeres widerfährt". Mit dieser Bemerkung ist nicht nur sein Verhalten, sondern vor allem seine Gedanken- und Gefühlshaltung gemeint.

Parallel zu dieser Darstellung bei Johannes gibt es eine andere bei Lukas, in der gleichfalls der Satz fällt: „Stehe auf und wandle!" Und etwas später noch einmal: „Stehe auf und hebe dein Bettlein auf und gehe heim." Es handelt sich dabei um die Heilung des Gichtbrüchigen, und man könnte an eine weitere Version der gleichen Geschichte denken. Doch die Begleitumstände sind sehr unterschiedlich. Es handelt sich hier um eine andere Art der Heilung. Bemerkenswert ist der Satz, den Jesus an den Kranken richtet: „Deine Sünden sind dir vergeben." Damit weckt er spontan den Widerspruch der Pharisäer, die der Meinung sind, daß nur Gott die Sünden des Menschen vergeben könne, und sich über die Anmaßung Jesu verärgert zeigen. Jesus allerdings erweist sich an dieser Stelle erneut als ein „Kenner der menschlichen Psyche". Ihm ist bewußt, daß der Glaube, gesündigt zu haben, die Psyche belastet, wodurch der Zugang zum höheren Selbst eines Menschen versperrt und somit Heilung verhindert oder doch gravierend beeinträchtigt wird. Er muß dem Leidenden zuerst die Last des eigenen Schuldbewußtseins von der Seele nehmen, damit er frei werden kann, den Segen der Heilenergie zu empfangen – der von Jesus eingesetzten und vor allem auch seiner eigenen.

Die Hochzeit zu Kana

Eine der häufiger genannten Wundertaten Jesu ist jene auf der Hochzeit zu Kana, als er Wasser in Wein verwandelte. Was konkret ist dort passiert? In vielen Familien dieser Gegend, die einen eigenen Weinberg hatten, war es üblich, Wein für den Hausgebrauch selbst herzustellen. Er wurde also geerntet, gekeltert und dann dem üblichen

Gärungsprozeß unterzogen. Im Fall der Familie der Maria Magdalena, welche die Hochzeit auszurichten hatte, verhielt es sich nun so, daß es nur begrenzte Mengen an fertig vergorenem Wein gab, allerdings weitere Fässer mit noch unfertigem, also noch nicht alkoholisierten Wein.

Die Bibel spricht hier etwas überzogen von Wasser – was aber wohl auch dem Urteil der Hochzeitsgäste entsprochen hätte. Was Jesus nun tat, lag durchaus im magischen Bereich. Es war eine Beeinflussung von Materie durch Gedankenenergie. Dazu hatte ihn vor allem seine Schulung bei Johannes dem Täufer befähigt. Eine gebündelte Energiezufuhr trieb den angesetzten Wein in wenigen Minuten in den Prozeß der Gärung hinein, so daß er anschließend als tatsächlicher Wein ausgeschenkt werden konnte.

Wie Ahastar zusätzlich erklärt, ging es für Jesus mit der Demonstration dieses Wunders auch darum, seine Entscheidung für den neu eingeschlagenen Weg zu unterstreichen – dies besonders seiner Mutter gegenüber. Es war der Weg eines Lehrers mit magischen Fähigkeiten, nicht der eines weltlichen Herrschers.

Die Speisung der Fünftausend

Wie verhält es sich mit anderen Wundertaten – wie etwa der Speisung der Fünftausend oder der Speisung der Viertausend, die in kurzer Abfolge nacheinander in der Bibel erzählt werden? Wieder sollte unser Augenmerk auf das wirkliche Geschehen gerichtet sein. Eine wundergläubige Vorstellung wie die, Jesus habe Tausende von Brotlaiben und Unmengen an Fisch aus dem Nichts herbeigezaubert, können wir nicht aufrechterhalten.

Das Zusammenkommen einer größeren Menschenmenge, bei der Jesus predigte und Lebensratschläge gab und sich anschließend vielleicht auch Gebrechlicher und Kranker annahm, können wir uns konkret folgendermaßen vorstellen: Viele Menschen versammelten sich um den wandernden Rabbi. Es wurde viel diskutiert und, soweit sich dieses Zusammensein über viele Stunden hinzog, häufig auch gegessen.

Für viele der Zuhörer war es immer wieder eine erstaunliche Erfahrung, daß sie viele Stunden, vielleicht einen ganzen Tag, in der Nähe dieses charismatischen Predigers verbrachten und so vereinnahmt von seinen Worten und dem Geschehen waren, daß sie das Essen völlig vergaßen und bis in die Abendstunden hinein keinen Hunger verspürten. Sie fühlten sich auf andere Weise gesättigt. Dafür steht das anschauliche Bild, daß sich die Brotlaibe in beliebiger Menge vermehrten. Im übrigen hat Jesus bei solchen Ansammlungen von Menschen auch tatsächlich Brot und Fisch an die Bedürftigen in der Menge verteilt. Dies bestätigen auch die bereits erwähnten Rückführungsprotokolle von Milan Ryzl. Hier heißt es im Bericht der befragten Trancemedien schlicht, daß es gelegentlich Bäcker im Umkreis gab, die Jesus mochten und ihn deshalb uneigennützig und großzügig mit Brotgaben versorgten.

Auf die berühmte Bergpredigt, die Jesus in seiner übergeordneten Rolle als Prediger und großer Lehrer zeigt, wollen wir in diesem Zusammenhang nicht eingehen. Sicher trifft zu, daß wir hier die wesentlichen christlichen Ideale und Tugenden wie Perlen aufgereiht sehen. Nicht ohne Grund werden Sätze aus dieser Predigt immer wieder zitiert. Ein bestimmter Duktus, der sie dem Verständnis der damaligen Menschen anpaßte, findet sich freilich auch hier.

Die Tempelreinigung

Nirgends in der Bibel wird ein so kämpferischer Jesus gezeigt, wie dies bei der sogenannten „Tempelreinigung“ geschieht. Bei Johannes wird sogar berichtet, daß er eine Geißel aus Stricken machte, alle Händler mit ihren Schafen und Ochsen damit hinaustrieb und die Tische der Geldwechsler umstieß.

Diese Beschreibungen dramatisieren die wirklichen Vorgänge etwas, dennoch ist auch die Tempelszene im wesentlichen authentisch. Sie spielt zur Passahzeit, dem höchsten Fest der Juden zu Lebzeiten Jesu. Während dieser Feiertage gab es einen regen Handel mit Opfertieren, der sich immer mehr auch in das Innere der Tempel verlagerte. An diesem Handel waren auch die Priester beteiligt, denen ohnehin ein Fleischanteil zustand, die hier jedoch jede Gelegenheit wahrnahmen, selbst gute Geschäfte zu machen. Besonders das erboste Jesus. Diese Tempelreinigung, die ziemlich am Anfang seines öffentlichen Wirkens stand, war eine recht spektakuläre Aktion, die große Spannungen hervorrief und unmißverständlich die Fronten absteckte. Die Besinnung auf Gott, wozu ein Tempel schließlich gedacht ist, war für

Jesus mit weltlichen Geschäften oder gar gieriger Geschäftemacherei nicht vereinbar. Hier ging er keine Kompromisse ein.

Er hatte jedoch noch ein weiteres Anliegen. Er wollte, auf die Tieropfer hinweisen, die letztlich nur alten, längst überlebten religiösen Glaubenssätzen dienten. Keine Schuld kann aufgehoben werden, kein glückliches Leben durch die Versöhnung der Götter angezogen werden, indem man ein anderes Lebewesen stellvertretend leiden und sterben läßt. Doch ein Ende der blutigen Tieropfer konnte Jesus zu seinen Lebzeiten nicht durchsetzen. Allerdings war es schon ein Erfolg und ein wichtiger Fortschritt, daß im späteren Christentum ein Brauch wie dieser nicht wieder Fuß fassen konnte. Der Opferkult des Christentums beschränkt sich heute auf das Feiern des Abendmahls, bei dem vom Blut und vom Leib Jesu gezehrt wird – durch einen Schluck Wein und eine Hostie.

Hat Jesus wirklich Sätze gesprochen wie: „Niemand kommt zum Vater, denn durch mich" oder „Ich bin der Weg, die Wahrheit und das Leben"? Wir mögen solche Aussagen angesichts der historischen Dimension, die Jesus mittlerweile erlangt hat, verzeihlich und vielleicht durchaus akzeptabel finden. Wenn wir sie allerdings in dem menschlichen Umfeld des Rabbis und Lehrers Jesus sehen, können wir doch große Mühe damit bekommen. Welchem unserer Zeitgenossen würden wir Sätze wie diese zubilligen, ohne ihn des Größenwahns oder jedenfalls eines verstiegenen elitären Denkens zu bezichtigen, wie sie letztlich nur bei exzentrischen Gurus und ihren extremen Sekten zu finden sind?

In der Bibel gibt es durchaus Textstellen, die belegen, daß Jesus Menschen mit Reden, die sich auf ihn selbst und seine Mission als Messias bezogen, vor den Kopf gestoßen hat – gelegentlich sogar seine Jünger. Dennoch können wir getrost davon ausgehen, daß Sätze wie die oben zitierten von Jesus selbst nie ausgesprochen worden sind. Als ein Beispiel der Satz: „Ich bin der Weg, die Wahrheit und das Leben." Die Jünger fragten Jesus nach dem rechten Lebenswandel, der sie sicher an ihr Ziel führen würde. Jesus bot sich hier selbst als Beispiel an. Er sagte sinngemäß: „Jeder muß seinen eigenen Weg zur Wahrheit finden. Doch lebt so, wie ihr es bei mir, der ebenfalls nach der Wahrheit sucht, seht. Dann werdet ihr dieses Leben im Einklang mit euch selbst erlangen." Ebenso ist der folgende Satz zu verstehen: „Niemand kommt zum Vater, denn durch mich." Er bedeutet: „Sucht wie ich die Verbindung zu eurem ‚inneren Gott', und ihr werdet ihn finden."

Wir aber wollen beides sehen, die religiöse Inbrunst, die sich im späteren Christentum mit Sätzen wie diesen verband und die vielen Menschen, gerade in ihrer Vollkommenheit und Direktheit, Trost und Halt zu geben vermochten. Zum anderen gaben sie auch immer wieder Anlaß zu elitären Gesinnungen – in Ausgrenzung anderer Wege und religiöser Gemeinschaften. Eben dies wäre nie im Sinne des lehrenden Jesus gewesen.

Die Hintergründe des Kreuzigungsereignisses

Gibt es Rückführungsprotokolle, die belegen, daß Menschen möglicherweise Zeugen der Kreuzigung Jesu gewesen sind?

Dr. Morris Netherton, der jahrelang auf dem Gebiet der Reinkarnationstherapie tätig war, stellt in seinem Buch *Bericht vom Leben vor dem Leben* einige solcher Fälle vor, bei denen zumindest mit großer Wahrscheinlichkeit anzunehmen ist, daß sich die Berichtenden auf genau dieses Ereignis beziehen. Wenn auch der Name Jesus selbst nicht fällt, so gibt es doch einige deutliche Hinweise darauf, daß es sich um das Karfreitagsgeschehen und die Grablegung Jesu handelt.

Für eine authentische Schilderung spricht, daß ein bestimmter Zwischenfall von drei unterschiedlichen Personen mehr oder weniger gleichlautend geschildert wird. Die in dem obengenannten Buch wiedergegebenen Schilderungen erfolgten teilweise im Abstand von Jahren, so daß sich eine gegenseitige Beeinflussung der Klienten mit Sicherheit ausschließen läßt. Besonders das erste Rückführungsprotokoll macht den brisanten Hintergrund der Kreuzigung spürbar: Der Berichtende will nach einer mehrtägigen Abwesenheit mit einer Botschaft zu Jesus. Auf dem Weg trifft er einen seiner Anhänger, der ihm mit Entsetzen erklärt, daß die Römer gerade dabei sind, ihn zu töten. Beide Männer laufen in Hast den Hügel hinauf, wo die Kreuzigung bereits vollzogen ist. Der dreimal auf gleiche Weise geschilderte Zwischenfall betrifft jedesmal genau jenen Mann, der sich durch die Menschenmenge einen Weg zum Kreuz bahnen will, aber von einem römischen Wachsoldaten mit dem Speer verletzt wird und zu Boden fällt. Der Satz, den er dabei ausruft – „Mein Gott, nicht jetzt! Es ist zu früh, laßt ihn nicht jetzt sterben!" –, wird von unterschiedlichen Klienten nahezu identisch wiedergegeben.

Zweimal wird folgendes in großer Übereinstimmung geschildert: Eine kleine Gruppe von Trauernden ist in der Grabhöhle Jesu versammelt. Sie können nur noch den Tod des Mannes in ihrer Mitte feststellen und wickeln ihn in ein weißes Tuch. Doch all dies ist gleichzeitig Teil eines geheimen Planes, wie zweimal unmißverständlich hinzugefügt wird. Schwer gezeichnet über dem Auge, wo ihn der Speer des Römers getroffen hatte, taucht am Eingang der Grabhöhle plötzlich auch jener Mann auf, der auf das Kreuz zugestürmt war.

In keinem der Rückführungsprotokolle ist wie in der Bibel von drei Kreuzen die Rede. In allen Schilderungen wird von einer Massenhinrichtung mit vielen Gekreuzigten berichtet. Was hat sich zugetragen? Was kann uns Ahastar dazu sagen?

Noch einmal müssen wir auf Maria und die sie umgebenden Gefolgsleute als eine treibende Kraft aus dem Hintergrund zurückkommen. Als sich für Jesus mehr und mehr abzeichnete, daß sein Weg nicht der eines weltlichen Herrschers sein würde und dies auch immer unmißverständlicher zum Bruch mit der Mutter führte, versuchte Maria zunächst Jakobus, den nächstälteren Sohn, in diese Position zu drängen. Auch er stammte nachweislich aus königlichem Hause und hatte gleichfalls eine standesgemäße Ausbildung durchlaufen. Jakobus allerdings war nicht, wie sein Bruder, mit den Qualitäten eines charismatischen Führers ausgestattet. Seine Kontakte mit Aufständigen führten schließlich zur Verhaftung. Maria versuchte nun, die Aufmerksamkeit wieder auf Jesus, den eigentlichen Thronfolger, zu lenken – in der Hoffnung, dies werde auch die viel größere Anhängerschaft Jesu mobilisieren und ihn dadurch in Zugzwang bringen. Er sollte sich zu den Absichten ihrer Gefolgsleute offiziell bekennen.

Jesus, von den engeren Freunden, vor allem von Nikodemus, vorgewarnt, hielt sich in dieser Zeit von der Öffentlichkeit fern. Einer, dem sein Aufenthaltsort bekannt war, da er immer noch in engem Kontakt mit ihm stand, war Judas. Maria wußte, daß auch er über die Entscheidung Jesu, sich auf das Wirken eines religiösen Lehrers zu beschränken, zutiefst enttäuscht war. Auch Petrus fühlte ähnlich, er kam aber in seiner eher frauenfeindlichen Haltung für Maria als Verbündeter nicht in Betracht.

Hier ist das Ereignis angesprochen, das die Bibel den „Verrat des Judas“ nennt. Judas kam die Aufgabe zu, die Häscher auf Jesus Fährte zu lenken. Dies führte aber nicht zum Erfolg. Bei großangelegten Durchsuchungen wurde statt dessen ein anderer Aufständiger verhaftet, ein Rebellenführer, der ebenfalls eine größere Gruppe von Anhängern um sich geschart hatte. Das Schicksal wollte es, daß dieser Mann gleichfalls „Joshua“ hieß. Über diesen Zusammenhängen, speziell der Verbindung dieses Mannes zu Jesus, liegt ein Geheimnis, über das Ahastar im Detail keine Auskünfte geben durfte. Er beschränkte sich andeutend darauf, von einer karmischen Verbindung dieses Mannes mit der Osiris-Seele zu sprechen. Bei ihm lag eine karmische Belastung vor, die einen gewaltsamen Tod wie die Hinrichtung durchaus rechtfertigen würde, was wiederum aber nicht bedeutet, daß es einen festen karmischen Plan gegeben hätte, der eine Vermischung der beiden unterschiedlichen Lebensläufe vorsah. Und doch gab es eine Art von Vermischung bei den enttäuschten Anhängern, die sich nun vor allem um Judas und auch Maria scharten. Wenngleich sich der Messias seinem weltlichen Auftrag entzogen hatte, so konnte er seinen Anhängern schließlich doch noch dienlich sein – als Märtyrer.

Dieser gesamte Vorgang – wir könnten von so etwas wie einem Austausch beider Persönlichkeiten sprechen – war zudem begünstigt durch die Seelenverfassung des anderen Joshua. Dieser fühlte sich angesichts seines ohnehin unausweichlichen Todes gedrängt, die Rolle des Märtyrers anzunehmen. Im Bewußtsein der Erfüllung der alten prophetischen Schriften konnte er den Märtyrertod als eine unverhoffte Krönung seines Lebens akzeptieren.

Im Hintergrund standen jedoch auch ganz praktische Erwägungen der engen Freunde um Jesus. Da mit der Verhaftung des gesuchten Joshua und seiner Verurteilung das ganze Ausmaß der Gefährdung Jesu sichtbar geworden war, war es für ihn wie eine Art natürlicher Schutz, als gekreuzigt und gestorben zu gelten.

Hier tritt wieder Joseph von Arimathia auf den Plan. Er erbittet sich von Pilatus den Leichnam und bringt ihn in der Familiengruft unter. Damit setzte er ein klares Signal: Dieser Gekreuzigte ist unser Messias. Niemand im Umkreis von Jesus hätte sich auf diese Weise um einen fremden Aufständigen gekümmert. Gekreuzigte wurden ohnehin üblicherweise in Massengräbern verscharrt.

Wir erinnern uns an den Plan, von dem in den Rückführungsprotokollen die Rede war. Dieser hatte offensichtlich zum Inhalt, den Gekreuzigten der breiten Öffentlichkeit tatsächlich als Jesus erscheinen zu lassen. Damit war Jesus ein „Schutzraum" gegeben, und er hatte Zeit genug, seine Flucht vorzubereiten.

Doch kommen wir noch einmal auf die genannten Protokolle zurück. Natürlich hat uns der reale Hintergrund der in den Rückführungen mehrmals gleich geschilderten Begegenheit besonders interessiert. Ahastar erklärte schließlich – nachdem er sich für die „Spurensuche" eine gewisse Bedenkzeit erbeten hatte –, daß es sich bei dem Vorfall um ein reales Ereignis handele und daß der beschriebene Mann einer der Jünger im weiteren Umkreis von Jesus war. Er hieß Timotheus. Sein späterer Briefwechsel mit Paulus hat in die Bibel Einlaß gefunden. Er sollte eine Botschaft überbringen, und wie der ihm entgegenlaufende Mann unterlag er zunächst der Täuschung, Jesus selbst auf der Hinrichtungsstätte am Kreuz hängen zu sehen.

Eine nicht geringe Anzahl von Ereignissen zum Verlauf der Kreuzigung ist in der Bibel der Realität entsprechend wiedergegeben: das Verhör vor Pontius Pilatus, das Tragen des Kreuzes, die Geißelung und Verspottung, die Stunden am Kreuz, der Lanzenstich, die aus menschlicher Sicht schwachen und gerade dadurch anrührenden Worte: „Mein Gott, mein Gott, warum hast du mich verlassen?" All dies ist tatsächlich so geschehen. Doch es war ein anderer, der am Kreuz gestorben ist. Ahastar spricht von jenem anderen Joshua als von einem nach außen hin eher unscheinbaren Mann, auf den sich mit dem Kreuzigungsakt der ganze Glanz der Jesus-Gestalt verlagerte, was aber im karmischen Plan dieses Mannes nicht vorgesehen war. Doch die äußeren Umstände machten ihn letztlich zum geeigneten „Kandidaten" für diese Rolle.

Zu Jakobus, dem Bruder Jesu, muß an dieser Stelle nachgetragen werden, daß er nach seiner Entlassung aus dem Gefängnis von größten Gewissensbissen geplagt wurde. Er unternahm einen Selbstmordversuch, indem er sich von einem hohen Felsen stürzte. Dabei zog er sich schwere Verletzungen zu. Dank der heilerischen Fähigkeiten

Jesu, der ihm die Knochen „neu zusammenfügte" – wovon auch die Bibel berichtet –, wurde er schließlich wieder gesund.

Das Abendmahl

Das Abendmahl gehört als stimmungsvolles Bild fest in die christliche Tradition. Hat es tatsächlich in dieser Form stattgefunden?

Jesus traf sich mit seinen Jüngern, um sich von ihnen zu verabschieden. Doch dies ist in einem anderen Sinn zu verstehen, als von der Bibel überliefert wird. Jesus hatte erkennen müssen, daß ein Leben in Palästina auf Dauer für ihn nicht möglich war. Zu gezielt waren inzwischen die Nachstellungen, zu massiv auf allen Seiten die feindlichen Fronten: Die Römer ergriffen gegenüber allen Widerständlern verschärft drastische Maßnahmen. Das jüdische Königshaus und auch Herodes Antipas, der den „Rivalen" fürchtete, waren ihm feindlich gesinnt. Die jüdischen Schriftgelehrten schließlich sahen in Jesus zunehmend den Ketzer, der sich in seinen Predigten von den jahrhundertealten jüdischen „Gesetzen" entfernt hatte und damit in beängstigendem Maße Zulauf von breiten Volksmassen fand.

Jesus war sich bewußt, daß der Moment des Abschiednehmens unwiderruflich gekommen war. Über jenem letzten Abendmahl zur Zeit des Passahfestes lag eine gedrückte Stimmung – dies vor allem für Jesus selbst: Er mußte einsehen, daß er seinen „Auftrag", auch den eines religiösen Lehrers, nicht zum Abschluß gebracht hatte; daß er mit dem Verlassen des Landes viele enge Freunde würde zurücklassen müssen. Diese waren oft willensschwach, so daß ihm die Bewahrung und Weitergabe seiner Lehre durch sie unsicher erschien.

Das Zusammentreffen mit den Jüngern fand in dem Haus seines Freundes Nikodemus statt. Etwa 30 Leute waren anwesend. Zu diesem Abendmahl gehört das bewegende Bild der Fußwaschung. Dazu gibt es den folgenden Hintergrund: Bei einem größeren Gastmahl wie diesem war es üblich, daß die Dienerschaft den Gästen die Füße wusch. In diesem Fall aber war vereinbart worden, daß alle Diener das Haus verlassen sollten, damit in der ohnehin schon gefährlichen Situationen keine weiteren Risiken entstanden. So kam es, daß Jesus selbst diesen als erniedrigend empfundenen Dienst der Fußwaschung übernahm. Er setzte sich über die Proteste seiner Jünger (von denen die Bibel berichtet) hinweg und ließ jedem einzelnen eine Fußwaschung zuteil werden. Für Jesus lag darin eine Art Auseinandersetzung mit dem Thema „Schuld" – ein Empfinden, dem er sich bei dieser Waschungsprozedur völlig überließ. Ganz gleich wie irrational diese Schuld auch war, so wollte er sich doch jedem der engen Freunde noch einmal in einem Akt der Wiedergutmachung und Begleichung der Schuld zuwenden.

Das Abendmahl geht über in das dramatische Geschehen während seines nächtlichen Aufenthalts im Garten Gethsemane. Diese Stunden verwickelten ihn noch einmal in ein intensives inneres Ringen: Sollte er sein Werk wirklich so unvollendet zurücklassen? Waren alle Möglichkeiten seines Weiterwirkens an diesem Ort auch ganz sicher ausgeschöpft? Hatte er alles korrekt zu Ende gedacht und geplant? Die Bibel berichtet von einer großen Erschöpfung Jesu. Sie beschreibt, daß ihm der Schweiß ausbrach – angesichts seines zutiefst menschlichen Ringens. Doch seine Entscheidung zum Aufbruch war nicht mehr rückgängig zu machen.

Kreuz und Auferstehungsmythos

Vielen seiner Freunde war aus den genannten Gründen daran gelegen, daß die Nachricht vom Kreuzigungstod Jesu bekannt wurde. Besonders Maria und ihre Gefolgsleute sorgten dafür, daß sie weiter am Leben erhalten und gepflegt wurde.

Wenig später verband sich ein anderer wirkungsvoller Mythos damit – die Kunde, daß Jesus von den Toten auferstanden sei. Auch dieser Mythos war einem Teil seiner Anhänger willkommen. Er resultierte zunächst ganz natürlich aus dem Umstand, daß eine Reihe von Bekannten und Freunden Jesus immer wieder begegneten und damit bezeugen konnten, daß er in der Tat noch am Leben war. Dies mag aufs neue für viele ernüchternd sein, denn dem Auferstehungsmythos wohnt zweifellos ein gewisser Zauber inne.

Und auch das Kreuzigungsereignis selbst schafft viele starke innere Berührungen. Aus positiver Sicht sind es jene, die in einem solchen Kreuzigungs- und Opfertod die Versinnbildlichung einer großen – ja geradezu übergroßen – Liebestat sehen. Gäbe es diese Komponenten nicht, so hätte das Geschehen um die Jesus-Gestalt nie eine vergleichbare Dimension geschichtlicher Wirksamkeit annehmen können.

Daß es sich letztlich in dieser und einer eigenständigen emotionalen Realität entfalten konnte, erklärt sich allein dadurch, daß es einer uralten menschlichen Sehnsucht entspricht und tief verwurzelte Glaubenssätze von Schuld, Blutopfer und Sühne zum Ausdruck bringt. Dennoch stellt das historische Geschehen keineswegs die Verwirklichung eines vorgefaßten, unerläßlichen karmischen Plans dar.

Die Kreuzigung und Auferstehung hat im Laufe der Jahrhunderte eine Eigendynamik entwickelt, die Ausdruck einer tiefen Weisheit ist. Doch gehen damit auch Schatten einher. Das Versprechen einer umfassenden Erlösung von Schuld durch den schmerzenreichen Tod des Gottessohnes ist zugleich auch eine Mahnung, sich dieses Opfers in Dankbarkeit und Unterwürfigkeit bewußt zu sein. Welche eigenen Opfer aber könnten dieses jemals aufwiegen? Unversehens entsteht hier ein neues Schuldpotential. Schwerer noch wiegt der andere Schatten: die zunehmende Fixierung auf das Kreuz als Symbol für Marterqualen und Tod. Die menschliche Existenz unter das Zeichen des Kreuzes zu stellen, kann den Zugang zu einer lebensbejahenden Körperlichkeit versperren.

Ein Schauspiel wie dieses hatte den ihm zustehenden Platz in seiner Zeit. Niemand sollte seinen Zauber und den daraus entstandenen Mythos leichtfertig zerstören – nicht einmal im rigorosen Dienst an der Wahrheit. Jedenfalls nicht um jeden Preis. Doch folgen wir nun den Spuren, die Jesus nach dem Kreuzigungsereignis außerhalb Palästinas hinterlassen hat.

Die Jahre außerhalb Palästinas

Zwei israelische Stämme waren schon lange vor diesen Ereignissen nach Indien und ins heutige Kaschmir gezogen und hatten dort Siedlungen gegründet. Jesus ließ sich nach seinem Abschied aus Palästina zunächst in Kaschmir nieder. Er war zu diesem Zeitpunkt ein reifer Mann von 38 Jahren. Seine Reisen führten ihn auch für längere Aufenthalte nach Indien und Tibet.

Wieder ging er seiner Tätigkeit als Priester, Heiler und Lehrer nach und scharte viele Anhänger um sich. Sein Auftreten blieb hier allerdings weniger spektakulär, da seine Lehren nicht wie in Palästina im offenen Widerspruch zu einem alten, erstarrten Glaubenskodex standen. Darüber hinaus mußte er sich auch nicht mehr wie in seiner Heimat in einem feindlich gesonnenen Machtgefüge behaupten, in dem er vielfach als politischer Unruhestifter galt und so in seiner religiösen Lehrtätigkeit eher behindert wurde.

Die religiöse Ausrichtung dieser stark buddhistisch, teils auch hinduistisch geprägten Gegenden kam seinen eigenen Glaubensinhalten weit näher. Es gab hier nichts zu revolutionieren. Er hatte lediglich seine religiösen Inhalte lebendig zu vermitteln und als Lehrer für die dort lebenden Menschen da zu sein. Dennoch gab es auch hier Reformen, was besonders die Lehren der in dieser Gegend ansässigen Juden betraf.

In Indien kam er mit anderen spirituellen Meistern, auch mit Magiern und Yogis zusammen. Kaschmir bereiste er nicht zum ersten Mal. Hier gab es, wie erwähnt, bereits eine Frau, mit der ihn eine kurze Liebesbeziehung verband und die ihm einen Sohn geboren hatte. Noch ein weiterer Sohn und eine Tochter sollten nach seiner Rückkehr aus dieser Verbindung hervorgehen.

Ahastar beschreibt jene Frau als sehr attraktiv und von hoher spiritueller Wesensart. Dies bedeutet aber nicht, daß sie auch mit hochentwickelten intellektuellen Fähigkeiten begabt war. Im Vergleich zu Maria Magdalena, die eine oft ebenbürtige, intellektuell wache Gesprächspartnerin war (im Sinne einer emanzipierten Frau), blieb die Beziehung dieser jungen Frau zu Jesus mehr emotional. Ihm galt ihre Bewunderung. Sie gehörte zunächst einem der Tempelbezirke an, in dem sie als Priesterin und Tänzerin im Dienst stand. Diese im Tempel tätigen Frauen waren in ihren persönlichen Entscheidungen frei, und so stellte die Liebesverbindung mit Jesus auch keinen Verstoß dar. Nachdem sie sich über einige Jahre aus dem Tempeldienst zurückgezogen hatte, um ihren Aufgaben als Mutter nachzukommen und den gemeinsamen Haushalt zu führen, kehrte sie später in den Tempel zurück und unterrichtete junge Tänzerinnen.

Buddhismus und Christentum

Die Verwandtschaft zwischen Elementen des Buddhismus und des Christentums ist oft festgestellt und zum Inhalt von Artikeln und Büchern gemacht worden. Immer führten diese Betrachtungen zu dem Schluß, daß Jesus Indien oder zumindest doch den buddhistischen Kulturraum bereist haben müsse, um mit jenen Glaubensinhalten bekannt zu werden.

Ahastar bestätigt diese Kontakte und fügt hinzu, daß Jesus Elemente des Buddhismus aufnahm und seinerseits auch buddhistische Glaubensgemeinschaften beeinflußte. Jesus kehrte noch einige Male nach Palästina zurück und nahm erneut Verbindung mit einigen Jüngern auf. Auf diesem Wege mag die Betonung buddhistischer Glaubensinhalte noch einmal stärker in den Vordergrund getreten sein.

Der Buddhismus ist, anders als der reich mit männlichen und weiblichen Gottheiten und Untergottheiten angefüllte Hinduismus, eigentlich eine atheistische Religion. In seinem Mittelpunkt steht die geistige Existenz der einzelnen Seele, die ihr eigenes Karma erschafft, das sie im sogenannten „Rad der Wiedergeburten" ausgleichen und abtragen muß, bis sie Erlösung im Nirwana erlangt. Einen Gott gibt es lediglich als universelle Kraft und in Form von unterschiedlichen Prinzipien – als Ursprung und Ende aller Erscheinungen. Doch als Schöpfer des Universums ist er mit diesem und seinen Gesetzen letztlich identisch.

Auch das Christentum kennt nur einen Gott, den es allerdings personifiziert. Die ursprüngliche christliche Lehre kam buddhistischen Glaubensinhalten weit näher als heute. Etwa darin, daß jede Seele ihr eigenes Schicksal erschafft, also so gesehen ihr „eigener Gott" ist, der selbst bestimmt, welche karmischen Bahnen einzuschlagen sind. Dies freilich hätte sinnvollerweise auch die Reinkarnation einschließen müssen – ein Glaubensinhalt, der recht früh von den Gründern der Kirche (schließlich sogar per Konzilbeschluß) ausdrücklich aus den Schriften verbannt wurde.

Die Lehrtätigkeit Jesu in den genannten Gebieten erstreckte sich über einen Zeitraum von acht bis neun Jahren. Dann legte er sich, wie Ahastar es formulierte, in der Art eines Meisters nieder, der sein Lebenswerk vollbracht hat, und starb. (Das bewußte und willentliche Verlassen des Körpers wird in Indien „Mahasamadhi" genannt.)

Sollen wir weiter fragen? Was geschah mit Jesus nach seinem Tod? Wo befindet er sich heute? Ahastar berichtet, daß er bald nach seinem Tod mit der Osiris-Seele wieder eins wurde – jedoch nicht im Sinne einer Wesensauslöschung. Ebenso hätte er aber auch als eigenständige

Jesus-Seele weiterleben können. Damit wären weitere Inkarnationen und eine Fortsetzung seiner Lehrtätigkeit möglich gewesen. Die Jesus-Seele wählte die Wiedervereinigung mit ihrem Ursprungswesen – ein Vorgang, den wir uns als den der denkbar größten Bewußtseinserhellung vorstellen müssen, geradezu als das Gegenteil eines Erlöschens. In dieser Verschmelzung konnte sie sich als völlig identisch mit allen Bewußtseinsaspekten empfinden, mit der Macht und der alten Weisheitsfülle des göttlichen Ursprungswesens selbst.

Noch heute gibt es in Kaschmir ein Grab, dessen Inschrift kaum einen anderen Schluß zuläßt, als daß Jesus darin begraben wurde. Wie es gleichermaßen Befürworter dieser These gibt, so glauben andere an eine zufällige Namensgleichheit. Wieder andere halten das Ganze für einen ausgemachten Schwindel. Ahastar hat diesen Platz als Grabstätte Jesu bestätigt.

Die leiblichen Nachkommen

Was geschah mit der Familie Jesu in Palästina? Auch für Maria Magdalena und ihre zwei Kinder wurde der Aufenthalt in Palästina zunehmend gefährlich. Petrus, dessen Vater und Bruder Handelsschiffe besaßen, ermöglichte ihr schließlich die Flucht. Diese führte sie nach Südfrankreich, in die Nähe von Sainte Marie de la Mère.

Hier ist es angebracht, das Buch *Der heilige Gral und seine Erben* der Autoren Lincoln, Baigent und Leigh zu erwähnen. Sie führen – gestützt auf zwar bruchstückhafte, aber doch bemerkenswerte Dokumente – glaubhaft aus, daß es offenbar eine direkte Blutsverwandtschaft zwischen der Dynastie der Merowinger und Jesus gibt.

Die Frage leiblicher Nachkommen Jesu wurde stets als brisantes Thema behandelt. Es ist brisant nicht nur aus religiöser Sicht, sondern weil es dabei auch immer um ganz konkrete Machtfragen ging. Ein Herrscher, der sich auf eine direkte Abstammung von Jesus berufen konnte, hatte gegenüber der sich etablierenden weltlichen Macht der römischen Kirche einen geradezu magischen Trumpf in der Hand. Wäre es einem solchen Herrscher gelungen, die einstige Wirkungstätte von Jesus, Jerusalem, zu erobern und sich dort als König zu etablieren – was offenbar tatsächlich ein hintergründiges Motiv der Kreuzzüge war – hätte ein Weltreich in Aussicht gestanden, das die Macht Roms ganz in den Hintergrund hätte drängen können. Viele dieser Details sind in dem Buch *Der heilige Gral und seine Erben*, das seinerzeit viel Furore machte, nachzulesen und müssen hier nicht wiederholt werden.

Man mag die direkte leibliche Nachkommenschaft gering erachten oder auch nicht, zweifellos spielte sie im Bewußtsein der damaligen Menschen eine entscheidende Rollle. Darüber hinaus verhält es sich so, wie Ahastar erklärt, daß auch Jesus selbst dieser Angelegenheit eine gewisse Bedeutung beimaß. Er hinterließ als Nachweis für seine leiblichen Nachkommen handschriftliche Aufzeichnungen und darüber hinaus ein kleines Gefäß, welches sein Blut enthielt. Er wußte um die Besonderheit seiner genetischen Grundlage, die natürlich auch Spuren in seinem Blut hinterlassen hatte – eine Grundlage, die ein Angebot für eine hochentwickelte Seele darstellt, ihre Qualitäten und Fähigkeiten in erhöhter Form zu leben.

Die Besonderheit dieses Blutes zu erkennen stellte gleichfalls so etwas wie den Beleg einer direkten Erbfolge dar. Doch es kommt hier ein weiterer Faktor hinzu.

Einer genetischen Grundlage, wie sie Jesus besaß, sind spezielle Qualitäten zu eigen. Diese Qualitäten erlauben, so Ahastar, einer „hochschwingenden Seele" in ihrer Inkarnation eine andere Wirksamkeit. Eine „abgestimmte Körperfrequenz" ist vonnöten, damit die höhere seelische Energie nicht die Nervenbahnen des Körpers und des Gehinrs ausbrennen.

Natürlich bleibt (wie mehrmals betont) entscheidend, von welcher Wesensart die inkarnierte Seele selbst ist; keine erbgenetische Grundlage kann sie zur „hochschwingenden Seele" machen. Dennoch stellt jene genannte erbgenetische Grundlage ein Angebot für eine hochentwickelte Seele dar, ihre Qualitäten und Fähigkeiten in erhöhter Form zu leben.

Die Anzahl der Nachkommen aus der Blutslinie Jesu ist im Verlaufe der zahlreichen Generationen mehr und mehr gewachsen. Sie sind inzwischen über die ganze Welt verstreut. Dies betrifft sowohl die Kinder aus der Verbindung mit Maria Magdalena als auch die aus der zweiten Ehe Jesu in Kaschmir. Ahastar nannte in diesem Zusammenhang einige Namen, auch von lebenden Zeitgenossen, die hier allerdings nicht publik gemacht werden können.

Kommen wir aber zu Maria Magdalena und ihren Kindern zurück. Mit einer kleinen Schar von Freunden und den von Jesus hinterlassenen

Aufzeichnungen – die zunächst Petrus hatte, der ihnen aber keine große Aufmerksamkeit schenkte und über einen Mittelsmann schließlich Maria Magdalena zukommen ließ – erreichte die Familie schließlich die südfranzösische Küste und ließ sich in der Nähe von Sainte Marie de la Mère nieder. Dort begann für Maria Magdalena eine Zeit völlig neuer Aktivitäten, welche die wachsende Aufmerksamkeit der Bevölkerung auf sich zogen und das Entstehen verschiedener Gruppierungen und religiöser Gemeinschaften zur Folge hatte. Speziell die Tochter mit ihrer stark entwickelten Hellsichtigkeit nahm bald eine wichtige Position ein. In diesen Gemeinschaften wurde gelebt, was Jesus so oft betont hatte: daß der Weg zu Harmonie und Vollkommenheit nur über beide Quellen des Wissens gehen kann – über Yin und Yang, männlich und weiblich – und vor allem in der Harmonisierung beider Kräftepole liegt. Dazu gehörte, den hohen Stellenwert der sensitiven weiblichen Seite wieder zu entdecken, die besonders geeignet ist, in andere Dimensionen vorzustoßen. Einige dieser Gruppierungen gaben der weiblichen Ausrichtung sogar bewußt ein gewisses Übergewicht im Sinne einer matriarchalisch gefärbten Organisation.

Um das von Jesus hinterlassene Blut entstand ein eigener Mythos: Es ist jener vom Heiligen Gral. Im Zusammenhang mit Parzival sind wir bereits darauf eingegangen.

Die hinterlassenen Spuren

Der „historische Jesus" ist nicht jener aus der Bibel – oder nur sehr bedingt. Vom Jesus der Bibel Abschied zu nehmen bedeutet vielleicht mehr als nur einen schmerzlichen Verlust. Das bewegende dramatische Geschehen der Bibel – die Inkarnation des Gottessohnes in eine karge, ärmliche Welt, seine Unbeirrbarkeit in der Verkündigung der göttlichen Lehre, schließlich sein Opfertod unter den Qualen des Kreuzes wie auch seine alles verklärende Auferstehung – gewinnt dadurch neue, menschlichere Züge. Auch im Hinblick auf die Menschheitsgeschichte bleibt ein Bild von überraschender Stimmigkeit und Eindringlichkeit gewahrt.

Eine einzelne Gestalt, ein predigender Rabbi, steht der alles vereinnahmenden Macht Roms und ihren Helfershelfern gegenüber.

Seine in jungen Mannesjahren gesprochenen Worte „Ich bin gekommen, um das Schwert zu bringen" weichen mit zunehmender Reife Worten der Friedfertigkeit, des Erbarmens mit seinen Feinden und über das innere Himmelreich.

Viele Menschen in seiner Umgebung meinten, diesen jungen Mann als Volksbefreier und Messias erkannt zu haben. Sie schlossen sich ihm in der Hoffnung an, er würde der neue König der Juden werden. Mit der Macht des Schwertes sollte er die verhaßten Besatzer und Feinde vertreiben. Jesus wußte um diese Erwartungen. Über viele Jahre hinweg machte er sie zu seinem Lebensinhalt und kehrte sich dann doch ganz plötzlich von ihnen ab, um als Lehrer und Prediger durch das Land zu ziehen – nur bewaffnet mit der Kraft seines Wortes. Er verwies die Menschen auf die Stärke und Macht ihres eigenen Geistes, auf ihr eigenes inneres Himmelreich. Dies verkündete er als Reich des Friedens und der Gewaltlosigkeit. Dabei kopierte Jesus die weltlichen Mächte nicht, denen er unvermeidlich als Gegner gegenüberstand. Er stellte ihnen nichts als sein Wort entgegen – und sein eigenes Wesen als lebendiges Vorbild der von ihm verkündeten Ideale und Werte. Doch die weltlichen Mächte witterten die Gefahr. Ihr Gewaltszenario machte auch vor einem Prediger des Friedens nicht halt – wer auch immer dieser Rabbi war, er mußte ausgelöscht werden in einem qualvollen Kreuzigungstod. Vergeblich! Das römische Imperium war 300 Jahre später zu Fall gebracht und zerstört. Aber die Lehre dieses einen Mannes ging auf wie ein Stern. Sie beherrschte das Abendland – in weiteren Grenzen, als Rom dies jemals gelungen war, und über viele Jahrhunderte hinweg.

Bei allen Spuren der Dekadenz, die sich im traditionellen Christentum einnisteten, wollen wir doch nicht übersehen, wofür seine kompromißlosen Kritiker oft blind sind: von den Lehren des wandernden Predigers und Rabbis wurde unser gesamtes abendländisches Denken geprägt – dies vor allem im Sinne verbindlicher moralischer Grundwerte und hoher Ideale. „Richtet nicht, auf daß ihr nicht gerichtet werdet" und „Was siehest du aber den Splitter in deines Bruders Auge, und wirst nicht gewahr des Balkens in deinem Auge" sind zwei Beispiele – stellvertretend für viele. Besonders die Inhalte der Bergpredigt sowie der folgende zentrale Satz bilden das Kernstück dieser Werte: „Du sollst deinen Nächsten lieben wie dich selbst." Er enthält auch ein deutliches Bekenntnis zur Selbstliebe. Ein objektives Urteil muß diese

Wirkungen einschließen und würdigen. Die Bilanz kann, bei allen Schattenseiten, in keinem Falle negativ sein.

Ahastar betonte mehrfach, daß speziell die Region des alten Palästina für das Wirken Jesu auserwählt war – eine Region, in der die Nephilim über lange Zeiträume Fuß gefaßt hatten. Vielfach haben sie ihre Spuren im gesellschaftlichen und kulturellen Leben hinterlassen: in einer von Männern dominierten Gesellschaft, in rigiden religiösen Lehren; im Bild eines Gottes, der auf Herrschaft und Rache aus war. Nicht ohne Grund lautet ein zentraler und immer wieder zitierter Satz des Alten Testaments: „Auge um Auge, Zahn um Zahn."

Jesus war gekommen, um diesen Einfluß zu korrigieren und die alten Verkrustungen aufzuweichen. Statt von einem Rachegott sprach er vom Gott der Liebe. Immer wieder forderte er die Menschen auf, das „Licht der Welt" nicht außerhalb, sondern vor allem in sich selbst zu suchen. Darüber hinaus bemühte er sich, was die Stellung der Frau betraf, um einen Gesinnungswandel. Diese sollte – als unerläßlicher weiblicher Seelenpol und ergänzendes Yin zum dominierenden Yang – ihre eigene Kraft und Würde wiederfinden und den ihr zukommenden Platz einnehmen. Bezeichnenderweise sind bis heute keine Schriften überliefert oder der Öffentlichkeit zugänglich gemacht worden, die dies belegen.

Das Zentrum der neuen Lehre wurde Rom. Dies lag in einer gewissen geschichtlichen Konsequenz begründet. Die Einnahme jenes jahrhundertelangen Ortes der Macht bedeutete den endgültigen Sieg des Christentums, wurde aber ebenso zur großen Gefahr für die Erhaltung der ursprünglichen Lehre. Umgeben von den Mauern der alten Machtmetropole begannen viele seiner Vertreter die alten Herrschaftstrukturen zu kopieren. Mehr und mehr geriet das Christentum auf einen Abweg verhängnisvoller Irrtümer, die über die kommenden Jahrhunderte hinweg erneut Gewalt und Schrecken verbreiteten. Dieser Weg ist in vielen Büchern dokumentiert. Er war nur möglich, weil das Christentum sich von der ursprünglichen Botschaft, der eigentlichen Lehre, entfernte, sie verzerrte und den eigenen Machtambitionen unterstellte. Der Kampf mit Rom war auf innerer, geistiger Ebene wieder entbrannt. Er dauerte an und bestimmte letztlich die gesamte Geschichte des Christentums.

Diese Geschichte ist nicht fertig geschrieben. Neben den kirchlichen Institutionen gab es immer auch ein anderes, ein im Verborgenen wirkendes Christentum. Gerade in unserer Zeit ist wieder viel von einem ursprünglichen, einem gnostischen Christentum die Rede, in dem wirkliches spirituelles Wissen bewahrt und darüber hinaus ein lebendiger Kontakt zu den geistigen Ursprüngen gepflegt wurde.

Ein Orden wie etwa jener der Katharer geht auf andere frühere gnostische Gruppierungen zurück. Er steht in direktem Zusammenhang mit dem Wirken der ersten Anhänger Jesu um Maria Magdalena im Süden Frankreichs.

Die Geschichte eines „esoterischen", also nicht exoterisch-kirchlichen Christentums ist reich an Geheimbünden und Geheimorden. Auch hier haben wir es mit einer großen qualitativen Vielfalt zu tun. Manche unter ihnen nahmen früher oder später ausgrenzende elitäre Züge an oder stellten, wenn auch unterschwellig wirksam, die Belange der Macht in den Vordergrund.

Das gemeinsame verbindende Element blieb jedoch stets, sich nach christlichen Idealen – häufig denen eines lebendigen Urchristentums – auszurichten. Mit dem Zerbröckeln der kirchlichen Macht und ihrer Institutionen, wie wir es in unserem Jahrhundert zunehmend beobachten können, kann Raum für Neues entstehen: für eine wirkliche Spiritualität, die mit der ursprünglichen Lehre Jesu im Einklang steht – ganz gleich ob wir sie dann „Christentum" nennen oder nicht.

◈ ◈ ◈

Andere Religionsstifter

Mohammed und der Islam

Anders als bei Jesus sind bei Mohammed die wesentlichen Fakten seines Lebens eindeutig belegt. Er wurde 570 n. Chr. in Mekka geboren. Er wächst in ärmlichen Verhältnissen auf und wird zunächst Kaufmann im Laden seines Onkels Abu-Talib, bis er schließlich die wohlhabende Witwe Chadidscha heiratet. Etwa in seinem 40. Lebensjahr setzen die ersten Offenbarungen ein – Visionen über den einen, höchsten Gott, Allah, und sein Kommen zu einem großen Gericht, in dem Gut und Böse geschieden werden und die Völker der Erde unter der Herrschaft dieses einen Höchsten geeinigt werden.

Er selbst, Mohammed, erkennt sich als Prophet dieses Einen und fühlt sich berufen, seinen Namen und seine Lehre in die Welt zu tragen. Er sieht sich in einer Reihe mit Abraham, Moses und Jesus, die er gleichfalls als Propheten und gewissermaßen als seine Vorläufer betrachtet. Die nun einsetzende intensive Lehrtätigkeit bringt ihn in Widerspruch zu den Koreischiten, der Bevölkerungsschicht, der er selbst entstammt und die sich – in historisch gewachsenen religiösen Dogmen verfangen – allen Neuerungen verschließt. 622 n. Chr. muß er schließlich nach Medina fliehen.

Dort verbringt er acht Jahre, in denen er seine Offenbarungslehren ausarbeitet und neue Anhänger gewinnt. Er wird zugleich zum politischen Organisator, und 630 gelingt es ihm mit seiner machtvoll gewachsenen Anhängerschaft, in einem Heiligen Krieg die Stadt Mekka zu erobern. Sie wird, mit der heiligen Kaaba und dem Schwarzen Stein, zum Zentrum des neuen Glaubens erklärt. Zwei Jahre später stirbt Mohammed.

In den folgenden Jahrzehnten setzt eine gewaltige Expansion des Islam ein. In verhältnismäßig kurzer Zeit werden Palästina, Syrien, Teile Persiens wie auch Ägypten, Nordafrika und Spanien erobert. Zur Zeit seiner größten Ausdehnung reichte seine Einflußsphäre von den Pyrenäen bis nach Indien und China. Der Islam ist damit eine der großen Weltreligionen geworden. Heute beträgt die Zahl seiner Anhänger rund 400 Millionen. Im gleichen Maße, wie das Leben Mohammeds in den abendländischen, speziell den christlich geprägten Überlieferungen oft polemisch entstellt ist, wurde es im arabischen Raum mit Legenden ausgeschmückt. Besonders der Islam selbst ist in der abendländischen, „westlichen" Betrachtung vielen Verzerrungen unterworfen. Die folgenden Anmerkungen Ahastars wollen diese Entstellungen aufheben und ergänzende Erklärungen liefern, die auf die eigentlichen Ursprünge und Intentionen des Islam verweisen.

Bleiben wir zunächst bei Mohammed. Ahastar gibt für ihn – wie bei der Jesus-Seele – einen nicht irdischen „seelischen Ursprung" an. Wie bei Jesus handelt es sich, im Blick auf die irdische Verkörperung Mohammeds, um die wesenhafte Abspaltung einer hohen kosmischen Wesenheit anderen planetarischen Ursprungs. Wieder führt uns der Weg zu dem bereits genannten „Rat der Zwölf". Dies bedeutet konkret, daß bei der Seele des Mohammed – wie eben auch bei Jesus – keine irdischen Inkarnationen vorangegangen sind.

Dieser „Rat der Zwölf" wie auch der ihm untergeordnete „Rat der Neun" planten, im gesamten arabischen Raum eine übergreifende neue Glaubensausrichtung zu schaffen. Sie wollten die Vielzahl nomadischer, untereinander verfehdeter Stämme der Wüstenvölker in einem gemeinsamen religiösen Bund einen. Dies hätte auch bereits durch das Christentum geschehen können. Doch in diesem Punkt erreichte die Jesus-Seele nicht das Ziel ihrer Mission. Selbst im Herkunftsland Jesu konnte die christliche Religion gegenüber dem etablierten Judentum so gut wie gar nicht Fuß fassen – ebensowenig im arabischen Lebensraum. Seine eigentliche Verbreitung fand das Christentum zunächst fast ausschließlich in den europäischen Ländern.

An dieser Stelle nun einige Überlegungen zum Monotheismus, dem wesentlichen Grundzug des Islam: Im arabischen Lebensraum, mit seiner Vielzahl an Volksstämmen und verschiedenen Glaubensausrichtungen und unterschiedlicher Gottheiten war die Ausrichtung auf einen einzigen Gott in hohem Maße revolutionär. Und ganz unerwartet stoßen wir hier auch auf Grundelemente der ursprünglichen christlichen Lehre. Ein entscheidender Anteil der Lehren Jesu bestand darin, daß er immer wieder auf den einen Gott hinwies: „Der Vater und ich sind eins." Diesen Satz bezog er unserer Ansicht nach nicht speziell auf sich selbst, sondern auf den erwachten Menschen, der sich seiner verborgenen Gottexistenz bewußt geworden ist.

„Islam" bedeutet im Arabischen einfach „Hingabe". Es ist die Hingabe an Allah, den „All-Einen", als eine universelle Kraft, die alles Leben durchzieht. Aus dieser Grundhaltung entspringt auch eine weitgehende Toleranz gegenüber anderen Religionen, wie Mohammed sie zeitlebens lehrte. Rechtgläubig zu sein bedeutet in diesem Sinne vor allem, in seiner religiösen Hingabe auf den einen Gott, die eine universelle Kraft ausgerichet zu sein. Innerhalb des Islam selbst gibt es viele strenge Vorschriften, doch die Bräuche und religiösen Einstellungen anderer Glaubensrichtungen werden, diesen Grundeinstellungen folgend, gleichfalls geachtet. Freilich wird damit ein Idealzustand umschrieben, dem das tatsächliche Erscheinungsbild des Islam oft in keiner Weise entspricht. Wie im Christentum gab es über Jahrhunderte hin Eroberungszüge, die ausschließlich religiös begründet waren und reinen machtpolitischen Interessen folgten. Auch über der Geschichte des Islam hängt ein dunkler Schatten. Bis in unsere Zeit hinein wird sein Bild von religiösem Fanatismus dominiert, der den „Heiligen Krieg" zur Rechtfertigung jeder zerstörerischen Aggression macht. Doch damit nicht genug. Auch heute noch ist die rigorose Unterdrückung der Frau an der Tagesordnung – mit rigiden Moralvorstellungen und Sexualitätsfeindlichkeit.

Die Lehre

Ahastar spricht den Überlieferungen von Mohammeds Leben eine große Authentizität zu, weit mehr als dies bei Jesus der Fall ist. Insofern ist hier wenig an weiteren Ausführungen und Korrekturen notwendig, um Unklares oder nicht korrekt Überliefertes zurechtzurücken. Ergänzend führt Ahastar eine Parallele zum Leben Jesu an: Wie dieser verbrachte Mohammed zweimal allein eine Zeit in der

Wüste, um in direkten Kontakt mit seiner inneren Quelle zu kommen. Wie bei Jesus gab es in seinem Umkreis Essener, an deren Gedanken- und Wissensgut er teilhatte.

Auch der Koran, die in Suren angeordnete zentrale Glaubenslehre des Islam, wurde, so Ahastar, weniger als die Bibel durch nachträgliche Bearbeitung, Streichungen und Ergänzungen beeinträchtigt und verfälscht. Wer im Koran zu blättern beginnt, mag erstaunt sein über die manchmal geradezu martialischen Absätze, die zur Ausbreitung des Glaubens und zur kriegerischen Niederwerfung aller Ungläubigen aufrufen. Solche Töne sind dem Neuen Testament fremd, aber im Alten Testament durchaus vorhanden. Das Gesicht der Gewalttätigkeit, mit dem uns der Islam immer wieder konfrontiert, scheint hier seine geistigen Wurzeln zu haben.

Es ist dem gläubigen Moslem sehr wichtig, daß der Koran wirklich Wort für Wort aus der Hand Mohammeds stammt. Mohammed konnte lesen und schreiben, dennoch brachte sein Schwiegersohn den größten Teil des Korans – nach den Aussagen und Erklärungen Mohammeds – zu Papier. So ist es zu erklären, daß so manches in den Formulierungen nicht authentisch ist und durch unklare Wortwahl im Sinn entstellt und verdreht wurde. Darüber hinaus dürfen wir den konkreten geschichtlichen Hintergrund nicht aus den Augen verlieren. Mohammed war aus seiner Heimatstadt Mekka vertrieben worden. Sein ganzes Sinnen ging dahin, den rechtmäßigen Glauben, so wie er ihn von Allah empfangen hatte, in seine Heimat zurückzubringen und dafür Anhänger zu gewinnen. Um die Volksmassen zu bewegen, wollte und konnte er – wie sehr er auch selbst kein „Kriegsmann" war und die Führerschaft über ein Friedensreich ersehnte – die martialischen Töne nicht aussparen. Er hatte das Schicksal des jüdischen Volkes vor Augen, das unter jahrhundertelanger religiöser Unterdrückung zu leiden gehabt hatte. Jeder gläubige Mann sollte das Recht auf freie Religionsausübung verteidigen dürfen – auch mit der Waffe in der Hand.

Anders als Jesus war Mohammed nicht durch einen königlichen Stammbaum legitimiert. Alles, was ihn auszeichnete, war die Macht seines prophetischen Wortes. Seiner Mission kam zugute, daß er sich nicht gegenüber einer fremden Besatzungsmacht behaupten mußte. Dies ließ ihn letztlich erfolgreich jene Symbiose finden, die Jesus nicht möglich gewesen war: religiöser und weltlicher Führer zugleich zu sein.

Im übrigen zeichnete dies nach ihm den „Typus" des Landesherrschers aus, den Kalifen. Dieser war weltlicher und religiöser Führer zugleich, eine strikte Trennung dieser Bereiche wie im Christentum wurde in der arabischen Welt nicht volllzogen.

Viele der religiösen Vorschriften Mohammeds waren praktischer Art. Betrachten wir zum Beispiel einmal die Polygamie. Sie erlaubt Männern, bis zu vier Ehefrauen zu haben. Hintergrund dieser Vorschrift war, so Ahastar, daß verwitwete Frauen versorgt sein sollten. Da in den von kriegerischen Unruhen immer wieder erschütterten Gebieten besonders viele junge Männer zu Tode kamen, war der Gedanke durchaus plausibel, auf diese Weise andere Männer mit der Versorgung der hinterbliebenen Frauen zu beauftragen. Vor allem in den rauhen, unwirtlichen Wüstengegenden waren dies oft existentielle Entscheidungen. Allerdings sollte die erste Ehe immer eine Liebesheirat sein. In diesem Sinne gab es eine Hauptfrau, die im weiteren ein Mitspracherecht bei der Aufnahme anderer Frauen in die Ehe- und Familiengemeinschaft hatte. Grundvoraussetzung für diese Erweiterung des Ehestands war in jedem Fall, daß der Mann jede zusätzlich aufgenommene Frau auch wirklich ernähren konnte.

Mohammed selbst war das Vorbild eines solchen Lebens in Polygamie. Keineswegs stehen in seinen Lehren asketische Vorschriften im Vordergrund. Im Gegenteil, diese Lehren sind einer gesunden Sinnesfreude und einer freizügigen Sexualität sehr zugetan. Auch der dem Gläubigen versprochene islamische Himmel macht dies deutlich: In ihm darf allen sinnlichen Genüssen, auch sexuellen, ausgiebig gefrönt werden – als Belohnung für ein rechtschaffenes, gottgefälliges Leben. Den Verdammten freilich, der Unrecht begangen hat, erwarten schreckliche Strafen. Hier wird ein direktes Pendant zum Fegefeuer und zur christlichen Hölle sichtbar. Der christliche und islamische Himmel an sich unterscheiden sich jedoch grundsätzlich. Ahastar sieht die Mission Mohammeds in diesem Punkt – eine vorbehaltlose Einstellung zur Sexualität aufzubauen – als erfolgreich an.

Hier liegt auch ein Schlüssel zum Verständnis von „Kismet", das die unbedingte Ergebenheit dem Willen Allahs gegenüber fordert. Diese Einstellung kann im Extremfall zum Fatalismus werden und jeden eigenständigen Handlungsimpuls verhindern. Ihr liegt die Überzeugung zugrunde, daß Allah in seiner Gerechtigkeit und Weisheit jedem das ihm zustehende Maß an Glück zuteilen wird und jede Ungeduld und Auflehnung allein der Begrenzung des menschlichen Wissens entspringt.

Kommen wir zum Ritual des Gebets, das fünfmal täglich kniend und in Richtung Mekka durchgeführt werden soll. Hier sollten wir die nomadischen Wüstenvölker vor Augen haben. Mohammeds Absicht zielte auf eine fünfmalige kurze Ruhepause am Tage ab – zur Selbstbesinnung und Meditation.

Um Moslem zu werden, bedarf es keiner Taufe. Es genügt, in Gemeinschaft mit einem Gläubigen – also gewissermaßen unter dessen Zeugenschaft – ein Glaubensbekenntnis zu Allah und den religiösen Grundsätzen Mohammeds abzulegen. Ein Zehntel seines Einkommens, so Mohammed, soll jeder gläubige Moslem für soziale und karitative Zwecke abgeben, was immerhin ein Entwurf für eine selbständig funktionierende soziale Gemeinschaft ist.

Beklemmend wirkt auf den europäischen Betrachter allerdings immer der Eindruck der Bevormundung und Unterdrückung der Frau. Sie begegnet uns immer wieder in den vermummten Gestalten, bei denen nur die Augenpartie noch sichtbar ist. Doch selbst diese Vorschrift machte ursprünglich Sinn – zum Schutz der Frauen: Waren sie etwa auf dem Markt den Blicken der Männer einer neu eintreffenden Karawane ausgesetzt, die eine wochenlange Reise durch die Wüste hinter sich hatte, so konnte eine attraktive, elegant daherschreitende weibliche Gestalt durchaus als aufreizend empfunden werden und die Männer ihre Beherrschung verlieren lassen. Das Erstarren solch zeitgebundener Vorschriften geht zweifellos mit einer Verzerrung der ursprünglichen Lehren einher. Mohammed selbst war alles andere als ein Frauenverächter. Vielmehr ging sein Bestreben dahin, die Stellung der Frau in der Gemeinschaft zu festigen und ihr mehr Einflußmöglichkeiten zu verschaffen.

Geradezu in die Perversität gerutscht ist die Beschneidung der Frau, die nur in der Nachahmung und Anpassung an die Beschneidung des Mannes eingeführt wurde. Hier kommt ein gewalttätiger Zug des Patriarchats zum Ausdruck, ein brutaler Dominanzanspruch des Mannes, der den Frauen jede sexuelle Erfüllung vorzuenthalten versucht. Dem liegt letztlich die tiefe heimliche Furcht vor der Überlegenheit der Frau zugrunde.

Blicken wir auf die Wirren der heutigen islamischen Welt, die Auswüchse von religiösem Fanatismus und religiös motivierter Gewaltbereitschaft, schließlich auf die häufige Geringschätzung der Frau, so sollten wir – wie Ahastar uns erinnerte – das Christentum nach einer vergleichsweisen Lebensdauer (also etwa im späten Mittelalter) betrachten. Wollte man von einer „Mittelalterzeit" des jetzigen Islam sprechen, so müßte man doch zugestehen, daß die Schreckesbilder des christlichen Mittelalters noch furchtbarer sind.

Alle geschichtlichen Vergleiche hinken, gewiß. Und vergessen wir nicht, daß sich im arabischen Raum nach Mohammed bald eine Hochblüte kulturellen Lebens entfaltete, die im euopäischen Raum ihresgleichen sucht. In allen Bereichen der Kunst und der Wissenschaft wurde Vorzügliches geleistet. Mit den Schöpfungen der Malerei, der Poesie und Musik können sich im Abendland erst die Werke späterer Jahrhunderte messen.

Harun al Raschid, der beühmte Kalif der Abbasidendynastie in Bagdad, ein Zeitgenosse Karl des Großen, lebte in märchenhafter Pracht und mit geradezu neuzeitlichem Komfort im Vergleich zu den Lebensumständen des Frankenherrschers. Seine Gesandten, die den Kaiser in seinen kargen kalten Burggemäuern besuchen kamen, müssen das Empfinden gehabt haben, auf einer Exkursion in eine fast noch „vorzeitliche" primitive Lebenswelt zu sein (ein Vergleich, den sie in ihrer Höflichkeit freilich nicht zu Gehör gebracht hätten).

Der Mensch Mohammed entzieht sich, anders als Jesus, nicht der konkreten geschichtlichen Betrachtung. Doch auch bei Mohammed stehen wir letztlich vor einem Phänomen, das uns Rätsel aufgibt. Nach einer langen Zeit des unbewußten Ahnens – lediglich mit der Gabe der Vision und einer selbst beanspruchten Prophetenschaft ausgestattet, machte sich der Berufene auf den Weg, die Menschen mit seinem gesprochenen Wort zu überzeugen und Anhänger um sich zu scharen.

Die Früchte seiner Mission sind seit Jahrhunderten kaum zu übersehen: eine Kontinente überspannende Weltreligion mit Abermillionen von Anhängern, welche die von ihm erstellten Glaubensregeln zum Maßstab ihres Denkens und Handelns gemacht haben und in tiefer Verehrung zum Zentrum dieses Glaubens, der heiligen Kaaba, pilgern. Es fällt schwer, dies allein als die Wirkung eines einzigen menschlichen Geistes anzusehen.

Anders als bei Jesus, setzte sich das Wirken der Mohammed-Seele durch die Geschichte fort – dies auch in konkreten Inkarnationen. Darüber darf nur mit Einschränkungen berichtet werden. Eine dieser Inkarnationen war die eines hohen Würdenträgers in der römisch-katholischen Kirche. Es handelte sich dabei um den Versuch, innerhalb der in Dogmen erstarrenden katholischen Glaubensgemeinschaft eine Öffnung und Toleranz gegenüber dem Islam zu schaffen – ein wenig geglücktes Unterfangen, wie Ahastar bemerkt. In einem anderen Fall ging ein Teil dieser Mohammed-Seele eine Symbiose mit einem bekannten mittelalterlichen Dichter ein: mit Wolfram von Eschenbach, dem Schöpfer des Parzival-Epos. In diesem sehr seltenen Fall einer Symbiose kam es, wie Ahastar erklärt, zu einer völligen Verschmelzung beider Seelenanteile, die im Einverständnis des höheren Selbst beider erfolgte – begrenzt auf die Dauer einer Inkarnation.

Es lohnt sich, die Parzival-Dichtung daraufhin nochmals anzusehen. Sie hat sich vom historischen Parzival weitgehend gelöst (siehe dazu das Artus-Kapitel). Sie ist in ihrer gesamten Komposition von einer Fülle esoterischer Geheimnisse durchzogen: seelischen Urbildern, die den Leser ein tiefes Einweihungswissen spüren lassen.

◈ ◈ ◈

Buddha und der Buddhismus

Dem Buddhismus kommt seit Jahren, nicht zuletzt durch das öffentliche Auftreten des charismatischen Dalai Lama, eine wachsende Aufmerksamkeit zu. Wenn sich heute in der westlichen Welt jemand mit buddhistischem Gedankengut oder mit buddhistischen Meditationspraktiken befaßt, so haftet dem kaum noch etwas Exotisches an.

Untrennbar mit dem Buddhismus verbunden sind, auch für den nur oberflächlich Informierten, vor allem die drei Begriffe „Reinkarnation", „Karma" sowie „Nirwana". Reinkarnation und Karma bilden eine Einheit. Durch das Rad der Wiedergeburten wird beständig Karma geschaffen und muß von Inkarnation zu Inkarnation neu bearbeitet und abgetragen werden. Ziel ist es, sich aus diesem Rad der zahllosen Inkarnationen zu befreien und es für immer zu verlassen.

Die Verheißung liegt im Eingehen in das Nirwana, was gleichbedeutend ist mit dem Auslöschen der eigenen Person.

Hier stoßen wir auf einen fundamentalen Unterschied zum Christentum. Auch wenn das herkömmliche Christentum den Entwicklungsweg einer Seele über viele Inkarnationen hinweg nicht kennt, so bietet es dem Gläubigen doch einen Himmel an. Ein gütiger Gott beschenkt die heimkehrende Seele hier mit dem ewigen Leben.

So sehr sich das westliche Denken von vielen christlich-religiösen Vorstellungen weit entfernt hat, so weist es doch weiterhin dem Individuum selbst einen hohen Stellenwert zu. Eine natürliche Konsequenz dieses Denkens ist der Wunsch nach beständiger Fortexistenz des Individuums. Wie bereits der physische Tod als Bedrohung erlebt wird, so kann auch das letztliche Erlöschen in einem Nirwana dem westlich denkenden Menschen in keiner Form als erstrebenswert erscheinen.

Der Buddhismus ließe sich (wie schon im Jesus-Kapitel dargestellt) im Vergleich mit dem Christentum, doch auch mit dem Hinduismus und seiner Vielzahl von Gottheiten, als eine atheistische Religion ansehen. Kein Weltenschöpfer und persönlicher Gott regiert das Schicksal der Welt und die Wege der einzelnen Seele. Diese erschafft ihr Schicksal allein durch sich selbst – indem sie sich durch einen Kosmos unabänderlicher geistiger Gesetze wie jene von „Ursache und Wirkung“ bewegt, die so unaufhebbar und fundamental wie auf materieller Ebene die Naturgesetze sind.

Irdisches Leben wird im wesentlichen als Leiden angesehen – ein Leiden, das in der Nicht-Existenz sein Ende und seine Erlösung findet. Folglich richtet sich alles Bestreben darauf, den irdischen Karma- und Leidenskreislauf zu durchbrechen, was vor allem auf dem Wege der Entsagung geschehen soll, durch den Rückzug von körperlichen und materiellen Freuden.

Es gibt den Hinayana-Buddhismus oder das „Kleine Fahrzeug“, ein Heilsweg, der nur Mönchen und Nonnen vorbehalten ist. In der Form des Mahayana-Buddhismus, auch „Großes Fahrzeug“ genannt, existiert die buddhistische Lehre als Weltreligion, die mit ihren Grundbegriffen von Reinkarnation und Karma über Jahrhunderte hinweg vor allem das östliche Denken geprägt hat und weiterhin prägt – dies besonders in Tibet, China, Thailand und Japan, weniger in Indien, wo es gegenüber den Vishnu- und Shiva-Kulten sowie dem später daraus entstehenden Hinduismus nie wirklich Fuß fassen konnte.

Der geistige Hintergrund

Kommen wir nun zu Buddha selbst und fügen zugleich einige Anmerkungen Ahastars hinzu. Buddhas Leben datiert die moderne Geschichtsforschung zwischen den Jahren 550 und 470 v. Chr. Es verlief vor allem im heutigen Nepal. Unter die tatsächlichen Lebensdaten mischen sich viele Legenden, mit denen das Wirken Buddhas ausgeschmückt wurde. Der eigentliche Name Buddhas war „Siddharta". Er entstammte einem Fürstengeschlecht, wovon sich der Beiname „Gautama" ableitet.

Buddha bedeutet „der Erleuchtete", es handelt sich dabei um so etwas wie einen Titel. Jede Seele auf ihrem Weg zur Erleuchtung kann „Buddhaschaft" erlangen. Mit keinem anderen Religionsstifter ist das Wort „Erleuchtung" so untrennbar verbunden. Der Überlieferung nach erlangte er sie, nachdem er dem väterlichen Fürstenhof mit seinem reichen Angebot irdischer Freuden den Rücken gekehrt und einige Jahre lang das Leben eines Asketen geführt hatte. Benares gilt als der Ort, an dem ihm diese Erleuchtung zuteil wurde, während er in tiefer Meditation unter dem Bodhi-Baum saß.

Zur Darstellung von Buddhas Leben gehört in der Regel auch immer die seiner früheren Inkarnationen. Wie die abendländischen Kirchen mit den Leidensstationen Jesu, so sind die Klöster des buddhistischen Kulturraums reich mit Bildern seiner vorangegangenen Leben ausgestattet. Diese Inkarnationen, die viele menschliche Konflikte archetypisch und oft recht drastisch darstellen, sind gleichfalls mit zahlreichen Legenden durchmischt. Dennoch gibt es auch hier einen realen Hintergrund. Der Aussage Ahastars zufolge gab es für die Buddha-Seele eine beträchtliche Anzahl von Inkarnationen, bevor sie die seiner religiösen Lehrerschaft erlangte. Zunächst bezeichnete er Buddha als eine „irdische Seele". Leider müssen sich unsere Erklärungen auch hier oft auf Hinweise und Andeutungen beschränken. Eine entscheidende Ergänzung zu den bekannten Fakten ist, daß es sich bei Buddha ursprünglich um ein hochrangiges Götterwesen handelte, eine hochstehende geistige Wesenheit, die „aus dem Licht herausgefallen ist", wie Ahastar es ausdrückte.

Über die Entstehung von Seelen und einzelnen Wesen aus der ursprünglichen Quelle haben wir in unserem ersten Buch bereits einen ausführlichen Bericht von Ahastar erhalten.* So wie etwa alle menschlichen Seelen (und im weiteren Sinne alle planetarischen Seelen) in ihrem geistigen Wesenskern ausnahmslos dieser einen Quelle entstammen, so vollzieht sich ihr Werdeprozeß jedoch in reichen Variationen. Diese Vielfalt wird darüber hinaus durch den Umstand ergänzt, daß es unterschiedliche Kategorien von Seelen gibt.

So nannte Ahastar neben irdischen und Planetarierseelen die Gruppe der Lehrerseelen, die von Zeit zu Zeit als Helfer in die Geschicke von Planetenmenschheiten eingreifen. Daneben gibt es auch die Kategorie der Götterwesen. Dies bedeutet, daß sich ein größerer Wesensanteil von der Quelle ablöst, in seiner Bewußtseinsart dieser Quelle aber nahe verwandt bleibt. Ein solches Wesen wird als ein Gott geboren, was mit der Bedingung, einen größeren Anteil an Verantwortung zu tragen, einhergeht. Auch zu solch einem ursprünglich gegebenen Gottsein gehört ein Entwicklungsweg und eine fortlaufende Schulung der eigenen „Götterqualitäten". Nur in Ausnahmefällen wird dies (wie beim Osiris-Wesen) einen planetarischen Entwicklungszyklus mit einschließen. Über diese Bewußtseinsart läßt sich mit menschlichen Begriffen nur mühsam etwas vermitteln. Ahastar beschreibt sie als im wesentlichen „anders" und sieht unsere menschlichen Kategorien von „hoch" und „niedrig" als unzulänglich an, weil sie dem menschlichen Denken verhaftet sind. Götterwesen folgen eigenen Wachstumsgesetzen. Trotz ihrer völlig anderen Machtfülle sind sie nicht einmal von höherem Wert. Innerhalb des großen kosmischen Dramas sind sie so notwendig wie jede andere planetarische Seele auch.

Um solch ein ursprüngliches Götterwesen handelt es sich bei Buddha. Es ist einst aus dem Licht herausgefallen, weil es eine Art von Versäumnis beging – es weigerte sich, Verantwortung zu übernehmen, die konkret den Planeten Erde betraf. Das kosmische Gesetz zwang dieses Wesen daraufhin, sich in einer direkten Verkörperung mit der Erde selbst zu verbinden. Die damit angesprochenen Ereignisse reichen bis in die Anfänge menschlichen Lebens zurück. Verwicklungen mit einer anderen planetarischen Gruppe auf

---

* *Ahastar – Botschaften vom Rand der Galaxie,* siehe Kapitel: „Der geistige Kosmos"

diesem Planeten führten erstmals zu so etwas wie irdischem Karma, das im weiteren zu einer immer festeren Anbindung an den Planeten wurde.

Hier kann man von einem tragischen Verlauf sprechen: Die Buddha-Seele, in der alles Wissen um die eigene ursprüngliche Göttlichkeit plötzlich ausgelöscht war, sah sich gezwungen, den Weg einer irdischen Seele zu gehen. Gemeint ist der Weg eines völligen Neubeginns, wie ihn ein göttlicher Funke – direkt aus der Quelle kommend, noch frei von eigenen karmischen Spuren – über die Naturreiche nimmt: in der Identifizierung mit Mineralien, Pflanzen und Tieren, bis der Sprung in die Menschwerdung und das Entdecken eines eigenen Bewußtseins gelingt. Dies kann uns die Hintergründe der Lehre Buddhas in einem neuen Licht verständlich machen.

Der „gewöhnliche" Weg einer Seele läßt sich folgendermaßen umschreiben: Sie fällt aus ihrem göttlichen Ursprung heraus, erschafft über lange, mühevolle Strecken des Lernens ihre eigene Göttlichkeit und erkennt sich schließlich wieder als Teil des größeren Ganzen. Demgegenüber haben wir es bei der Buddha-Seele mit einer ganz anderen Dimension und Dramatik zu tun. Mit ihr steht eine Seele vor uns, die ihr schon einmal vorhandenes Gottsein verloren hat und sich dessen auf dem mühsamen Weg des irdischen Lernens erneut bewußt werden muß. Aus rein menschlicher Sicht könnte man geneigt sein, einen solchen Fall aus dem Licht und seine Folgen als Bestrafung anzusehen. Ahastar lehnt eine solche Beurteilung ab. Es geht hier lediglich um die Konsequenz aus einem Ereignis, der irdisch-menschliches Werten nicht gerecht werden kann.

Wir verstehen neu, was jene Seele bewegt hat, wenn sie das „Rad der ewigen Wiedergeburt" als eine Gefangenschaft sah und das irdische Leben selbst als von Leiden und Mühe bestimmt. Wir verstehen neu ihre Sehnsucht, den Kreis karmischer Bindungen zu durchbrechen und in die göttliche Quelle – für die sie den Namen „Nirwana" wählte – zurückzukehren. Selbst das Erlöschen des eigenen Individuums, im Wieder-Einswerden mit der „Quelle", mußte ihr als Seligkeit erscheinen im Vergleich mit dem irdischen „Leidensweg".

Der Moment der „Erleuchtung" bedeutete für Buddha, daß er in vollem Umfang das Bewußtsein seines einstigen Gottseins zurückerlangte. Deshalb nimmt dieses Wort in seiner Lehre einen so zentralen Stellenwert ein. Immer ist Erleuchtung ein Wissen, das alle Anteile und Schichten des eigenen Wesens umschließt – die aller vorangegangenen Inkarnationen und des gesamten bisherigen Werdegangs, bis zurück an den Ursprung. Mit diesem verbunden, erkennt sich das Wesen als Bestandteil der göttlichen Quelle und als „eins mit allem". An diesem Punkt sagt sich die Seele: „Ich bin, die ich bin", denn sie ist wesenhaft allein durch sich selbst definiert.

So wie damit das allgemein gültige Prinzip formuliert ist, so gibt es im Fall von Buddha doch gleichermaßen ganz eigene Gewichtungen. Ahastar spricht in diesem Zusammenhang auch von den eigentlich unzulässigen Verallgemeinerungen, die Buddha als festen Bestandteil des Glaubens in seine Lehre einfließen ließ. Diese Lehre ist, mit ihrer unerbittlichen Ausrichtung auf die Härte irdisch-karmischer Konsequenz, illusionslos und erdnah, aber in anderen Aspekten wiederum auch überhöht und menschlichen Maßstäben entrückt. Es mag erstaunen, in welchem Ausmaß eine Weltreligion mit Abermillionen von Anhängern, wie der Buddhismus es ist, zugleich von persönlichen, individuellen Faktoren gefärbt ist, welche durch das Wesen der Buddha-Seele selbst bedingt waren.

Ist Buddha denn nun in das Nirwana eingegangen? Hat er die Auslöschung seines Wesens in der göttlichen Quelle gewählt? – eine Entscheidung, die jeder Seele am Ende ihres Entwicklungsweges offen steht. Ahastar spricht davon, daß eine Seele je nach ihrem Entwicklungsstadium unterschiedliche Bewußtseinsaspekte des eigenen Wesens konzentrieren und absondern kann. Ein Teil dieser Bewußtseinsaspekte ist im Falle Buddhas tatsächlich zur Quelle zurückgeflossen. Andere Wesensanteile blieben als „seine Bewußtseinsstruktur" erhalten. Wie wir bei Mohammed geschildert haben, sind solche Anteile mit anderen Seelen gelegentlich auch Symbiosen eingegangen. Zu diesem Punkt konnte Ahastar aber keine detaillierteren Auskünfte geben.

Die Biographie

Wir wollen uns noch mit einigen Details des Buddha-Lebens befassen – also mit der Biographie Siddhartas, wie er vor seiner Erleuchtung hieß. Auch um seine Geburt gibt es ein Geheimnis, das aber nicht als Legende erhalten blieb. Siddharta war nicht das leibliche Kind seines Vaters, des Fürsten. Nach einer karmischen Abmachung trat hier ein anderer irdischer Erzeuger auf den Plan, der in späteren Jahren für das heranwachsende Kind eine wichtige Lehrerfunktion ausüben sollte.

Es handelte sich dabei um einen Heiler und Lehrer, der aus den hohen Bergregionen Tibets kam und am fürstlichen Hof eine Zeitlang Quartier und Arbeit fand. Ahastar sagt von diesem Mann, daß er – aus einer Region unweit einer einst zentralen venusischen Schulungsstätte stammend – einen besonders reinen Körper mit noch relativ unverfälschtem venusischem Erbmaterial hatte. Wieder haben wir es mit der Frage einer geeigneten Erbgrundlage zu tun, die einer hochschwingenden Seele alle Gaben zur Erfüllung ihrer Mission mit auf den Weg geben soll. Bei Jesus und Artus kam es, wie von Ahastar dargestellt, zu diesem Zweck sogar zur „Einmischung" durch planetarische Wesen. Bei Mohammed blieb dieses Thema ganz ausgespart. Doch auch hier, so Ahastar, fanden die speziell ausgesuchten Eltern zusammen, um dem späteren Propheten die geeignete leibliche Inkarnationsgrundlage zu geben.

Doch kommen wir wieder zu Buddha. Der rein äußerliche Grund für die leibliche Vaterschaft eines anderen Mannes war die Zeugungsunfähigkeit des Fürsten, die nach einer frühen Erkrankung einsetzte und ihm auch zunehmend bewußt wurde. Eine Liebesbeziehung des Heilers mit der Fürstin führte schließlich zur Geburt eines fürstlichen Nachfolgers und Stammhalters – ein Umstand, der den Eltern letztlich doch willkommen war. Der Heiler wurde des Hofes verwiesen, aber der Regent nahm das Kind als das eigene an. Allerdings schenkte er dem Jungen, wie letztlich auch die Mutter, wenig Aufmerksamkeit, und die Erziehung wurde ganz in die Hände fremder Lehrer gelegt. Dies kam dem Kind dennoch in vielerlei Hinsicht zugute. So wurde es in unterschiedlichen Wissensgebieten ausgebildet, die es umfassend auf die Kunst des Regierens vorbereiten sollten. Seine Lehrer gingen auf sein reges Interesse an den Geheimnissen der Natur ein und unterrichteten es in den Naturreligionen mit all ihren bekannten Gottheiten.

Der genannte Heiler und Lehrer aus dem Himalaya kehrte nach einiger Zeit, zunächst verkleidet und unerkannt, an den fürstlichen Hof zurück und übernahm, schließlich doch offen akzeptiert, einen Großteil der Erziehung des Jungen. In diesen Jahren wurde Siddharta erstmals auch in verschiedenen Meditationstechniken unterwiesen, die ihm zunehmend erste Einblicke in frühere Inkarnationen ermöglichten. Zu seiner umfassenden Schulung gehörte es auch, daß er lernte, mit den Lebewesen in der Natur – durch eine gesteigerte Fähigkeit des Sich-Einfühlens – Kontakt aufzunehmen. Die Sprache der Tiere zu verstehen, wurde Buddha später in einigen Legenden zugeschrieben. Kennen wir Buddhas eigenen Entwicklungshintergrund, so wird uns diese Nähe zu den Naturreichen in besonderer Weise verständlich. Alles, was lebt, ist durchdrungen vom Göttlichen und potentieller Teil einer Menschwerdung, wie dieses Wissen erkennt. Falsche Interpretationen solcher Aussagen Buddhas führten später zu Glaubensvorstellungen wie denen, daß in Kühen eine menschliche Seele inkarniert sein könne.

Der Vierzehnjährige verbrachte einige Monate in der Einöde, fern der Annehmlichkeiten des elterlichen Hofes – auf Anraten seines Lehrers, der ihn in die Obhut eines Eremiten übergab. Damit begann eine etwa halbjährige Lehrzeit, in der Buddha mit verschiedenen Techniken zur Beherrschung von Körperprozessen bekannt wurde, wie etwa die der Wärmererzeugung bei nächtlicher Kälte. Er lernte, Schlangengift unwirksam zu machen und sich mit einem asketischen Leben zu arrangieren, das der Gesundheit nicht abträglich war. Der zu dieser Zeit bereits hochbetagte Eremit war ein Pflanzenkundiger, der tiefe Einblicke in die Wachtumsgesetze der Pflanzen und deren Heilkräfte erlangt hatte. Wenn in einer Legende die Rede davon ist, daß Buddha eine welke Blüte wieder zur Entfaltung ihrer Kraft bringen konnte, so ist damit seine innige Beziehung zur Pflanzenwelt angesprochen, die er sich im Laufe der Schulung bei dem Eremiten zu eigen gemacht hatte. Im übrigen war dieser pflanzenkundige Weise eben jene Seele, die viele Jahrhunderte später als Franz von Assisi wiedergeboren wurde. Auch Rudolf Steiner beschreibt die enge persönliche Beziehung des Heiligen Franziskus zu Buddha.

Siddharta kehrte anschließend an den Hof der Eltern zurück und wandte sich in den folgenden Jahren wieder ganz den höfischen Freuden und weltlichen Genüssen zu. Mit 16 Jahren wurde er mit einer vier Jahre älteren Prinzessin verheiratet. Aus der Ehe mit ihr gingen zwei Kinder hervor, die beide früh starben – eines durch einen Unfall, das andere durch eine tödliche Krankheit. Diese Krankheit ließ sein Bewußtsein auf neue, tiefere Weise für Karmafragen wach werden, die ihn einige Zeit lang stark beschäftigten. Wie sein Lehrer, der ihm hier wieder zur Seite stand, erklärte, galt es, den selbstgewählten Tod einer

Seele zu akzeptieren. Es stand nicht in der Macht eines Lebenden, sie zurückzuhalten. Auch der Einsatz von Heilkräften hätte dem karmischen Plan dieser Seele widersprochen.

Mit Anfang 20 zog sich Siddharta aus freiem Entschluß erneut in die Einöde zurück, in ein karges gebirgiges Hochland. Die nun folgenden Jahre sind in die Überlieferung als jene seiner Asketenzeit eingegangen. Während dieser Zeit setzte er sich bewußt Armut und Mangel aus und stellte jede Befriedigung körperlicher und materieller Bedürfnisse hinten an. Es war eine Zeit des Rückzugs und der Selbstbesinnung. Er hatte viele Mißstände in seinem Land erkannt. Diese bestanden nicht nur in Armut, Hunger und Krankheit breiter Bevölkerungsschichten. Es gab auch religiöse und geistige Not. Die Seelen der Menschen kamen ihm zerrissen und ohne inneren Halt vor, oft gefangen in der Angst vor den allgegenwärtigen lokalen Gottheiten, die sich das Volk im Laufe der Jahrtausende selbst erschaffen hatte. Er verspürte den Impuls, helfend einzugreifen, und war sich doch über den Weg unsicher. Er stand vor dem gleichen Konflikt, der uns schon bei Jesus begegnet ist: Die weltlichen Geschäfte eines Regenten trugen zugleich die Gefahr der weltlichen Vereinnahmung in sich, die einem religiösen Lehrer und Erneuerer nicht zuträglich war. Zugleich konnte das Amt eines weltlichen Herrschers ihm aber bei der Erneuerung und Veränderung den Weg ebnen.

Bei seiner Rückkehr aus der Askese wurde er mit der rauhen Wirklichkeit irdischer Machtgier konfrontiert. Man hatte ihn während seiner Abwesenheit für tot erklärt, und ein Stellvertreter hatte bereits seinen Platz eingenommen. Mit diesem entbrannte ein Kampf um seine einstige Stellung und den fürstlichen Titel. Er war dadurch gezwungen, sich wieder ausschließlich um weltliche Angelegenheiten und Regierungsgeschäfte zu kümmern. Er gewann diesen Kampf und heiratete ein zweites Mal. Eines der Kinder, das seine Frau ihm schenkte, ein Mädchen, empfand er als seiner Seele besonders nahestehend. Ahastar sagt von diesem Kind, daß es eine Seele war, die direkt aus der Quelle kam, ohne vorangegangene Inkarnationen. Die Vertrautheit mit dieser Seele weckte so etwas wie ein Erinnern in ihm – die Erinnerung an seinen eigenenUrsprung.

Das Leben eines weltlichen Fürsten stand nun ganz im Vordergrund. Siddharta neigte dazu, so Ahastar, die Freuden des Lebens voll zu genießen. Nicht ohne Grund ist er auf vielen Abbildungen in einer eher stattlichen Leibesfülle zu sehen. Zwischendurch allerdings schlug das Pendel immer wieder klar in die andere Richtung aus: die des Rückzugs und der Askese – wie auch die weiteren Darstellungen zeigen werden.

•

Siddharta war Ende 20, als er vom Pferd stürzte und für vier Tage in ein Koma fiel. Während dieser Zeit löste sich seine Seele vom Körper und fand Unterweisung durch andere artverwandte Wesen, die sein tiefes Wissen um ursprüngliche kosmische Zusammenhänge aufs neue belebten. Dieses Wissen konnte Buddha zunächst nur bruchstückhaft in sein Wachbewußtsein hinüberretten. In jedem Falle aber gab es den Anstoß zu einer intensiven spirituellen Suche.

Es folgten vier Jahre einer leidvollen Bewegungseinschränkung, da seine Wirbelsäule verletzt worden war. Auch behindernde energetische Blockaden hatten sich eingestellt. Buddha besann sich auf die Möglichkeit, selbst Heilkräfte zu entwickeln, wobei er vor allem die erlernten Yogatechniken als dienlich empfand und selbst weitere neue entwickelte. Auch wenn es ernüchternd auf uns wirkt: Was uns heute als Inbegriff spiritueller Versenkung berührt – die meditierende Buddha-Gestalt mit den verschränkten Beinen –, steht im Zusammenhang mit jener Leidens- und Krankenzeit. Siddharta bat seine Diener – ehe er sich der tiefen Meditation überließ –, seine Beine fest aneinanderzubinden, so daß er im Sitzen den notwendigen festen Halt hatte. (Zugleich handelt es sich bei dieser Position mit den typischerweise erdabgewandten Fußsohlen um eine spirituell wirksame Sitzhaltung, und sie wird durch eine Krankheitsgeschichte wie diese nicht abgewertet.) Nach vier Jahren gelang ihm die Selbstheilung.

Er heiratete schließlich ein drittes Mal – mehrere Frauen zu haben, war für einen indischen Fürsten nicht ungewöhnlich –, aus dieser Ehe entstammten vier weitere Kinder. Über zehn Jahre hin führte er jetzt vorwiegend das geschäftige Leben eines weltlichen Fürsten. Ahastar beschreibt, er sei nach dieser Zeit ein bißchen träge geworden. Sein geistiges Potential war wohl in eine Art Schlafzustand gefallen. Doch das sollte sich nun wieder ändern. Äußerer Anlaß dieser Veränderung war das Eintreffen einer Gesandtschaft von Bauern, die ihn als Richter in einem Streitfall konsultieren wollten. Es ging um ein abgelegenes Bergdorf, in dem über einen langen Zeitraum hinweg der Regen ausgeblieben war. Hartnäckig hielten sich Gerüchte, daß diese Zeit der

Dürre auf einen Fluch und die Anrufung dunkler Gottheiten zurückgehen sollte. Siddharta machte sich kurz darauf selbst auf den Weg dorthin, was einen längeren Aufenthalt in der Berggegend zur Folge hatte. Schließlich gründete er hier ein erstes größeres Kloster, dem Jahre später weitere Gründungen folgen sollten. Der Keim zur Ausbreitung seiner religiösen Lehren war gelegt. Die Fülle der lokalen Gottheiten, mit denen so viel Furcht und jahrhundertelanger Aberglaube verbunden waren, hatte in diesen Lehren keinen Platz mehr, aber Siddharta geriet in den kommenden Jahren auch häufig in harte Konfrontation mit den traditionellen religiösen Strömungen. Seine Lehren forderten den Menschen auf, sich selbst als Schöpfer seines Schicksals und damit auch Karmas zu erkennen. Eine spirituelle Lebensweise konnte dieses Karma günstig beeinflussen, besonders der Pfad des geistigen Lernens, wie eine Klostergemeinschaft ihn anbot. Der erwähnte Aufenthalt, in der Nähe des heutigen Tibet, ließ Siddharta erneut Vater werden. Diese Vaterschaft bedeutete für eine gleichfalls hochschwingenden Seele den ersten Eintritt in eine irdische Inkarnation und auf längere Sicht den „Einzug" in die Position eines hohen Lama-Amtes, das sich in jahrhundertelanger Tradition fortsetzen sollte. In eine solche Position wird üblicherweise immer wieder dieselbe Seele hineingeboren.

Inzwischen über vierzigjährig begann sich Buddha zunehmend auf seine Tätigkeit als religiöser Lehrer zu konzentrieren und seine weltlichen Pflichten an andere zu übertragen. Erstmals sammelte sich ein rasch wachsender Kreis von Schülern und Jüngern um ihn. Kommen wir nun zum nahen Zeitpunkt der Erleuchtung. Ahastar bestätigt, daß sich Buddha damals auf Reisen befand. Im weiteren trifft zu, daß Buddha häufig in der freien Natur im Schatten eines Baumes meditierte. Die Nähe zu einem Baum bedeutete für ihn, daß er meditierend an dessen Energiefeld teilhaben und hier Erfrischung von den Strapazen der Reise finden konnte. Über das Erleuchtungsgeschehen selbst – das mit dem völligen geistigen Selbsterkennen identisch ist – haben wir bereits berichtet. Im Falle Buddhas wurde dadurch die tiefe Sehnsucht entzündet, zur ursprünglichen göttlichen Quelle, zu einem Nirwana, das die Auslöschung aller persönlichen Wesensanteile bedeutete, zurückzukehren. Die Erfahrung eines an irdischen Freuden reichen Lebens verblaßte offenbar gegenüber der Verheißung einer solchen Wiederverschmelzung mit dem göttlichen Ursprung.

Wir mögen daran die Tiefe der Berührung ermessen, die für ihn von diesem Geschehen ausgegangen sein muß. Nun hatte er auch den Vorrang der religiösen Lehrerschaft endgültig erkannt. Armut und Askese bestimmten erneut sein Leben und führten schließlich eine endgültige Weichenstellung herbei.

Der Text soll an dieser Stelle nicht auf Einzelheiten der buddhistischen Lehre eingehen. Dazu liegt eine reichhaltige Literatur vor. So wie ein Großteil der Inhalte auf Buddha selbst zurückgeht, so wurden sie ebenso vielfach von seinen Jüngern und Nachfolgern ergänzt und erweitert. Eines der weiteren, von ihm gegründeten Klöster in einer sehr abgeschiedenen Gegend wurde für ihn selbst zur Wohnstätte. Die Gründung jener Klöster, die immer auch die Funktion einer Schule erfüllten, nahm in seinem Wirken einen zunehmend wichtigen Platz ein. Dahinter stand der Gedanke, daß auf diesem Wege eine Schwingungsanhebung für die gesamte Region bewirkt werden könnte.

Er hatte erkannt, wie schwer es den meisten irdischen Seelen fiel, in erleuchtungsnahe Bewußtseinszustände zu kommen oder sie gar dauerhaft zu erhalten. Das spirituelle Leben der mönchischen Gemeinschaften versprach eine mentale Veränderung, von der sich auch für andere Seelen eine Entwicklungsbeschleunigung erhoffen ließ.

Wir wollen uns in diesem Zusammenhang noch einmal der Askese und der möglicherweise damit verbundenen Weltflucht zuwenden. Besonders finden sie ihren Ausdruck in der Auflage der meisten buddhistischen Mönchsorden, die in der Regel Männergemeinschaften sind, sich von allen Kontakten mit dem weiblichen Geschlecht fernzuhalten. Hier gibt es im gegenwärtigen Bild so manche Verzerrungen, die mit dem ursprünglichen Anliegen Buddhas nur noch wenig gemeinsam haben. Für Buddha bedeutete sexuelle Entsagung lediglich, daß damit eine verstärkte Konzentration auf einen anderen spirituellen Bereich gewährleistet sein sollte. Deshalb empfahl er das klösterliche Leben vor allem den schon älteren Männern. Auch gehörten Lernprogramme zum klösterlichen Leben, mit denen sich die Sexualenergie umwandeln ließ und dadurch nicht ein vernachlässigtes oder unterdrücktes Energiepotential blieb. Dazu gehörte inbesondere auch die Fähigkeit, männliche und weibliche Energien, Yin und Yang, bei sich selbst zu erkennen, zu harmonisieren und zum Ausgleich zu bringen. Eine prinzipielle Ablehnung der Sexualität, die

Buddha selbst reichlich erlebt und genossen hatte, wäre also eine Fehldeutung.

In gleicher Weise gilt, daß Buddha keine ablehnende Haltung gegenüber der Weiblichkeit einnahm. Daß vergleichsweise wenige Nonnen ein buddhistisch-klösterliches Leben führen, hängt vor allem mit dem Umstand zusammen, daß man zu Buddhas Zeiten die Aufgabe der Frau als eine andere ansah: Sie war die Gebärende, zuständig für das Hervorbringen des neuen irdischen Lebens. Ein Leben im Kloster hätte sie dieser Bestimmung entzogen.

Buddhas Leben bewegte sich zwischen zwei gegensätzlichen Polen: einer starken Zuwendung zu weltlichen Freuden und irdischen Genüssen, die im Kontrast steht zu asketischem Rückzug und geistiger Selbstbesinnung. Ahastar bemerkt dazu, daß ein gewisser Übereifer seiner Jünger dazu führte, die Komponente der Lebensentsagung und Askese überzubetonen und zur einzig gültigen zu erklären – man denke etwa an die Scharen der durchs Land ziehenden, völlig mittellosen Bettelmönche. Darin liegt das Bestreben, unter Auslassung der vorangehenden Stufen ohne Umwege auf die Erleuchtung zuzustürmen, sich also gewissermaßen auf die letzte Lebensphase des großen Religionsstifters zu beschränken. Dies erscheint verständlich und verzeihlich, drückt aber dennoch eine innere Ungeduld aus, die der Seele oft nur bedingt zugute kommt.

Wir sprachen von dem größeren „Kontext" der Wirkungen. Diese Wirkung liegt zunächst einmal, unabhängig von der Lehre, in dem Buddha-Bild selbst, wie es in allen buddhistisch geprägten Regionen allgegenwärtig ist: konkret in Form der zahlreichen Statuen. Diese in sich ruhende Gestalt mit dem nach innen gekehrten Gesichtsausdruck, der doch offen und ganz gelöst ist, in einer wunderbaren Balance von friedvollem Lächeln und tiefem Ernst, hat eine eigene Faszination, die die Seele des Betrachters in besonderer Weise berührt: ein Wesen, das alle Disharmonien in sich aufgelöst hat; ein Wesen, das sich selbst ganz gefunden hat.

Betrachten wir zum Schluß die Wirkung, die Buddha mit seiner Lehre ausgelöst hat. Mit seinen hinterlassenen Lehren, speziell dem sogenannten „Achtfachen Pfad", hat Buddha seinen Schülern über zahlreiche Jahrhunderte hinweg ein wirksames Werkzeug der Selbsterziehung an die Hand gegeben. Wenige andere religiöse Stätten zeichnen sich durch ein derart diszipliniertes und hingebungsvolles Streben nach Weiterentwicklung und Befreiung der Seele aus, wie dies insbesondere von buddhistischen Klöstern gesagt werden kann. Anders als in der westlichen Welt hat das Individuum hier keinen hohen Stellenwert. Im Gegenteil: Es ist mit der radikalen Konsequenz konfrontiert, daß sein Weg der beständigen Höherentwicklung letztlich auf die Auslöschung, auf das völlige Vergehen, hinführt. Diese Vorstellung ist für den gläubigen Buddhisten, auch den Mann aus dem einfachen Volk, nicht nur bloße Theorie. Sie ist ein ganz normaler Bestandteil seines Denkens und Lebens – oft wenig reflektiert, aber doch widerspruchslos akzeptiert.

Läßt man sich unbefangen auf diese Art zu denken ein, so wird man entdecken, daß sie tatsächlich eine reinigende Wirkung ausüben kann. Das eigene Ich, speziell in seinem Ego-Aspekt, schrumpft in dieser kosmischen Perspektive zusammen, wird spürbar kleiner und schließlich bedeutungs- und wesenlos. Fast kann sich hier eine Umkehrung der üblichen Haltung des Bewahren-Wollens einstellen: Die eigene Person mit all ihren Vorzügen und Eigenarten kann am Ziel ihrer irdischen Reise erneut dem großen kosmischen Urstrom übergeben werden, frei von den Spuren des irdischen Lebens, wieder rein.

Demgegenüber gibt es aber auch die andere Seite der Medaille, der Wahrheit: das Individuum selbst als höchstes Gut anzusehen, als Ziel der Schöpfung – ein von Gott erschaffenes Abbild seiner selbst. Notwendigerweise ist eine Lehre wie die buddhistische durch Weltflucht gekennzeichnet. Dies ist nicht gleichbedeutend mit Weltverachtung – denn nur der achtsame, liebevolle Umgang mit der Welt der Materie kann vor neuer Karmaverstrickung schützen und den Weg der Befreiung sichern. Aber der Kontrast zum westlichen Denken mit seiner in den letzten Jahrhunderten besonders stark ausgeprägten materiellen Ausrichtung und starken Ego-Betonung könnte nicht größer sein. Hier schlägt das Pendel in die andere Richtung aus.

Schauen wir uns doch einmal den größeren Kontext an. Alle Seelen durchlaufen über die Jahrhunderte hinweg Inkarnationen in unterschiedlichen Völkern und Kulturkreisen. Damit vollziehen sie auch, in der einen oder anderen Form, die angedeutete Pendelbewegung. Die Erfahrung der materiellen Fixierung und Ego-Dominanz findet, aus einer größeren Perspektive gesehen, ihr Kontrastprogramm in den Haltungen der Weltflucht und Geringschätzung des eigenen Ichs.

Buddha wird seit Jahrhunderten in vielen östlichen Völkern als Gott und Erlöser verehrt. Einleitend wurde von dieser Seele gesagt, daß sie einst die mit ihrem ursprünglichen Gottsein verbundene Verantwortung von sich gewiesen hat. Mit der Mission des Buddhas hat sie ihre Aufgabe, wie wir gesehen haben, letztlich doch erfüllt.

Die Apokalypse

Die Apokalypse, die vielen sicherlich als die Offenbarung des Johannes bekannt ist, ist das letzte Buch der Bibel. Sie hat viele Interpreten beschäftigt, darunter nicht nur zahlreiche Prediger auf ihren Kanzeln, die sie gern und reichlich zitierten, sondern auch Religionswissenschaftler und Philosophen. Darüber hinaus ist das Wort „Apokalypse" selbst zum Allgemeingut im Bewußtsein der Menschen geworden. Wenn die Apokalypse mit der Fülle ihrer düsteren Bilder auch einheitlich als eine Beschreibung der Endzeit verstanden wurde, so gab es über den genauen Zeitpunkt des Eintretens der vorhergesagten Ereignisse doch immer sehr abweichene Meinungen. Immer wieder umstritten war auch die Frage, inwieweit die einzelnen Bilder die Details konkreter Abläufe beschreiben oder ob sie nur symbolisch zu verstehen sind.

Schon zur Zeit der Christenverfolgung wurde die Apokalypse als aktuell angesehen. Wenn auch nur in symbolischen Bildern, so drückte sie doch die Schrecken dieser Verfolgung aus und bestärkte den Glauben an eine nahende Endzeit. Dieses Endzeit-Denken setzte sich über viele Zeitepochen fort, besonders im Mittelalter war es immer wieder präsent – dies in besonderem Maße um die Jahrtausendwende. Bis in unsere Zeit hinein hat es viele religiöse Gruppierungen und Sekten geprägt, wie etwa die Zeugen Jehovas mit ihrem Erwarten eines nahenden göttlichen Weltgerichts.

Wir wollen uns gleich den Erläuterungen Ahastars zuwenden: Er beschreibt die Apokalypse als ein Buch, das zu verschiedenen Zeiten aus unterschiedlichen Teilen zusammengesetzt wurde. Kurzum, sie ist eine Sammlung prophetischer Texte unterschiedlicher Autoren. Ein Teil wurde tatsächlich von Johannes, dem altgewordenen Jünger, verfaßt, der inzwischen in der Verbannung auf Patmos lebte und als Einsiedler und Seher selbst einen kleinen Kreis von Anhängern und Jüngern um sich geschart hatte. Alle Texte des Buches wurden von den frühchristlichen kirchlichen Herausgebern der Bibel schließlich unter seinem Namen zusammengefaßt. Die ersten Texte entstanden relativ früh, ungefähr 15 Jahre nach dem Kreuzigungsereignis, andere wurden wesentlich später niedergeschrieben.

Allen gemeinsam sind die recht düsteren Visionen, die in einer kraftvollen Bildersprache ausgemalt sind. In diesem Sinne ist die Apokalypse von einer starken Furchtkomponente geprägt. Doch welche Art von Realität können diese Schreckensvisionen, diese Bilder der Furcht überhaupt beanspruchen? Eine sinnvolle Antwort kann nur lauten, daß es sich dabei um bloße Zukunftswahrscheinlichkeiten handelt. Die Gedanken- und Gefühlsimpulse und schließlich die konkreten Taten der Menschen bestimmen, was in diesem Zeitkontinuum „Zukunft" tatsächlich geschehen wird. In diesem Sinne sind die Visionen nicht festgelegt. Wie nahe ihnen aber die Wirklichkeit kommen kann, hat uns vor allem unser Jahrhundert gezeigt. Weltkriege, die Entwicklung der Atombombe, die verheerenden Folgen der Umweltverschmutzung und daraus erwachsende Naturkatastrophen. Diese Ereignisse lassen die Apokalypse wieder in hohem Maße aktuell erscheinen. Wir wollen die bereits genannte Furchtkomponente einmal genauer betrachten. Wie Furcht sich ebenso vereinnahmend und lähmend auswirken kann, so hat sie auch ihre Funktion: Sie soll als Warnung verstanden werden, und die konkreten Bilder möglicher Konsequenzen können als Mittel zur Korrektur dienen.

Wer die dramatischen Bilder der Apokalypse kennt, der wird sich weniger gedankenlos den zu Dekadenz und Zerstörung führenden Trends unserer Zeit überlassen und sie vielleicht wirklich als Aufruf zur Neubesinnung und Umkehr verstehen.

Zugleich muß man ganz unbefangen das folgende sehen: Es lag vor allem im Interesse der sich etablierenden Kirche, ein gewisses Angstpotential im wachsenden Kreis ihrer Anhänger aufzubauen und für ihre Zwecke zu nutzen. Die Kirche hat – über Jahrhunderte hinweg, bis in die Gegenwart – unablässig und oft massiv mit der Angst gearbeitet, um eigene Machtstrukturen zu erweitern oder zu festigen.

Viele Passagen in der Apokalypse gehen auf die Eingriffe der frühchristlichen Kirche zurück. Nach Ahastar ist kein anderes Buch des Neuen Testaments in gleicher Weise willkürlichen Eingriffen und Veränderungen unterworfen gewesen. Selbst Martin Luther hat in seine Übersetzung eine spezielle Färbung eingebracht, die wiederum die dunklen, dramatischen Aspekte betonte. Eine Angst, die uns ganz real bedrängt, die die Seele in ihrer freien Entfaltung lähmt, sollte als solche durchschaut und entmythologisiert werden.

Die genannten Eingriffe verstärkten die bereits vorhandenen drastischen Bilder, die wiederum der im Orient so ausgeprägten Fabulierkunst und Neigung zur dramatischen Überhöhung entspringen. In diesem Zusammenhang sollten wir freilich auch vor unserer eigenen Tür kehren. Wir alle haben vielleicht – wenn auch nur in einem verborgenen Teil unserer Seele – einen Hang zu dramatisieren. Dies bringt Bewegung und Farbe in unseren häufig durch Routine bestimmten grauen Alltag und ist uns, selbst in den ausgemalten Schreckensvisionen, vielleicht sogar willkommen.

Aber oft wird übersehen, daß das Buch der Apokalypse auch sehr positive Aspekte enthält, etwa mit der Beschreibung des neuen Jerusalem. An dieses Bild der glänzenden Stadt haben sich jedoch ebenso viele verzerrende Vorstellungen geheftet – vor allem in einer Reihe von Sekten, die jenen zukünftigen Ort für ihre eigenen elitären Ziele vereinnahmen wollen. Jene positiven Aspekte der Apokalypse sollten wir nicht aus den Augen verlieren. Wenn wir die Fülle der dramatischen Ereignisse als Zukunftswahrscheinlichkeiten und nicht als festgelegtes Verhängnis betrachten, so kann unser Blick frei sein für eine unbefangene Wertung der geschilderten Ereignisse.

Dem müssen wir hinzufügen, daß in der Apokalypse verschiedene Menschheitszeitalter dargestellt werden, von denen einige bereits Geschichte sind. Also geht es hier auch um bereits eingetretene Zukunftswahrscheinlichkeiten. Zudem werden gleiche Ereignisse auch in verschiedenen Versionen vorgestellt, was die Annahme bestätigt, daß es sich um eine Textsammlung mehrerer Verfasser handelt und damit auch um die Visionen unterschiedlicher Propheten, die sich wohl an einer einheitlichen Grundlage orientieren, dazu aber jeweils abweichende Bilder und Interpretationen liefern.

◈ ◈ ◈

Der Rat der vierundzwanzig Ältesten – Die vier apokalyptischen Tiere

Die Apokalypse beginnt, nach einem einleitenden Grußkapitel, mit sieben Sendschreiben an unterschiedliche Gemeinden. Diese erscheinen in ihren Inhalten eher beliebig und austauschbar. Ahastar wies gleich darauf hin, daß es hier um Schreiben in unterschiedlichen zeitlichen Epochen geht. Damit werden wir es auch im folgenden immer wieder zu tun haben.

Das eigentliche Panorama visionärer Bilder entfaltet sich mit dem Blick in den Himmel: Eine Tür wird aufgetan, und der Seher vernimmt eine Stimme, die wie eine Posaune klingt und ihn einlädt, an dem beginnenden Schauspiel teilzunehmen. Was er nun wahrnimmt, ist ein Mann auf einem Stuhl, der von 24 anderen Männern, den sogenannten „Ältesten", umgeben ist. Die Szene ist farbig und eindrucksvoll ausgemalt. Alle Ältesten tragen Kronen und weiße Gewänder, an Prunk und Herrlichkeit werden sie jedoch von dem Einen in der Mitte übertroffen. Sieben Fackeln brennen vor seinem Stuhl, welche die Geister Gottes sind. Außerdem befinden sich vier Tiere in der Nähe des Stuhls: ein Löwe, ein Kalb, eins mit dem Gesicht eines Menschen und ein Adler. In tiefer Ehrfurcht preisen sie den Allmächtigen, und alsbald fallen auch die vierundzwanzig Ältesten nieder und beten den in ihrer Mitte an, „der da lebt von Ewigkeit zu Ewigkeit".

Ahastar hat häufig vom „Rat der Zwölf" gesprochen, der für einen größeren Teil dieser Galaxie zuständig sei. Auf diesen Rat stoßen wir in den Reihen der vierundzwanzig Ältesten. Daß es in diesem Fall nicht Zwölf sind, hat einen besonderen Hintergrund: Zwölf gehören dem beständigen inneren Kern dieser Gruppe an. Zwölf weitere stehen immer bereit, um Aufgaben im äußeren Umfeld zu übernehmen. Zum Teil sind sie, wie über längere Zeiträume hinweg auch die Osiris-Seele, selbst in evolutionsfördernde Aufgaben auf einem Planeten ihres Zuständigkeitsbereichs verwickelt. Insgesamt entsprechen den Vierundzwanzig des Gesamtrates 24 Sonnensysteme, deren Planeten intelligentes Leben hervorgebracht haben. Die zentrale Figur unter ihnen ist nach Ahastar ein sehr, sehr altes Wesen, das in seinem kosmischen Alter noch weit über dem der Ältesten liegt. Selbst für ein Wesen wie Ahastar ist die Dimension eines solchen Alters mit dem zu vergleichen, was wir uns etwa unter Unendlichkeit vorstellen. Die

Kirche hat in dieser Figur naheliegenderweise „Gott Vater" gesehen. Ahastar allerdings spricht davon, daß es Wesen von noch höherem Rang und von noch höherem kosmischen Alter gibt. Sie sind, im festen Verbund mit anderen Wesen, zuständig für die Verwaltung ganzer Galaxien sowie von Galaxienhaufen. Der „Rat der Zwölf" ist mit eigenständigen Wesenheiten besetzt, die nicht bloß Abspaltungen des genannten Einen, Größeren sind. Das Götterwesen Osiris gehört diesem Rat an – als eigentliche Verkörperung des Christus-Geistes. Er wird im Text der Apokalypse sogleich ins Bild treten, symbolisiert durch das Lamm mit den sieben Hörnern und sieben Augen.

Noch eine andere „Institution" wird in den Beschreibungen der großen Thronszene genannt, wenn auch eher beiläufig und symbolisch verschlüsselt. Dieser kommt eine Funktion in kleinerem Rahmen zu, es handelt sich dabei um den „Rat der Neun", wie Ahastar erklärt und wie er auch in anderen esoterischen Texten erwähnt wird (etwa in *Planet der Wandlung* von Phyllis Virtue-Carmel). Dieser Rat ist speziell für unser Sonnensystem und im besonderen für unseren Planeten zuständig. Jedes bewohnte Sonnensystem hat einen solchen – der Zwölfheit untergeordneten – zusätzlichen Rat, deren Mitgliederzahl jedoch von Fall zu Fall unterschiedlich ist. Dieser Gruppe von Wesen gehören beispielsweise die vier Erzengel an, deren Anzahl aber nicht auf vier beschränkt ist – vier von ihnen nehmen allerdings zentrale Plätze ein. Die Kirchenväter konnten mit der Zahl Neun offensichtlich nichts anfangen und haben sie in die immer wiederkehrende Sieben umgewandelt. An dieser Stelle müssen wir noch einmal daran erinnern, daß in der Apokalypse, wie in keinem anderen Buch der Bibel, zahlreiche Eingriffe vorgenommen worden sind. So ist vom „Rat der Neun" nichts als „die sieben Fackeln mit Feuer" übriggeblieben, die sieben Geister Gottes. Vertreter des „Rats der Neun" treten in den Texten der Apokalypse seltener in den Vordergrund. Dies geschieht etwa an der Stelle, wo von den vier Engeln die Rede ist, welche die vier Winde der Erde halten. Ein anderer Engel fordert sie auf, diese nicht freizugeben und damit die Erde nicht einer maßlosen Verwüstung zu überlassen. Die Rede ist von der stets latenten Zerstörungsgewalt, durch welche die Menschheit bedroht ist. Sie abzuwenden haben sich höhere Wesen in einem beständigen Wächteramt zur Aufgabe gemacht, aber auch ihre Eingriffsmöglichkeiten und Kräfte sind begrenzt.

Kommen wir nun zu den vier Tieren. Das Vierergespann Löwe, Stier oder Kalb, Mensch und Adler sind in einige Kirchenmalereien und religiöse Plastiken eingegangen – in fester Zuordnung zu den vier Evangelisten. In gleicher Reihenfolge stellen sie Markus, Lukas, Matthäus und Johannes dar. Ahastar erklärt, daß diese vier Tiere die unterschiedlichen Zeitalter der menschlichen Evolution symbolisieren. Der Löwe steht für den ersten Zustand – die noch völlig ungezähmte Naturseele mit ihren animalischen Trieben. Das zweite Bild zeigt ein bereits domestiziertes Tier, ein Kalb. Erst beim dritten Tier blicken wir auf eines mit einem menschlichen Gesicht. Seiner Ansicht nach steht die Menschheit zum jetzigen Zeitpunkt erst an der Schwelle zu dieser dritten Epoche. Die Zeit des Adlers liegt noch in ferner Zukunft.

Das Buch mit den sieben Siegeln – Das Lamm Gottes

Das Buch mit den sieben Siegeln ist in unserem Sprachgebrauch, manchmal auch mit einer humorvollen Komponente, zu einer sprichwörtlichen Wendung geworden. Wie die Apokalypse berichtet, kann zunächst keiner der vierundzwanzig Ältesten das geheimnisvolle Buch öffnen – bis auf einen. Dieser eine ist, „... aus der Wurzel Davids“, unschwer als Christus selbst zu erkennen. Das von ihm durchlittene Leid macht ihn zum gewürgten Lamm, aber gerade dies verleiht ihm offenbar die Kraft, die Siegel aufzubrechen.

Wir mögen Schwierigkeiten mit dem Wort „Lamm“ haben. Zu sehr drückt sich in diesem Bild willige, vorbehaltlose Unterordnung aus. Es betont den Aspekt der Friedfertigkeit und Duldsamkeit, auch der Opferbereitschaft. Diese Qualitäten haben freilich auch die uns bekannten Schattenseiten. Sobald diese – in der Nachfolge Christi – bestimmend werden, wittern wir zu Recht Gefahr: ein Umschlagen potentiell vorhandener Qualitäten in Schwäche und willenlose Unterwerfung. Solche Züge sind einem Christus-Geist fremd. Wie wir gesehen haben, gilt dies auch für die irdisch inkarnierte Wesenheit Jesus. Auch für Ahastar ist das Symbol des Lammes problematisch. Wieder wurde es von den Kirchenvätern nachträglich in die Schriften eingefügt. Das Wort selbst enthielt aber tatsächlich den Hinweis auf ein durchstandenes Leid, welches das betreffende Wesen zeichnet. Damit zielt es sehr wohl realistisch auf den Schicksalshintergrund der Osiris-Wesenheit ab, deren Wirken auf der Erde sich in unterschiedlichen Etappen vollzog und die, speziell in der Auseinandersetzung mit Seth, vor tiefen Leiderfahrungen nicht verschont blieb.*

Einzig das Christus-Wesen, von allen anderen im großen Thronsaal geehrt und gepriesen, wird als würdig erachtet, das Buch an sich zu nehmen, und tatsächlich ist es imstande, die Siegel zu öffnen.

Die vier apokalyptischen Reiter

Das Brechen der ersten sechs Siegel führt zur Beschreibung der vier apokalyptischen Reiter. Diese werden – nicht ohne eine, wenn auch nur unterschwellig vorhandene Faszination an Schreckensbildern – auch in anderen Zusammenhängen häufig zitiert. Der erste Reiter sitzt auf einem weißen Pferd. Er zieht mit dem Bogen in den Kampf, um zu siegen. Der zweite Reiter auf einem roten Pferd ist mit einem Schwert ausgerüstet und hat die Macht, den Frieden von der Erde zu nehmen „und kann bewirkten, daß sie sich untereinander erwürgten". Der dritte Reiter kommt auf einem schwarzen Pferd daher. Er hält eine Waage in der Hand und wird in einen schwerverständlichen Zusammenhang mit Weizen und Gerste, Öl und Wein und deren Handel gebracht. Und schließlich ist da der vierte Reiter auf einem fahlen Pferd, dessen Name „Tod" ist und dem direkt die Hölle nachfolgt. Den vier Reitern wiederum sind die vier apokalyptischen Tiere zugeordnet. Wie schon gesagt, geht es bei der Apokalypse um Zukunftswahrscheinlichkeiten. In eindringlichen Bildern wird die Menschheit vor Abwegen gewarnt. Es sind dies Wege, die zu Zerstörung in verheerendem Ausmaß führen können.

Naheliegenderweise deuten die vier apokalyptischen Reiter unterschiedliche Formen der Kriegsführung an, wie sie in den vergangenen Zeitaltern auf der Erde bestimmend waren – oder in kommenden

* *Ahastar – Botschaften vom Rand der Galaxie*, siehe Kapitel: „Erdgeschichte und Menschheitsmythologie"

sein werden. Interpretieren wir die Bilder auf diese Weise, so kann uns ihre Dramatik nicht mehr überraschen. Seit Jahrzehnten mit den Gefahren einer nuklearen Vernichtungskatastrophe konfrontiert, wissen wir längst, daß die Menschheit heute über die Mittel verfügt, sich selbst völlig auszulöschen. In Zusammenhang mit den unterschiedlichen Zeitaltern stehen wiederum die vier apokalyptischen Reiter: Der Reiter auf dem ersten Pferd, mit Pfeil und Bogen in die Schlacht ziehend, ist der Kämpfer aus alten Zeiten – mit ursprünglichen Waffen ausgerüstet. Der zweite Reiter auf seinem roten Pferd deutet den Kampf mit Feuerwaffen an, im Sinne der bekannten Kriegstechnik der letzten Jahrhunderte. Der dritte Reiter auf seinem schwarzen Pferd symbolisiert die Gefahr der atomaren Zerstörung sowie die Spielarten einer bakteriellen Kriegsführung. Jede Form von lebendiger Nahrung, auch Weizen und Gerste, würde dadurch verseucht und zugrunde gerichtet werden. Der vierte Reiter auf seinem fahlen Pferd steht für die mögliche Waffentechnik der Zukunft, welche eine noch größere Dimension des Schreckens einnimmt – eine Technik mit größtenteils unsichtbaren Waffen. Ein Ansatz dazu liegt in Experimenten mit Schallwellen, die über weite Entfernungen töten können. Es sind Waffen, die Ahastar hier nicht ausführlicher beschreiben wollte und deren Entwicklung sich durch solche Aussagen nur beschleunigen würden.

Mit der Öffnung des fünften Siegels werden die bereits „um des Wortes Gottes“ willen getöteten Seelen sichtbar. Anders als dieses Bild scheinbar nahelegt, geht es dabei einfach um die Seelen derer, die den Zyklus ihrer irdischen Inkarnationen bereits abgeschlossen haben. Sie bitten gemeinsam darum, dem Planeten noch eine Schonzeit zu geben, damit auch die noch verkörperten Seelen ihren Inkarnationszyklus zu Ende führen können. An diesem Beispiel wird wieder deutlich, mit welchen Verzerrungen eine Interpretation dieser Texte auskommen muß. Eine Kirche, die den Reinkarnationsgedanken völlig aus ihrem Glaubenssystem gestrichen hatte, konnte mit dem eigentlich gemeinten Hintergrund nichts anfangen und dehnte dieses, wie auch viele weitere Bilder zu einem Schuld- und Rachegeschehen aus.

Dazu eine kurze Anmerkung: Der Weg einer Menschheit, die ihren Zyklus auf einem Planeten abgeschlossen hat, bewegt sich nicht zwangsläufig in die feinstoffliche Transformation hinein. Im Falle des Planeten Erde und ihrer Menschheit ist diese Frage, so Ahastar, noch offen. Es kann auch ein gemeinsames Überwechseln auf einen sogenannten „Astralplaneten" stattfinden. Damit ist gemeint, daß die Astralsphären eines ganz realen Planeten bewohnt werden. Yogananda spricht unter anderem von solchen Astralplaneten. Irdische Meister, die dorthin überwechseln, können hier übrigens wieder ihre Lehrerfunktion ausüben. Natürlich gibt es in jeder Menschheit auch ältere Seelen oder jene, die ihrer Entwicklung voraus sind. Ihr früher abgeschlossener Zyklus stellt sie vor die Wahl, ob sie sich in kleineren Verbänden einer anderen Menschheit anschließen wollen oder in lebendigem Kontakt mit ihrer Menschheit bleiben wollen, bis auch die große Masse ihren Abschluß gefunden hat und bereit ist, in andere Existenzformen überzuwechseln.

Die Errettung der Hundertvierundvierzigtausend

Die Öffnung des sechsten Siegels führt nochmals in hochdramatische Bilder hinein. Die Rede ist von einer schwarz werdenden Sonne und von Sternen, die vom Himmel fallen, von Bergen und Inseln, die von der Stelle bewegt und erschüttert werden. Ahastar ergänzt dazu, daß es sich hier um eine Erinnerung an die großen weltweiten Katastrophen handelt, vor allem an jene, die zum Untergang von Atlantis führte und den ganzen Planeten kurzzeitig ins Trudeln brachte, wodurch die Erdachse (nochmals) verschoben wurde. Es ist gleichsam eine Beschwörung, daß die Menschheit ein weiteres Mal vor einer solchen Katastrophe bewahrt bleiben möge. Eine Schar von Erretteten wird schließlich genannt. Es sind jene, die Gott „an ihren Stirnen versiegeln ließ". Ihre Zahl beträgt hundertvierundvierzigtausend – eine Zahl, die vor allem durch die Schriften der Zeugen Jehovas geläufig ist. Aufgezählt werden zwölf Geschlechter der Kinder Israels mit jeweils 12 000 Seelen, denen die Erlösung und Gnade Gottes zuteil wird.

Das Problematische dieser Zeilen steht außer Zweifel. Selbst wenn man die Nennung von zwölf auserwählten Stämmen lediglich symbolisch versteht, bleibt ein großer Spielraum für Mißverständnisse und Fehlinterpretationen. Alle gehen dahin, eine kleine Elite in den

Mittelpunkt zu rücken, der allein die Chance einer Rettung gewährt wird. Der nächste naheliegende Schritt ist dann, die eigenen Gefolgsleute zu dieser Elite zu zählen, was automatisch den Ausschluß aller Andersdenkenden zur Folge hat. Ein solches Mißverständnis ist bereits im Text angelegt, man kann ihn von diesem Vorwurf nicht freisprechen.

Kommen wir nun zur Öffnung des siebenten Siegels. Hier gibt es keine Schreckensvisionen. Es wird im Gegenteil ein Moment der feierlichen Einkehr beschrieben – eine Art himmlische Andachtszeremonie unter der Obhut von sieben Engeln, erfüllt von Räucherwerk und den Gebeten der Heiligen. Auch diese Zukunftswahrscheinlichkeit ist, so Ahastar, möglich – auch wenn wir es hier wieder mit der verengenden Blickweise der Kirche zu tun haben. Gemeint ist damit lediglich, daß sich die Seelen der Menschen auf ihren Kontakt mit den ursprünglichen kosmischen Kräften besinnen können, dann gibt es für Schreckensszenarien und Katastrophen keine Notwendigkeit mehr.

Viele Bilder der Apokalypse sind also mehrschichtig und manche stark von subjektiven Faktoren geprägt. Verwirrung stiftet vor allem der gelegentliche Sprung in eine andere Zeit, so daß sich Vergangenes und Zukünftiges vermischen. Gerade darin allerdings liegt ein typisches Merkmal visionärer Schau, denn wir können Vergangenheit und Zukunft gleichermaßen sehen. Allein durch unsere Erfahrung lernen wir, beides voneinander zu unterscheiden.

Die sieben Posaunen

Die nächste Reihe von Schreckensvisionen und immer wieder eindrucksvollen Bildern ist die der sieben Posaunen und des großen Leids, das sie ankündigen. Wieder werden wir mit der beklemmenden, äußerst düsteren Beschreibung verheerender Ereignisse konfrontiert. Hagel und Feuer fallen, mit Blut vermengt, auf die Erde. Der dritte Teil aller Bäume und das Gras verbrennen. Der dritte Teil des Meeres wird zu Blut, und der dritte Teil aller Lebewesen im Meer stirbt. Ein großer Stern fällt vom Himmel, dessen Name „Wehmut" ist. Er brennt wie eine Fackel und macht alle Wasserströme und

Brunnen bitter, woran zahllose Menschen sterben. Sonne, Mond und Sterne verfinstern sich, und Düsternis beherrscht den Tag. Hier haben wir es in gut verständlichen Bildern mit der Darstellung möglicher Umweltkatastrophen zu tun. Die Zerstörung der Natur und die Verschmutzung der Meere haben in den letzten Jahrzehnten in ungeahntem Ausmaß längst eingesetzt. Bei dem Stern mit dem Namen „Wehmut" handelt es sich um die Vorwegnahme einer atomaren Waffe. Die sich verfinsternden Gestirne machen die durch die Verschmutzung der Atmospäre drohenden Gefahren deutlich.

Die fünfte Posaune bezieht sich, anders als die vier vorangegangenen, nicht mehr auf die Zukunft. Die damit verbundenen Ereignisse beziehen sich vor allem auf die Vergangenheit der Menschheit. Geschildert wird wieder ein großer Stern, der herabfällt und „den Brunnen des Abgrunds auftut". Heuschreckenschwärme überziehen die ganze Erde. Sie haben Macht wie die Skorpione und knicken keinen Grashalm. Den Menschen aber quälen sie unerbitterlich. Die Heuschrecken werden in bildhafter Sprache umschrieben. Sie sind wie „Rosse, die zum Kriege bereitet sind", ihr Aussehen ist „der Menschen Antlitz gleich", doch sie tragen „eiserne Panzer" und versetzen die Menschen in Schrecken durch das „Rasseln ihrer Flügel" und das „Rasseln ihrer Wagen, die in den Krieg laufen". Ahastar interpretiert diese Bilder als Darstellung außerirdischer Eindringlinge mit negativer Gesinnung. So etwa die bösartigen Sirianer, die in der spätatlantischen Zeit die Herrschaft über den Kontinent an sich rissen.* Im weitesten Sinn ist damit aber die gesamte Gruppe der Entwickelten Tyrannen gemeint. Die Ausmalung der Details entspricht dem Verständnis der damaligen Zeit: Von eisernen Panzern, von Flügeln und von rasselnden Wagen ist die Rede. In diesem Zusammenhang an die Außerirdischen mit ihren kosmischen Flugfahrzeugen zu denken, liegt in jedem Fall nahe.

Wenden wir uns nun der sechsten Posaune zu. Das Bild eines großen Kriegsschauplatzes wird hier entworfen. Die Rede ist von Rossen, die „feurige und bläuliche und schweflige Panzer" haben und aus deren Mund „Feuer und Rauch und Schwefel" kommen. Sie haben Schwänze wie Schlangen, und wieder fügen sie der Menschheit großen

---

* *Ahastar – Botschaften vom Rand der Galaxie,* siehe Kapitel „Die spätatlantische Zeit"

Schaden zu. Jene Menschen allerdings, die das Inferno überleben, tun keineswegs Buße und erscheinen unbelehrbar. Nach Ahastars Angaben sind hier die vergangenen Kriege der Menschheit, speziell die großen Weltkriege, beschrieben. Mit etwas Phantasie können wir durchaus das Szenario der uns bekannten Waffentechnik (Panzer, Kanonen, Flugzeuge) erkennen. Doch diese Ereignisse können, so der Text der Johannes-Offenbarung, die Menschheit nicht zur Einkehr oder Umkehr bewegen. Im Zusammenhang mit der fünften Posaune und dem zerstörerischen Eingreifen außerirdischer Eroberer und Tyrannen betont Ahastar recht unmißverständlich das Interesse jener Wesensgruppen an planetarischen Ereignissen, die Haß, Aggressionen und Angst erzeugen. Sie versuchen, gezielt Einfluß darauf zu nehmen, daß sich Völkerkonflikte zu kriegerischen Entladungen aufschaukeln, was besonders im ersten und zweiten Weltkrieg der Fall war. Diese Hintergründe werden auch in anderen esoterischen Darstellungen erwähnt, wie etwa in den *Boten des Neuen Morgens* von Barbara Marciniak. Die freigesetzten Emotionen geben jenen Wesensgruppen Nahrung, vor allem auf halbfeinstofflicher Ebene. Damit ist freilich nur eine Sicht der Dinge angesprochen, was den Ablauf von Kriegskatastrophen angeht. In anderer Hinsicht kann ihre Funktion tatsächlich die eines Gewitters sein, das Reinigung und Umkehr bewirkt – vorausgesetzt, die Menschen verstehen die Zeichen.

Das mit der Sonne bekleidete Weib – Michaels Kampf mit dem Drachen

Wir kommen nun zum bekannten Bild des Schreibers der Apokalypse, der ein Büchlein von einem Engel erhält. Es heißt, daß er es verschlingen soll und daß es in seinem „Mund süß wie Honig" sein wird, ihm dann doch „im Bauch grimmen" wird. Damit ist ein allen bekannter Tatbestand angesprochen. Immer wenn einen Menschen eine Engelsbotschaft ereilt, verbindet er rasch eine weltverbessernde Mission damit. Dies geht häufig mit einer wohlschmeckenden Verlockung einher. Alle Ideale mobilisieren den Menschen zunächst, der Wahrheit und dem Guten zu ihrem Recht zu verhelfen. Aber all dies muß zunächst verdaut werden und sich mit dem Schritt der Verwirklichung tatsächlich bewähren. Erst jetzt beginnen die eigentlichen Mühen. Vielleicht haben wir es hier aber auch nur mit dem verständlichen Seufzer des Apokalypsenschreibers zu tun, der von seiner Mission des Weissagens zwar beflügelt ist, dem aber doch angesichts der vielen Schrecken und Verwüstungen, von denen er der Menschheit berichten soll, etwas eng ums Herz wird.

Der folgende Abschnitt von der Messung des Tempels Gottes ist eine Weissagung, die speziell Israel betrifft. Es ist die von der heiligen Stadt, die von den Heiden zertreten wird. Zwei Zeugen werden für die folgenden Ereignisse beschworen. Sie berichten vom Streit mit dem Tier, das aus dem Abgrund aufsteigt. Im weiteren werden zwei Propheten genannt, die jene „quälten, die auf Erden wohnten". Viel Unheil ereignet sich durch diese Propheten. Der lange Leidensweg der Israeliten – der Weg ihrer Vertreibung und Ausrottung – deutet sich in diesen eher verwirrenden Bildern an. Nach diesen Darstellungen ertönt die siebente Posaune. Wie schon beim siebenten Siegel geht es hier um eine positive Zukunftswahrscheinlichkeit. Der Rat der vierundzwanzig Ältesten ruft Gott seinen Dank zu. Die zornig gewordenen Heiden gehen ihrer gerechten Bändigung und Strafe entgegen. „Der Tempel Gottes ist aufgetan."

Kommen wir nun zu dem sonderbaren und geheimnisvollen Bild von dem mit der Sonne bekleideten Weib und dem Drachen sowie von Michaels Streit mit dem Drachen zur Errettung des Weibes. An dieser Stelle geht der Blick des Sehers wieder in die Vergangenheit. Doch die Bilder sind nur mühsam zu entschlüsseln. Es scheint, als seien sie in ein archaisches Weltempfinden getaucht, in dem Dinge und Vorgänge die Gestalt von Personen annehmen, die naturhaft-existentiellen Zwängen unterworfen sind. Aber wir müssen uns auf Andeutungen beschränken. Das mit der Sonne bekleidete Weib, so Ahastar, ist die alte Venus, die in die Umlaufbahn der Sonne eintritt. Ihr Schwangersein und der Vorgang des Gebärens stehen symbolisch für ihren Weg in eine neue planetarische Existenz, in ein anderes Sonnensystem. Die Geburt eines Knäbleins steht für die Entstehung der heutigen Venus, die nach der großen Katastrophe, bei der ihr Mantel zertrümmert wurde, erhalten blieb – mit der nochmals veränderten, uns bekannten Umlaufbahn.

Michael, der bekannte Erzengel, ist von Ahastar schon sehr früh als Venusier benannt worden. In der Darstellung vom Streit im Himmel führt er seine Engel im Kampf gegen den Drachen an, der in der Nähe des Weibes lauert, um das neugeborene Kind zu verschlingen. Er, der große rote Drache, kann diesen Kampf letztlich nicht gewinnen, wird aus dem Himmel vertrieben und mit seinen Heerscharen „auf die Erde geworfen". Von dem Weib jedoch heißt es, daß ihm zwei Flügel gegeben werden, mit denen es in die Wüste entfliehen kann. Auch von dem Knäblein wird gesagt, daß es an einen sicheren Ort in Gottes Nähe entrückt wird. Das Weib steht sowohl für die alte Venus als auch für die Venusier-Menschheit. Diese Planetengemeinschaft suchte sich eine neue kosmische Wohnstätte in der Weite des Alls. Das Knäblein findet seinen festen Platz nahe der Sonne. Die Angreifer und Zerstörer, welche die Bibel „Teufel" und „Satanas" nennt, werden in neue grobstoffliche Inkarnationskreisläufe verbannt – viele von ihnen auf den Planeten Erde.

Zum Abschluß dieser Geschehnisse taucht noch die Schlange auf, aus deren Mund Wasser wie ein Strom schießt, mit dem sie ihre Umgebung ersäufen will. Dies ist ein kurzer Hinweis auf die spätere Sintflut, die – wenn auch in größerem zeitlichen Abstand – gleichfalls ihren Platz hat im Kontext dieser Auseinandersetzungen.

Das siebenköpfige Tier aus dem Meer

Wir nähern uns nun dem eindrucksvollen Bild von dem siebenköpfigen Tier aus dem Meer. Es ist trotz der Ähnlichkeit keineswegs identisch mit dem zuvor genannten Drachen. Von diesem Tier heißt es, daß der Drache ihm seine Kraft und große Macht gab. Es ist an einem der Häupter tödlich verwundet. Doch diese Wunde wird schnell wieder heil, worauf ein großes Verwundern der Menschen einsetzt, die nun den Drachen preisen und anbeten und mit ihm das Tier.

Von dem siebenköpfigen Tier wird kurz darauf gesagt, seine Zahl sei 666. Diese Zahl hat viele Menschen beschäftigt. Sie gilt als die „apokalyptische" Zahl schlechthin, doch wir müssen hier klare Unterscheidungen treffen: Ahastars Aussagen zufolge handelt es sich dabei im Grunde um nichts, was notwendigerweise im Bereich des Dämonischen liegt. Die Zahl Sechs ist die Zahl der Erde. Das Tier repräsentiert die Menschheit schlechthin – als ein aus der Materie der Natur hervorgegangenes Wesen. Dieses Bild ist darüber hinaus geprägt durch eine starke Betonung des Unterbewußtseins, dem Ursprung und Sitz aller Emotionen und Instinkte. Dieser Aspekt wird besonders durch den Hinweis verdeutlicht, daß das Tier aus dem Meer aufsteigt. Die dreifache Wiederholung der Zahl Sechs verstärkt den Bezug zur Erde. Sie weist zudem auf einen bestimmten Zyklus hin, der die Menschheit immer wieder durch Zeiten einer starken Materieverdichtung führt, die das gesamte Empfinden und Denken der Menschen maßgeblich beeinflußt. Auf diese Phase folgt, wie Ebbe und Flut einander abwechseln, ein Zyklus größerer spiritueller Öffnungsbereitschaft und Durchlässigkeit.

Doch kommen wir zu der konkreten Darstellung der genannten Bibelstelle zurück. In dem Maße, wie das siebenköpfige Tier mit dem Drachen im Bund steht, scheint es unbesiegbar und in seiner Macht unanfechtbar zu sein. Es kann sowohl große Dinge wie auch Lästerungen von sich geben – selbst gegen Gott und scheinbar ungestraft. Es besiegt die Heiligen und hat „Macht über alle Geschlechter", doch an einem seiner Häupter ist es verwundet. Ahastar interpretiert die sieben Häupter des Tiers als sieben vergangene Weltreiche seit dem Untergang von Atlantis. Die Zahl Zehn, welche die Anzahl seiner Hörner angibt, entsteht durch drei weitere Reiche, die den sieben genannten untergeordnet sind. Der Bezug zu den Weltreichen wird deutlich durch den Hinweis, daß jedes der Häupter eine Krone trägt. Diese Weltreiche sind unter anderem das alte Ägypten, das Reich der Sumerer und Babylonier, das Weltreich der Perser, das der Griechen und Römer und schließlich das Christentum. – Hier bleibt genügend Spielraum für eigene Interpretationen. Auch Ahastar selbst war sich, in der Zuordnung nicht ganz sicher.

Im Hinblick auf die Weltreiche geht es um eine prinzipielle Betrachtung. Das Tier, das jene gehörnten und gekrönten Köpfe zur Schau trägt, erscheint in der Attitüde eines Gewaltwesens. Es lästert gegen das Göttliche und das Heilige. Es verfolgt die Gerechten und liebt es, die Menschen zu unterwerfen, die es furchtsam und demutsvoll anbeten. Also handelt es sich hier um die Darstellung weltlicher Macht mit einer starken Betonung staatlicher Gewaltmechanismen sowie der Herrschaft einer verfügenden Obrigkeit. Dies mag in einigen Fällen, in denen Herrscher der Menschheit ihr kulturelles Erbe zurückließen, als einseitig und überzeichnet erscheinen. In anderen Fällen sehen wir doch, daß die starke Überzeichnung das Wesentliche deutlich zum Ausdruck bringt.

In der Gemeinschaft mit dem Drachen wird das Tier nicht selten zur Bestie, zum despotischen Untier. Gnadenlos verfolgt es alle Andersgläubigen und verlangt die bedingungslose Ergebenheit. Da ist diese tödliche Wunde an seinem Haupt. Immer wieder bricht eines der Weltreiche zusammen und macht kurz darauf einem anderen Platz, das jedoch bald die gleichen despotischen Züge entwickelt. Die Wunde ist wieder heil. Immer wieder triumphiert so das Tier und mit ihm der Drache – das Symbol für Gewaltdenken und Unterwerfungsverlangen.

Die Darstellung mündet in die Beschreibung des zweihörnigen Tiers aus der Erde. Es gleicht einem Lamm und redet doch wie ein Drache. Es tritt mit der gleichen despotischen Macht wie das andere Tier vor ihm auf und verführt die Menschen mit großen Zeichen und Wundern. Unter seiner Herrschaft kehrt auch das erste, verwundete Tier ins Leben zurück. Das zweihörnige Tier treibt die Menschen dazu, sich von jenem ein Bild zu machen und es anzubeten und läßt alle töten, die sich widersetzen. Diese Beschreibung erinnert an ein Gewaltsystem, wie es etwa Orwell und zahlreiche Science-fiction-Autoren entworfen haben. Ahastar stellte jedoch eine andere Deutung in den Vordergrund, die für manche in besonderer Weise erschreckend sein mag und sich doch ohne weiteres aus der Logik der Bilder ergibt. Demnach ist mit dem Tier, das in der Erscheinung des Lammes auftritt, aber wie ein Drache spricht, die sich über Jahrhunderte etablierende christliche Kirche gemeint, dies besonders in Hinsicht auf ihre sich allmählich verhärtenden Machtstrukturen. Diese brachten das bekannte Szenario ihrer Gewaltexzesse hervor: Inquisition, Folter und Tod auf dem Scheiterhaufen.

Doch all jenen Schreckens- und Greueltaten lassen sich zahlreiche andere gegenüberstellen, in denen die Ideale christlicher Nächstenliebe zur vollen Entfaltung kamen. Dennoch kann unser Blick der Tatsache nicht ausweichen, daß im Namen dieses Christentums tiefe Wunden gerissen wurden. Es ist das immer gleiche Gesicht des Drachens, in das wir blicken – mit seinem despotischen Herrschaftsstreben.

◈ ◈ ◈

Die Versammlung auf dem Berg Zion – Der Fall Babylons

Die Darstellung wechselt über in ein erstes helleres Bild. Auf dem Berg Zion versammeln sich in Gemeinschaft mit dem Lamm die Hundertvierundvierzigtausend. Es ertönen Harfenklänge und ein mächtiger Gesang vor dem Rat der Ältesten und den vier Tieren, um diesen Moment der Errettung feierlich zu begehen. Und wieder spüren wir den eisernen Griff der Kirche, wenn zu den Hundertvierundvierzigtausend angemerkt wird, daß sie „mit Weibern nicht befleckt sind", sondern daß sie „Jungfrauen sind, die dem Lamm nachfolgen". Der nächste Abschnitt, der von drei Engeln mit einer guten, aber auch einer warnenden Botschaft berichtet, nimmt Bezug auf drei unterschiedliche Stadien religiösen Bewußtseins, die sich innerhalb der menschlichen Evolution ausgeprägt haben. Hier haben wir es wieder mit einer unvollständigen Vorlage zu tun. Erklärungen zum Text beschränken sich, wie auch bei vielen der folgenden Abschnitte lediglich auf Andeutungen.

Die Metapher von der „Hure Babylon" hat im Laufe der Zeit eine gewisse Selbständigkeit erlangt. Wir verbinden Babylon, dem kirchlich geprägten Bild entsprechend, mit einem „Sündenbabel", einer Lasterstätte, die ihre ruchlosen Verlockungen hat. Je nach der Ausrichtung unserer Glaubenssätze resultiert daraus, daß wir uns von einem solchen Ort fernhalten sollten oder ihn andernfalls als das Versprechen von Lebenslust und Freiheit ansehen. Die von den Bibelschreibern vorgenommene Zuordnung ist eindeutig: Diese Stätte des Lasters muß zur Verdammnis und schließlich zum Fall führen. Die einzige Rettung kann auf dem Wege der Überwindung von Babylon, dem „Weib auf dem Tier", kommen. Sturz und Verdammnis werden wieder mit großen Worten beschworen. Das Bild der Hure ist freilich ein eindeutiger Hinweis auf das Thema „Sexualität". Hier muß der Blick des einzelnen wachsam die Grenze ausmachen, an der es erneut zum manipulierenden Übergriff kommt – wo eine machtorientierte patriarchalische Gesellschaftsstruktur einer sich frei entfaltenden Kreatürlichkeit und Sinnlichkeit den Kampf erklärt. Unsere Zeit hat sich von solchen Zügen der Dämonisierung weitgehend freigemacht. Dennoch sollten wir uns dessen immer wieder bewußt sein. Das Ausmaß an zerstörerischer Aggression, die aus der Unterdrückung natürlicher Lebenstriebe resultieren kann, wird selten direkt sichtbar. Weit mehr als der natürliche Trieb der Nahrungsaufnahme und der Selbsterhaltungswille ist die Sexualität für tiefgreifende Manipulationen offen – bis hin zu ihrer völligen Negierung.

◈ ◈ ◈

Die Schalen des göttlichen Zorns

Der Absatz von der letzten Ernte und der Kelter des Zorns Gottes hat, so Ahastar, ganz konkret mit den Nephilim zu tun. Daher fällt dieser Abschnitt aus dem Zusammenhang der Texte völlig heraus. Lediglich die starke Bildhaftigkeit der scharfen Sichel wie der Hippe, mit denen Ernte gehalten wird, gewährleisten den Zusammenhalt mit dem Vortext. An dieser Stelle wird auch eine Aussage über eine mögliche Rückkehr der Nephilim-Wesen gemacht – ein Thema, über das wir aber keine weiteren Auskünfte geben können.

Vor der Vernichtung aller dunklen Gewalten steht noch einmal ein apokalyptisches Zerstörungsszenario, das die Menschheit selbst betrifft: die Schalen des göttlichen Zorns, die von den sieben Engeln ausgegossen werden. Wir verbinden das Wort Engel mit positiven Eigenschaften – mit übergeordneten göttlichen Boten, die zum Schutz des Menschen in das Geschehen eingreifen können. Wie schon an anderen Stellen der Apokalypse erscheinen Engelwesen hier allerdings als dunkle Vollstrecker, als Racheengel, die dem Strafgericht Gottes folgend dem Unheil den Weg bahnen. Mit dem Bild des machtvollen Engels sind vor allem eine Wirkung und eine Macht gemeint, die sich menschlicher Kontrolle und menschlichem Widerstand letztlich entziehen. Das Unheil, das im Grunde menschlichen Ursprungs ist, resultiert aus einem Fehlverhalten, das nun seiner naturgesetzlichen, karmisch unvermeidlichen Konsequenz entgegensteuert und seine eigene Dynamik entfaltet. Damit ist besonders der oft fahrlässige und destruktive Umgang mit den Lebensressourcen unseres Planeten gemeint. Er ist es, der schließlich zur Bedrohung der ganzen Menschheit wird. Die sieben Engel sind mit dem Ausgießen der Zornesschalen lediglich die Vollstrecker.

Die erste Schale bewirkt eine „böse und arge Drüse an den Menschen". Es handelt sich dabei um die vom Menschen selbst gemachten

Krankheiten. Die zweite Schale verwandelt das Meer in „Blut wie eines Toten“ und läßt alle lebendigen Seelen sterben darin, wie die dritte Schale die Flüsse und Wasserbrunnen vergiftet und zu Blut verwandelt. Eine solche globale Vergiftung und Auslöschung allen Lebens, sowohl im Wasser als auch auf dem Land, steht uns heute als Schreckensvision deutlich vor Augen. In dieser uns sichtbaren Form muß sie dem Schreiber der Apokalypse allerdings mehr oder weniger unverständlich gewesen sein.

Der vierte Engel gießt seine Schale „in die Sonne“, wodurch eine alles zerstörende Hitze entsteht. Diese Stelle kann als ein Hinweis auf die Zerstörung der Erdatmosphäre, speziell der Ozonschicht, gedeutet werden. Der fünfte Engel gießt seine Schale „auf den Stuhl des Tiers“, die Menschen zerbeißen sich die Zungen vor Schmerzen, und wieder werden in diesem Zusammenhang die Drüsen erwähnt. Damit sind vor allem die psychischen Krankheiten gemeint, die sich des Menschen bemächtigen. Die Beeintächtigung der Drüsen war dafür das zeitgemäße Bild und erscheint, auch an unserem medizinischen Verständnis gemessen, nicht abwegig. Immer wieder heißt es, daß die Menschen weiterhin lästern und keineswegs Buße tun. Dies ist ein durchaus aktuelles Thema. Wie oft müssen wir mit ansehen, wie aus den sichtbar werdenen Folgen destruktiven Denkens und Handelns keineswegs eine Lehre gezogen wird, geschweige denn eine Umkehr erfolgt.

Die sechste Zornesschale ergießt sich über den Euphrat. Ein Schauspiel des Schreckens beginnt: Der Fluß vertrocknet, und aus dem Munde des Drachens, des Tiers und des falschen Propheten kommen unreine Geister, die „Geister der Teufel“ sind. Alle „tun Zeichen“ und versammeln die Könige und Mächtigen der Erde zum großen Streit. Hier werden vor allem die Religions- und Glaubenskriege angesprochen, die die Menschheit bis in die Gegenwart hinein immer wieder bedrohen. Daß in diesem Zusammenhang speziell der Euphrat genannt wird, mag uns nicht verwundern. Unverändert ist der Nahe Osten ein Pulverfaß der Glaubenskonflikte, ein Brandherd, der die Zündkraft hat, schließlich alle Mächtigen der Welt zu vereinnahmen. Die letzte und siebente Zornesschale wird „in die Luft“ gegossen. Es folgen Blitz, Donner und ein Erdbeben nie gekannten Ausmaßes. Städte werden dem Erdboden gleich gemacht, und ganze Inseln und Berge verschwinden. Diese Bilder geben die Vision eines atomaren Holocaust, mit seiner ganzen verheerenden Vernichtungsgewalt.

Wir wollen uns an dieser Stelle noch einmal daran erinnern, daß die Apokalypse von Zukunftswahrscheinlichkeiten spricht. Sie tut dies vor allem im Sinne einer Warnung, und eben dies bedeutet, daß die Menschheit auch ganz andere Wege einschlagen kann.

Die Erscheinung Christi – Der Sturz des Tiers und der falschen Propheten

Einige der folgenden Visionen und Bilder tauchen wieder in die Vergangenheit der Menschheit ein. So ist die sogenannte „Wehklage der Könige, Kaufleute und Schiffsleute" vor allem ein Rückblick auf die Ereignisse zur Zeit der Atlantis-Katastrophe. Sie wurde ursprünglich an diese Stelle gesetzt, um vor einer Wiederholung vergleichbarer globaler Katastrophen zu warnen. Ein deutlicher Hinweis ist der Stein, der – groß wie ein Mühlstein – ins Meer geworfen wird und der die große Stadt Babylon mit all ihrer Herrlichkeit und der gesamten Zunft der ungläubigen, wehklagenden Kaufleute in nur einer Stunde vom Erdboden verschwinden läßt. Die zweite und letzte Atlantis-Katastrophe wurde durch die Einschläge einer Gruppe von Meteoren ausgelöst, von denen einer direkt in den Ozean stürzte und das zum Teil künstliche Inselgebilde in Sekundenschnelle in den Wogen versinken ließ. Irritieren mag an dieser Stelle, daß erneut von Babylon die Rede ist. Ahastar erklärt dazu, daß hier ursprünglich die Worte „die große Insel" gestanden haben. Wieder waren es unwissende und willkürlich eingreifende Textinterpreten, die den Text vereinheitlichten.

Ein ähnlicher Vergangenheitsbezug taucht auf in der Darstellung von der „Hochzeit des Lammes". Hier geht es vor allem um die Vermählung außerirdischer Götter mit den Menschen, die schließlich zur beschleunigten Entwicklung und schrittweisen „Veredelung" des Menschengeschlechts beitrug. Der berichtende Seher will sich in Dankbarkeit zu ihren Füßen niederwerfen. Der göttliche Bote aber, hier stellvertretend für die Gesandtschaft des Lammes, spricht: „Ich bin dein Mitknecht und deiner Brüder … Bete Gott an!" Die außerirdischen Helfer und Meister waren sich also stets ihrer tief im

Unterbewußtsein verborgenen Gottähnlichkeit und auch der Ebenbürtigkeit der menschlichen Seelen bewußt. Auch sie entsprangen einem ähnlichen Schöpfungsakt.

Die nächsten Bilder beschreiben das Erscheinen Christi und seiner himmlischen Heerscharen, den Vollzug des Jüngsten Gerichts und schließlich die Vision eines neuen Himmels und einer neuen Erde: das neue Jerusalem. Christus reitet auf einem weißen Pferd, begleitet von ganzen Heerscharen himmlischer Begleiter, die in „weiße und reine Leinwand" gekleidet sind. Aus seinem Mund geht ein „scharfes Schwert, auf daß er damit die Heiden schlüge". Und es wird von ihm gesagt, daß er sie „mit eisernem Stab" regieren wird, als „ein König aller Könige". Es ist ein kriegerischer Herr, der hier in Erscheinung tritt, kein Abgesandter Gottes voller Güte und Barmherzigkeit und schon gar nicht mit den Eigenschaften des Lammes. Dieser Widerspruch durchzieht das ganze Christentum und konnte nie wirklich aufgehoben werden. In der Darstellung des Jüngsten Gerichts von Michelangelo etwa sehen wir Christus in der Haltung des zornigen, fast grimmigen Weltenrichters. Hier hat sich ein geistiges Erbe niedergeschlagen, das seit der Niederschrift des Neuen Testaments klar benannt worden ist. Doch ebenso stoßen wir hier auf eine Korrektur des Zerrbildes vom Opferlamm, das von Inkonsequenz und Schwäche geprägt wird.

Das Erscheinen der allesamt weißgekleideten Heerscharen soll auf eine Umwandlung der grobstofflichen Körperlichkeit hindeuten. Diese den reitenden Christus umgebenden Wesen haben den Schritt in die Feinstofflichkeit oder wenigstens Halbfeinstofflichkeit bereits vollzogen. Womit wir zum Sprung in einen fernen zukünftigen Evolutionsabschnitt ansetzen. Vor diesem Hintergrund wird auch das weitere Geschehen verständlich. Vom Sturz des Tiers und des falschen Propheten ist die Rede, von einem Engel, der aus der Sonne kommt und alle Wesen auffordert, reichlich „Abendmahl" zu halten. Gegessen werden soll das Fleisch der Könige und Hauptleute ..., das Fleisch der Freien und Knechte, der Kleinen und Großen. Hier kann es sich vom Sinn her nicht um ein erneutes Strafgericht handeln. Die Seelen stehen am Ende ihrer irdischen Inkarnationsfolge und werden noch einmal aufgefordert, sich alles in der Materie Durchlebte ganz einzuverleiben – die Materie in einem abschließenden Verzehr zu verarbeiten. So heißt es auch versöhnlich zum Abschluß: „Und alle Vögel wurden satt von ihrem Fleisch." Dabei steht das Bild der Vögel für die freigewordene Seele, die hier im materiegebundenen Leben eine Sättigung erreicht hat.

◈ ◈ ◈

Das Jüngste Gericht – Das neue Jerusalem

Werfen wir nun einen kurzen Blick auf das Jüngste Gericht. Dieser Darstellung liegt, auch wenn sie in dramatischen Bildern ausgemalt ist und die Gerichteten und Unwürdigen ohne Erbarmen in den „feurigen Pfuhl" geworfen werden, doch so etwas wie ein konkretes karmisches Wissen zugrunde. Alle werden nach ihren Taten und Werken gerichtet, wie es geschrieben steht im nun aufgeschlagenen Buch des Lebens. Natürlich kann eine solche Beschreibung ohne den Reinkarnationsgedanken nur bruchstückhaft und eindimensional bleiben. Strikt betont wird darin jedoch der Punkt der ausgleichenden Gerechtigkeit. Eine leicht zu überlesende Formulierung kann uns aufhorchen lassen: jene vom „anderen Tod". Wenn ein Wesen nicht aufgeschrieben ist im Buch des Lebens, so wird es diesen anderen Tod sterben und im Feuer ausgelöscht werden. Darin klingt die angstvolle Ahnung an, daß es möglicherweise tatsächlich ein Erlöschen der Seele gibt, die ganz aus den Grundprinzipien der Menschlichkeit herausgefallen ist. Kann eine Seele sich denn wieder völlig auflösen und ganz verschwinden? Diese Frage ist berechtigt und nicht prinzipiell zu verneinen. Ein solches Erlöschen setzt allerdings voraus, daß sich die Seele in der Verneinung der kosmischen Gesetze völlig verhärtet hat und zu keiner Art des Lernens mehr fähig ist.*

Bei dem „neuen Jerusalem" haben wir es wieder mit einem vielzitierten Bild zu tun, das innerhalb der biblischen Metaphern einen eigenen markanten Stellenwert besitzt. In dem Maße, wie es mit Assoziationen von Strafgericht und göttlicher Selektion beladen ist – dies vor allem durch die Dogmen gewisser Glaubensgemeinschaften –, enthält es auch ein glückverheißendes Versprechen, eine große Vision, die viele Suchende beflügelt hat. Auch hier stehen wir am Ende von

---

* *Ahastar – Botschaften vom Rand der Galaxie*, siehe Kapitel „Die Dimension des Bösen"

Raum und Zeit. In diesem Zusammenhang stellt sich eine ganze Reihe naiver, aber dennoch verständlicher Fragen: Was geschieht, wenn die Erde vergeht? Wird es eine neue geben, einen neuen Lebensraum, eine andere Form der Existenz? Die Antwort lautet: Es wird sie geben, die neue Erde – ja sogar einen neuen Himmel! Alles wird glänzender und herrlicher sein als je zuvor. Und gleich einem Juwel wird es eine Stadt, einen neuen sicheren Wohnort geben: das neue Jerusalem. Wie viele biblische Bilder ist das vom neuen Jerusalem sehr facettenreich. In der Vorstellung von einer prunkvollen Stadt, in der viele Volksstämme einträchtig miteinander leben, bündelt sich so etwas wie die Sehnsucht des Menschen nach einem Ort des wirklichen Friedens.

In diesem Zusammenhang gibt Ahastar einen Hinweis, der zunächst erstaunen mag: Der Schreiber dieser Abschnitte war ein Mann, der eine reale Begegnung mit einem Raumschiff hatte – eines mit jenen gewaltigen Ausmaßen eines Mutterschiffs – und der sich in der Beschreibung der heiligen Stadt von dieser Erfahrung inspirieren ließ. Wir können uns auf die Suche nach Indizien machen. Zum Beispiel wenn wir den Satz betrachten: „Die Länge und die Breite und die Höhe der Stadt sind gleich." Kaum könnte dies für eine Stadt mit gewöhnlichen Gebäuden gelten. Besonders die zeilenlange Aufzählung der unterschiedlichen Edelsteine und Kristalle, mit denen die Stadt geschmückt ist, springt uns ins Auge. Ahastar ergänzt dazu, daß der Verfasser dieser Zeilen der Apokalypse sich hier auf eine Kristall-Technik bezieht, die für Konstruktion und Antrieb eines Raumschiffs grundlegend sind. Verwundern kann uns darüber hinaus eine Beschreibung wie diese: „Und der Bau ihrer Mauer war von Jaspis und die Stadt von lauterm Golde gleich dem reinen Glase. Dieses Bild erscheint in sich widersprüchlich, macht aber möglicherweise Sinn, wenn man an außerirdische Materialien denkt. Der Verfasser dieses Abschnitts erwähnt, daß er keinen Tempel im Innern der Stadt sah. Dies entspricht wiederum einer Realität, die auch die eines großen Raumschiffs sein könnte. Tempel und Altäre sind Attribute einer menschlichen Religion. Die Insassen eines Raumschiffs sind zu ihrem eigenen Gottsein erwachte Seelen und damit selbst Götter.

Wir wollen noch einmal auf das Bild der heiligen Stadt zurückkommen. Ein Ort wird beschworen, in dem die Menschen ihr Leben wieder in der Gemeinschaft mit den Göttern verbringen können.

Einleitend heißt es von dieser Stadt, sie sei „die Hütte Gottes bei den Menschen“. Und das Versprechen setzt sich fort mit dem Satz, daß er bei ihnen wohnen wird und sie alle sein Volk sein werden. „Abwischen wird er alle Tränen von ihren Augen“, und „kein Leid noch Geschrei noch Schmerz“ wird mehr sein. Es ist ein Ort ohne die bislang gewohnte Bindung an die Materie – womit körperliches Leid oder seelischer Schmerz im Sinne karmischen Gebundenseins aufgehört hat. Vielversprechend ist schließlich alles zusammengefaßt in dem einen Satz: „Siehe, ich mache alles neu.“

Das 20. Jahrhundert und seine Gewaltherrscher

Dieses Buch sollte ursprünglich ein ausführliches Kapitel mit kosmischen Biographien unterschiedlicher Persönlichkeiten enthalten. Auf der „Wunschliste" standen ungefähr 30 Namen – bekannte Namen aus Geschichte, Politik, Religion und Philosophie sowie schöpferische Genies aus Malerei, Dichtkunst und Musik. Das über jede Erwartung anwachsende Material der vorangegangenen Kapitel, und auch das Hinzukommen immer weiterer Kandidaten veranlaßte die Autoren, die geplante Konzeption zu ändern. Eine Sammlung mit weiteren Biographien, die den kosmischen Hintergründen bekannter Persönlichkeiten nachgehen, wird zu einem späteren Zeitpunkt gesondert erscheinen.

Nach gründlichem Abwägen fiel jedoch die Entscheidung, Gewaltherrschern aus der jüngsten Geschichte hier bereits einen Platz einzuräumen. Mit den Biographien der großen Religionsstifter wie Jesus, Buddha und Mohammed und schließlich auch mit der Artus-Biographie traten vor allem die positiven und hellen Schattierungen im Verlauf der Menschheitsgeschichte in den Vordergrund. Die globalen Auswirkungen des Erscheinens dieser großen Menschheitsführer galt es zu beachten. Demgegenüber sind uns auch die Schattenseiten aus der historischen Realität nur allzu bekannt. Sie sind mit den Namen bekannter Gewaltherrscher verbunden und können im Gesamtbild nicht ausgespart bleiben.

Jeder Despot, der in der Geschichte ein Szenario des Schreckens entfacht und eine breite Spur der Zerstörung hinterlassen hat, gibt uns Rätsel auf – dies in verstärktem Maße, wenn wir die Ereignisse einer näheren Betrachtung unterziehen. Denn er reißt nicht nur bei sich selbst und im eigenen, karmisch direkt mit ihm verbundenen

Lebensumfeld tiefe Wunden. Tausende, ja Millionen anderer Seelen erleiden großen Schaden. An dieser Stelle müssen wir uns ein paar heikle Fragen stellen. Bricht er gewalttätig in das Schicksal anderer Menschen ein? Wie beeinflußt er dadurch deren Karma? Wie weit kann und darf diese Verzerrung des Karmas schließlich gehen? Oder gibt es auch hier den größeren Hintergrund der karmischen Absprachen, in denen ein Gewaltherrscher nur die Funktion erfüllt, andere Seelen in das für sie unvermeidliche und selbstgewählte Schicksal zu treiben, sofern dieses Fehlhandlungen und Gewalttaten ausgleichen und neue Lernschritte herbeiführen soll? In welchem Maß wäre jener Gewaltherrscher dann überhaupt als schuldig zu bezeichnen?

Solche Fragen mögen relativ theoretisch klingen. Für den konkret Betroffenen sind sie aber von größter Wichtigkeit. Liegt die Entscheidung über Glück oder Unglück dann plötzlich in der Hand eines einzelnen, der darüber verfügt und nach Belieben damit jongliert? Oder ist dieser andere nur der unerläßliche Schicksalsvollstrecker, der lediglich seine Rolle nach einem Drehbuch zu spielen hat? Was sind die Hintergründe der Gewaltschauspiele der Menschheit? Welchen Weg hat eine Seele hinter sich, die sich in der Rolle eines gewalttätigen Machthabers profiliert? Soweit diese Seele tatsächlich in zerstörerischer Willkür handelt, wie kann sie als einzelner und Verursacher für die massiven Folgen jemals einstehen? Diese Überlegungen sollen die folgenden Ausführungen begleiten.

Ahastar äußerte gleich zu Beginn, daß der Zugang zu diesem Thema schwer für ihn sei und daß er jede Annäherung, die immer ein sensibles Aufspüren der einzelnen Lebensspuren verlange, als sehr unangenehm empfindet. Nach den Erfahrungen mit anderen Themen wie etwa den Entwickelten Tyrannen war uns als Autoren bewußt, daß es hier mehr als bisher zu Einschränkungen kommen würde. Uns war klar, daß Informationen nur bedingt erteilt werden könnten und andere mit dem Vermerk belegt werden würden, daß sie nicht für die Öffentlichkeit bestimmt seien. Dennoch ergibt sich durch die Ausführungen Ahastars ein eindrucksvoller Überblick, der sowohl die Schicksalsspuren einzelner großer Akteure sichtbar macht wie auch die vielfachen Bezüge zum Volkskarma aufzeigt.

Die Anfänge der europäischen Gewaltdiktaturen dieses Jahrhunderts führen uns in eine viel frühere Zeit zurück. Wie kaum anders zu erwarten ist, sind ihre Akteure über weit zurückliegende Zeitläufe hin karmisch miteinander verbunden. Die nun folgenden Darstellungen werden um die Person Hitlers kreisen. Doch ein Blick auf sein „karmisches Umfeld“ schließt notwendigerweise auch andere Despoten und eine Reihe ihrer Helfershelfer mit ein.

◈ ◈ ◈

Die karmischen Spuren der Hitler-Seele und anderer Gewaltherrscher

Kommen wir zu Ahastars Bericht. Die Seele Adolf Hitlers stammt ursprünglich aus dem Bereich des Planeten Antares. Sie gehörte zu jener Gruppe von Antariern, die sich gemeinsam mit den Sirianern dauerhaft auf Atlantis ansiedelten.* Ihre Präsenz auf der Erde geschah in Absprache mit anderen Planetenmenschheiten und erfüllte vor allem die nützliche Funktion eines Schutzkontingents. Wie die Sirianer hatten auch die Antarier auf ihrem Heimatplaneten ursprünglich Amphibiengestalt. Zum Zeitpunkt ihrer Ankunft auf Atlantis war diese allerdings schon weitgehend der humanoiden Form angepaßt und sehr menschenähnlich. Ahastar beschreibt sie als schlanke, grazile Wesen. Schon früher sagte Ahastar, daß mit der einsetzenden Dekadenz auf Atlantis von den schwarzmagischen Praktiken der hinzugekommenen, negativ ausgerichteten Sirianer nicht nur Menschen, sondern auch andere Planetarier betroffen waren, insbesondere die Antarier.** Die verhängnisvollen Experimente, bei denen Seelen um wesenhafte Anteile beraubt oder auch völlig aufgespalten und zerstückelt wurden, trafen sie mit besonderer Grausamkeit. Dieses Herumexperimentieren in einem rauschähnlichen Zustand führte in der Spätzeit des atlantischen Kontinents zu großen seelischen Schäden.

Eine der von jenen schwarzmagischen Experimenten betroffenen Seelen war Hitler. Der ihm entrissene Seelenanteil blieb lange von ihm getrennt und konnte am weiteren Inkarnationsweg der Seele nicht teilhaben. Doch die Gesamtseele behielt eine schwere Verletzung zurück,

---

* *Ahastar – Botschaften vom Rand der Galaxie*, siehe Kapitel „Der Kontinent Atlantis“

** *Ahastar – Botschaften vom Rand der Galaxie*, siehe Kapitel „Beginnende Götterdämmerung“

die Lernen und Weiterentwicklung behinderte und erschwerte. In der Folge wurde die Seele Hitlers – in gewissem Sinne ihrer selbst nicht mächtig – in viele Gewaltverstrickungen und Perversionen hineingezogen. In diesem Zusammenhang stellt sich die Frage, inwieweit es hier überhaupt zu einer karmischen Belastung kommt, die auf ein eigenverantwortliches Handeln zurückzuführen ist und ein ausgleichendes Karma verlangt. Ahastar verneint das Entstehen einer solchen karmischen Belastung, jedenfalls ist sie um vieles geringer, als es uns erscheint. Und doch bleibt eine entscheidende Prägung zurück – eben jene der immer wieder erlebten Gewalterfahrung. Mit der Unterstützung geistiger Helfer gelang es schließlich, den abgetrennten Seelenanteil, der auf eine animalische Existenz abgerichtet worden war, wieder in das Gesamtwesen einzufügen. Dennoch blieb eine Disharmonie im Seelengefüge zurück. Die folgenden Inkarnationen brachten die Hitler-Seele nicht selten in Machtpositionen, in denen die Themen „Machtbefugnis" und „Machtmißbrauch" erneut große inneren Spannungen erzeugten – was gewissermaßen der karmischen Arbeitsvorlage entsprach. Nicht alle, doch einige dieser Inkarnationen wurden von der Hitler-Seele durchaus erfolgreich gemeistert.

Schon in anderen Zusammenhängen erwähnte Ahastar, daß wir es bei Hitler mit einer reifen, d.h. einer kosmisch schon eher alten Seele zu tun haben. Darüber hinaus ist der Hinweis auf Machtpositionen interessant. Ahastar spricht davon, daß diese gehäuften Erfahrungen zu einer gewissen „Summierung" führen und Strukturen in der Seele des Betreffenden schaffen, die ihn für andere zur selbstverständlichen Autorität werden lassen und ihn mit Führerqualitäten ausstatten.

Einige Biographen erwähnen in Hitlers Leben ein Detail, dem der Sachbuchautor Trevor Ravenscroft schließlich ein ganzes Buch mit dem Titel *Die heilige Lanze* gewidmet hat.

Es geht um die heilige Lanze, mit der Christus am Kreuz durchbohrt wurde und der eine magische Macht nachgesagt wird. Im Besitz unterschiedlicher Herrscher soll sie die Geschichte sowohl zum Guten wie zum Bösen beeinflußt haben. Das Versprechen, das diese Lanze begleitet, ist letztlich das der Weltherrschaft selbst. Auch Hitler hat, historischen Quellen gemäß, diese Lanze zu Beginn seiner Herrschaftszeit in seinen Besitz gebracht. Ahastar bestätigt, daß sie in Hitlers Leben tatsächlich einen gewissen Stellenwert einnahm. Als er sie in einem Museum gesehen hatte, war er sofort davon fasziniert.

Schließlich erhielt sie einen Ehrenplatz in einer seiner Burgen – in einem mystisch eingerichteten Raum. Ihren Besitzer mit dem Nimbus der Unbesiegbarkeit versehend, trug sie nicht unwesentlich zu Hitlers Überzeugung bei, eine historische Mission zu haben.

Über diesen Hintergrund hinaus verband Hitler mit dieser Lanze eine alte Erinnerung, die direkt in die Lebenszeit Jesu zurükkführt. Auch er lebte zu dieser Zeit im alten Palästina und stand dem Jüngerkreis Jesu nahe. Der besondere Umstand war nun, daß die Hitler-Seele selbst Zeuge jener Kreuzigung und des bekannten Lanzenstichs war. Hitler gehörte zum Kreis jener Anhänger, die sich schließlich enttäuscht abwandten, als sich Jesus für die Rolle als religiöser Lehrer entschied und zugleich die Ambitionen, ein weltlicher Herrscher zu sein, hinter sich ließ. Für die Hitler-Seele, die zunehmend Erfolg als Vermittler zwischen Juden und Römern hatte und diesen Gesinnungswandel Jesu auch mit einem hohen Geldverlust bezahlen mußte, war diese Enttäuschung ein besonders tiefer Schmerz. Um Mißverständnissen vorzubeugen, sei an dieser Stelle erwähnt, daß es keine Identität zwischen Hitler und Judas gab.

Eine der nächsten Inkarnationen verbrachte Hitler zur Zeit Neros im alten Rom. Er war dort ein hoher Verwaltungsbeamter, der auch einen Sitz im Senat hatte. Hier können erstmals konkrete karmische Verbindungen zu anderen Gewaltherrschern dieses Jahrhunderts genannt werden. Zu seinem engen Bekannten- und Freundeskreis zählten damals die späteren Mussolini und Franco sowie Göring. Im besonderen ist hier allerdings Stalin zu nennen. Stalin ist identisch mit der Figur des Kaisers Nero selbst. Dies mag hinsichtlich der ähnlichen Seelenstruktur wenig verwundern, die in beiden Fällen das Leben eines blutigen Diktators hervorbrachte. Es erstaunt aber um so mehr in Hinblick auf das karmische Gerechtigkeitsprinzip, nach dem sich die Rolle des Täters üblicherweise in die des späteren Opfers verkehrt. Ahastar sieht das Leben Neros in manchen Aspekten als verzerrt dargestellt an. Die Geschichte hat ihn, vor allem der Christenverfolgung wegen, zur Symbolfigur des blutigen Tyrannen gemacht, der vor keinen Schrecke und keinem Verbrechen zurückscheute. Ahastars Angaben zufolge war Nero besonders in jener bekannten Inkarnation eine eher schwache Persönlichkeit, die sehr unter dem Einfluß negativer Berater, speziell seiner Mutter, stand. Das Ausmaß der ihm anzulastenden Untaten und Greuel geht in Wirklichkeit nur wenig über das anderer Cäsaren hinaus. Auch die Rolle der Hitler-Seele war zu Jesu Zeiten nicht die eines blutigen Schergen. In die Christenverfolgung war er persönlich nicht verwickelt. Seine Aufgaben beschränkten sich im wesentlichen darauf, Ruhe und Ordnung im römisch besetzten Gebiet aufrechtzuerhalten. Dabei wurde allerdings nicht zimperlich vorgegangen.

Bleiben wir noch einen Moment bei Nero: Diesem Leben folgten einige Inkarnationen, in denen er in einer Opfer-Rolle war. In einer fristete er ein Sklavendasein. In weiteren wurde er zu Tode gefoltert und als Säugling mißhandelt. Die Stalin-Inkarnation, die auf eine weltliche Machtposition – wenn auch nicht in dem erfolgten historischen Ausmaß – ausgerichtet war, sollte für ihn das Angebot einer neuen Chance sein. Wie bei Hitler kann man auch in seinem Falle von einem verhängnisvollen Verlauf sprechen, da auch in diesem Leben der Sog der Macht die bestimmende Kraft wurde. Stalin war letztlich kein Kommunist. Er war ein Machtmensch, der das kommunistische System für seine eigenen Machtzwecke benutzte. Unter seinem Einfluß geriet das russische Volk in eine Kraftprobe, die ihm sehr wohl einen karmischen Lernprozeß abverlangte, in der jedoch die Gewalt- und Leidenskomponente dominierend blieb.

Im übrigen gehörte auch Churchill während der Nero-Zeit dem engen Bekannten- und Freundeskreis der Hitler-Seele an. Wie Mussolini, Franco und Hitler hatte er gleichfalls im alten Rom eine Machtposition inne. Die karmischen Verbindungsfäden zwischen diesen Männern reichen jedoch letztlich bis zum atlantischen Kontinent zurück, worüber allerdings keine genaueren Auskünfte erteilt werden durften. Auf das Leben der Hitler-Seele im alten Rom folgten zwei weitere Inkarnationen, in denen sie vor allem um Karmaausgleich bemüht war. Diese Leben waren jedoch nicht von spektakulären Ereignissen geprägt.

Der Weg ins Dritte Reich und der Nazi-Terror

Kommen wir nun direkt zur Hitler-Inkarnation und zu Hitlers Biographie. Wie Ahastar bereits erwähnte, war Hitler eine reife Seele, die einen tiefen Sturz erlitten hat. Wir sollten Abschied nehmen von der klischeehaften Beurteilung Hitlers als der Bösewicht des

Jahrhunderts. So sehr diese dunklen Seiten mit seiner Rolle als Diktator zunehmend in den Vordergrund drängten, wird auch dieser Seele nur eine differenzierte Blickweise gerecht. Immerhin gibt es in seiner Biographie Details wie die, daß er ursprünglich Kunstmaler werden wollte. Wer einige der frühen Arbeiten Hitlers kennt, wird ihm Talent und ein ausgeprägtes ästhetisches Empfinden nicht absprechen können. Augenzeugen beschreiben ihn als einen feingeistigen Menschen von manchmal ausgesuchter Höflichkeit, der in vielen Fragen der Geistes- und Kunstgeschichte kompetent gewesen ist. Bekannt ist Hitlers Verehrung für Wagner, was üblicherweise auf die Glorifizierung des nordischen Mythos zurückgeführt wird. Man sollte aber auch die Musik Wagners selbst sehen, die in der Tradition der Hochromantik oft große Ausdruckstiefe entwickelte und an den Hörer gewisse Ansprüche stellt. Nachdem Hitler in einem ersten „Gewaltstreich" das entmilitarisierte Rheinland besetzt hatte und der befürchtete Gegenschlag der Westmächte gegen das damals noch schwach gerüstete Deutschland ausblieb, feierte er in tiefer Ergebenheit seinen Dank an die Vorsehung, begleitet von den Klängen des Rheingold-Vorspiels. Welche Greueltaten unter seiner Führung durch das verbrecherische Regime begangen wurden – jener Nazi-Terror, der sich nicht nur gegen die Juden, sondern auch gegen die umliegenden Völker, vor allem die im Osten, richtete – gehört zu den schwärzesten Kapiteln der Weltgeschichte. Hier läßt sich nichts bagatellisieren. Jeder Versuch der Schönfärberei ist bereits eine Annäherung an die Verbrechen des Dritten Reichs. In der Rolle des Gewaltherrschers und Kriegstreibers zeigt sich die Seele Hitlers in den denkbar dunkelsten Konturen. Wer ihn weiterhin als zentrale Gestalt eines deutschen Heldenmythos sieht oder ihn gar glorifiziert (wie dies in letzter Zeit wieder durch Bücher mit Titeln wie *Hitler – der letzte Atavar* geschah), der verdrängt schlichtweg das geschehene Unrecht und ist unfähig, der Realität ins Auge zu schauen.

Dies soll hier vorweg in aller Deutlichkeit ausgesprochen sein. Es geht uns um den verschärften Blick auf die eigentlichen Hintergründe und damit um ein wirklich umfassendes Verstehen. Dies darf niemals Rechtfertigung bedeuten. Gewalttätigkeit und Verbrechen müssen als solche benannt werden. Und doch muß im Falle Hitlers gesagt werden, daß er einen tragischen Inkarnationsverlauf erlitten hat. Es geht in seinem Falle um eine Seele, die ihren Inkarnationsplan und ihre Mission verfehlt hat und damit zum historischen Verbrecher unvorstellbaren Ausmaßes wurde. Hitler war sich einer Mission bewußt. Tatsächlich gehörte, so Ahastar, eine hohe Führungsposition zu seinem Lebensplan. Viele Äußerungen Hitlers machen seine hohen Ideale deutlich, denen er selbst rigoros alles unterzuordnen bereit war. Wer in vielen seiner idealistischen Äußerungen lediglich ein kaltes Kalkül sieht, um die Menschenmassen zu eigenen Machtzwecken zu mißbrauchen, der hat die Hitler-Seele nicht wirklich begriffen.

Die Etablierung der Nazi-Herrschaft und der Weg in das Gewaltinferno sind nicht zu verstehen, wenn wir nicht das gesamte politische Geschehen in Augenschein nehmen. Für die Zeit nach der Jahrhundertwende deuteten sich – speziell aus einer jenseitigen Sicht – schon Jahrzehnte zuvor Umwälzungen großen Ausmaßes an. Wer sich ausführlicher mit den Jahrzehnten der Bismarck-Ära, dem vorangegangenen Biedermeier und dem Kaisertum befaßt hat, der weiß, welcher Rigidität und geistigen Verkrustung das gesellschaftliche Leben jener Zeit unterworfen war. Nicht ohne Grund reagierten Menschen unterschiedlicher Nationalität auf den Ausbruch des Ersten Weltkriegs geradezu mit einem Sturm der Begeisterung. Die Schattenseite des großangelegten gegenseitigen Völkermordens wurde völlig verdrängt. Vorherrschend war ein Gefühl des Ausbrechens. Um einem unbestimmten Drang nach Befreiung zu folgen, wurde der Sprung aus dem alten, hohl gewordenen Gesellschaftsgefüge versucht – notfalls um jeden Preis. Die Zeichen der Zeit standen auf Umbruch, auf Sturm und im Stau der nicht gelebten Gefühle auch auf Gewalt. Dies gilt für alle europäischen Völker dieser Epoche. Und hier finden wir eine erste Antwort auf das Ausmaß kriegerischer Zerstörung, das den Gang des 20. Jahrhunderts bestimmte. Es wäre eine falsche, unvollständige Sichtweise, Hitler als den alleinverantwortlichen Verursacher jener auf den Ersten Weltkrieg folgenden zweiten Kriegskatastrophe zu sehen.

Auch nach den blutigen Schlachten des Ersten Weltkriegs waren die rumorenden Emotionen keineswegs zur Ruhe gekommen. Sie konnten sich um so leichter aufs Neue entladen, als die Siegermächte einen Schuldspruch über den Verlierer gefällt hatten. Bekanntlich wurde für den Ausbruch des Ersten Weltkriegs Deutschland allein verantwortlich gemacht. Die Folge davon waren Reparationsforderungen, die das gesamte deutsche Volk über Jahrzehnte in einer sklavischen Arbeitsabhängigkeit gehalten hätten. Damit war der Boden für neue Gewalt bereitet. Ein Sog, der ganze Völker in einen Vernichtungskrieg zog, war latent und auch offen vorhanden. Offen bleibt in solchen Zeiten der unterschwelligen und offenen Bereitschaft zur Konfrontation schließlich die Frage der Meisterung der Gewalt. Starke Führerpersönlichkeiten können das Schiff der Völker auf einem Kurs steuern, der den Schaden in Grenzen hält. Die Fahrt durch die rauhe See können sie aber nicht vermeiden. Ebensowenig steht es in ihrer Macht, menschliche Opfer und jedes menschliche Leid zu verhindern.

Die Tragik Hitlers liegt in dem ihn mehr und mehr vereinnahmenden Machtrausch, dem er nicht gewachsen war. Dieser Rausch – man sollte die Bezeichnung so wörtlich wie möglich nehmen – führte ihn in eine Verblendung, in der sein Empfinden der eigenen Machtfülle jede klare Einschätzung der Realität grob zu verzerren begann und ihm den Boden der Wirklichkeit unter den Füßen wegzog. Besonders deutlich wird dies in den letzten Kriegsjahren, in denen Hitlers eiserne Durchhaltebefehle an die Soldaten an der Front jeden Bezug zur tatsächlichen Kriegslage verloren hatten. Er fühlte sich schließlich mit dem deutschen Volk identisch, dem in seiner Ideologie die natürliche Rolle eines Herrenvolkes zukam und dessen Expansion geradezu ein Naturrecht war, mit welchen Mitteln auch immer. Die Anzahl der Menschen, die er mit seinen Kriegsbefehlen in den Tod schickte, spielte keine Rolle. Alles unterstand der emotionalen Mission, der großen gemeinsamen Sache.

Hitler dachte in den Kategorien einer neu zu schaffenden Weltordnung. Ein Teil der dafür unerläßlichen Strategien war die Vernichtung der Juden, was er als Reinigung seines Volkes, der arischen Rasse, von den Juden verstand. Ein anderer Teil war die Eroberung neuen Lebensraums im Osten, wobei die Rechte der slawischen Völker, die er als Untermenschen ansah, absolut keine Rolle spielten. Sein Machtrausch und die zunehmende Verblendung wurden zum kollektiven Wahn eines ganzen Volkes. Alles, selbst Kriegsgreuel und Völkervernichtung, stand im Bann brennend gefühlter Ideale. Nur das Bild eines volksumfassenden machtvollen Sogs wird dem gerecht. Dieser Sog entwickelte eine geradezu unentrinnbare Eigendynamik und schuf so das Vakuum, in dem Gewalttätigkeit und Schrecken jener apokalyptischen Ausmaße stattfinden konnten. Keiner, der in dieses Schauspiel Verwickelten kann freigesprochen werden von der Schuld, das klare Hinsehen versäumt zu haben.

◊ ◊ ◊

Weitere Details zur Hitler-Biographie

Gehen wir nun noch auf einige der biographischen Einzelheiten im Leben Hitlers ein. Gleich zu Beginn dieses Lebens erwähnt Ahastar ein merkwürdiges Phänomen, das äußerst selten vorkommt und für das es dennoch einen plausiblen karmischen Hintergrund gibt: In den Säuglingskörper des späteren Diktators wurde zunächst eine andere Seele hineingeboren, die diesen Körper etwa im 5. Lebensjahr wieder verließ und für die Seele Hitlers Platz machte. Dem gingen grundlegende Absprachen auf der Astralebene voraus. Es handelte sich bei diesem Seelenaustausch also um einen einvernehmlichen Wechsel. Über diese andere Seele soll hier im Detail nichts gesagt werden, nur so viel, daß sie sich entgegen dem zuvor gefaßten karmischen Plan freiwillig wieder zurückzog. Es zeigte sich zu diesem Zeitpunkt bereits, daß für die Zukunft mit dramatischen Entwicklungen zu rechnen war, wodurch sich jene Seele zu großen Gefahren ausgesetzt sah. An ihren Platz sollte eine Seele treten, die – anders als sie selbst – bereits erprobt in irdischer Machtausübung und vertraut mit Machtstrategien war und so auf die Erfordernisse der Zeit adäquat reagieren konnte.

Bekannt ist Hitlers harte Kindheit, in der er immer wieder seinem schlagwütigen Vater ausgesetzt war. Diese schweren und oft ungerechten Züchtigungen könnten mitverantwortlich dafür sein, daß es in Hitlers Seele zu den später sichtbaren Verhärtungen kam. Für diese Vorgeschichte ungerechter Gewalterfahrung wiederum nennt Ahastar als Grund die karmische Beziehung zwischen Hitler und seinem Vater. Wieder muß an dieser Stelle betont werden, daß die jeweils betroffene Seele in sehr unterschiedlicher Form reagieren kann. Die eigene Verhärtung ist nicht notwendigerweise die natürliche Folge. Ganz im Gegenteil, es kann sich auch um ein intensives Lernprogramm handeln, das dem oder der Betreffenden die Augen für ungerechte Gewaltzufügung öffnen soll. Freilich sind damit große Anforderungen an die leidende Seele gestellt.

Auch die jungen Mannesjahre Hitlers waren noch von Entbehrung und Armut sowie vor allem von vielen Mißerfolgen geprägt. Besonders die zweimalige Ablehnung seiner Bewerbung an der Wiener Kunstakademie, an der er sich beworben hatte, sei hier erwähnt. Im Ersten Weltkrieg, zu dem er sich freiwillig gemeldet hatte und in dem er nach einem Giftgasangriff eine mehrtägige Blindheit durchlitt, tat er sich immerhin als Gefreiter durch einen mutigen Einsatz hervor, der ihm das Eiserne Kreuz einbrachte. Hitler mußte mit einem schweren Handicap leben. Dies betraf sein Verhältnis zu Frauen, mit denen er keine sexuellen Beziehungen eingehen konnte. Ahastar sagt von Hitler ganz klar, daß er impotent war – wozu auch die Züchtigungen seines Vaters, der ihn gelegentlich auf die Geschlechtsteile schlug, beigetragen hatten. Die wenigen Versuche, sexuelle Kontakte einzugehen brachten ihm vor allem Hänseleien ein. Aus dem Leben Hitlers blieb die Erfahrung einer erotischen und sexuellen Liebesbeziehung vollkommen ausgespart. Auch gegenüber seiner vorübergehenden Lebensgefährtin Eva Braun konnte er diese körperliche und emotionale Hemmung nicht überwinden, worunter Eva Braun, die ihm in wirklicher Liebe zugetan war, selbst sehr litt, wie sie in Briefen immer wieder schmerzlich bekundete. Wir müssen diesem Umstand einen hohen Stellenwert einräumen. Ohne eine erfüllte Partnerschaft selbst zum höchsten Lebensziel zu erklären, muß doch gesagt werden, daß sie im Leben vieler Menschen eine große Bereicherung und emotionale Fülle darstellt und oft sogar wirklich zum Lebensinhalt wird. Diese Erfahrung konnte Hitler nie machen.

Einige von Hitlers Biographen erwähnen die unendliche Leere, von der er sich selbst zunehmend umgeben fühlte. Besonders nach der Etablierung der Diktatur konnte ihm das Erreichte bald keine Befriedigung mehr geben. Sein Seelenzustand trieb ihn immer wieder dazu an, neuen, hochgesteckten Zielen zu folgen, die ihn anstachelten konnten. Im Zusammenspiel mit seiner in den Größenwahn abgleitenden Geistesverfassung wurde daraus auch ein kriegerisches Abenteuer unkalkulierbaren Ausmaßes. Sicher ist, daß die eiserne Selbstdisziplin, mit der er als Führer vor sein Volk trat und die er allen anderen im Dienst für die gemeinsame Sache abverlangte, seine starren Machtgesten und auch seine völlige Humorlosigkeit im Zusammenhang mit der genannten emotionalen Beeinträchtigung stehen. Alle Gefühle, die normalerweise in eine Partnerschaft einfließen, bündelten sich bei Hitler zusätzlich zu einem eisernen Willen, so daß er keines der einmal gesteckten Ziele als unerreichbar aufgeben konnte.

Viel ist veröffentlicht und auch spekuliert worden über Hitlers Verbindungen zu Geheimgesellschaften und okkulten Zirkeln. Speziell die Thule-Gesellschaft, durch die er ein beträchtliches Geheimwissen erlangt haben soll, kommt hier immer wieder ins Gespräch. Hitlers Interessen galten frühzeitig der Geschichte, und seine geistige Entwicklung war zunächst besonders von der Philosophie Nietzsches bestimmt. Vor allem der von Nietzsche postulierte Übermensch übte eine starke Anziehung auf ihn aus. Hier beginnt eine unheilverheißende Spur: Das philosophisch Vorgedachte, das einer emotional verworrenen Glorifizierung menschlicher Tugenden und Ideale entsprang, wurde in mehr und mehr verunmenschlichten Zügen bittere Realität im sogenannten Herrenmenschen und seiner grenzenlosen Gewaltbereitschaft, die keine Gesetze mehr kennt und alles legitimiert sieht in der eigenen „naturgegebenen" Machtausübung.

Den Nietzsches Werk dominierenden Nihilismus übernahm Hitler allerdings nicht. Den alten Gottesbegriff ersetzte er durch die Vorsehung, die zu einem sehr konkreten Bestandteil seiner Glaubensvorstellungen wurde. Letztlich hatte diese Vorsehung gerade ihn auserwählt und mit einer Mission für das deutsche Volk beauftragt. Diese Überzeugungen wurden frühzeitig durch einen verhängnisvollen Irrtum genährt.

Auch die Tatsache, daß sich Hitler immer wieder mit Hellsehern und Astrologen umgab (am bekanntesten unter ihnen war der Magier Hanussen), findet in den Biographien häufig Erwähnung. Seine Neigung zu dieser Art von Ratsuche war schon in den jüngeren Mannesjahren entwickelt und brachte ihm die Bekanntschaft zu einem ebenfalls noch jüngeren Hellseher. Ahastar fügt hinzu, daß Hitler für diesen Hellseher (ein Mann jüdischer Herkunft, den Ahastar nicht namentlich nennen wollte) eine fast zärtliche Zuneigung entwickelte, mit einer homoerotischen Färbung, die jenen allerdings eher zurückstieß. Dieser Mann nun beging einen gravierenden Fehler: Er meinte, in Hitler eine Wiederverkörperung des nordischen Siegfrieds erkannt zu haben. Hitler nahm diese Aussage an und begann, sich mehr und mehr mit dieser urdeutschen Heldengestalt zu identifizieren – dies allerdings auf eine krankhaft egozentrischen Weise, die ihm vor allem half, die erlittenen seelischen Verletzungen zu kompensieren. Er begann, das Germanentum und die nordische Mythologie intensiv zu studieren und beschäftigte sich auf diesem Wege erneut mit dem Werk Richard Wagners, der bis in die späteren Jahre sein bevorzugter Komponist blieb. Dieser Musik Wagners konnte er sich stundenlang wie im Rausch hingeben. Schon in den frühen Mannesjahren hatte sie in ihm, nach eigenem Bekunden, die „Ahnung einer großen Mission" lebendig werden lassen. Auch wenn dies bereits die Gefahren in der Übersteigerung sichtbar macht, so wird durch eine solche Bemerkung deutlich, daß er sich des eigenen Karmaplans durchaus bewußt war.

Kehren wir noch einmal zum Thema „Geheimgesellschaften" und „okkultes Wissen" im Leben Hitlers zurück. In der Tat pflegte Hitler unterschiedlichste Kontakte dieser Art, nicht nur zur Thule-Gesellschaft. Dies hing mit seiner grundlegenden mystischen Ausrichtung zusammen. Das Christentum, das er in seine Wurzel als jüdisch ansah, lehnte er ab. Offen jedoch war er für alles Okkulte, nicht nur im Gewand nordischer Mythologie und der Runenmagie. Wie Astrologie und Hellsehen sich in sein Weltbild einfügten, so befaßte er sich – den Unterweisungen der entsprechenden Lehrer folgend – mit den unterschiedlichsten Phänomenen okkulter Art. Vor allem die Beschäftigung mit Geomantie und Äther-Geographie nahm einen wichtigen Platz ein.

Heute wird in der Esoterik häufig von „Kraftorten" und „geomantischen Phänomenen" gesprochen. Dies bedeutet unter anderem, daß unterschiedlichen Orten eine eigene erdmagnetische Qualität zu eigen ist, die einen Einfluß auf unser seelisches Empfinden hat. Das Wissen um diese kann die Planung unterschiedlicher Ziele und Unternehmungen in entscheidendem Maße günstig beeinflussen. Nicht wenige von Hitlers Entscheidungen – solche, die auf strategisch wichtige Kriegsziele ausgerichtet waren, sowie solche, die die Lage seiner Wohnsitze betrafen – orientierten sich an okkultem Wissen. In diesem Zusammenhang noch ein Wort zur nordischen Mythologie. Nach der mißbräuchlichen Übernahme durch den braunen Terror der Nazi-Zeit ist es uns selbst heute noch kaum möglich, diese unbefangen zu betrachten. Auch wenn die kriegerische Komponente darin oft deutlich anklingt, so gibt es doch auch die Kehrseite, die den Bezug zu den kosmischen Urkräften der Natur sucht und – in Form von Helden- und Göttersagen – vielfach in lebendigen Bildern anschaulich macht. Von einer gesunden Art der Zuwendung zu diesen mythologischen Wurzeln und Quellen menschlicher Herkunft hätte die Menschheit in der ersten Hälfte unseres Jahrhunderts durchaus profitieren können. Hitler wurde hier also ursprünglich von einem richtigen Gespür geleitet. Allein die rauschhafte Vereinnahmung eines ganzes Volkes durch eine Ideologie zog die nordische Mythologie in den despotischen Machtwahn der Nazis hinein.

Nach dem fehlgeschlagenen Putschversuch Hitlers in den 20er Jahren wurde er zu einer mehrjährigen Festungshaft verurteilt. In dieser Zeit schrieb Hitler *Mein Kampf.* Dieses Buch, das der Demokratie zugunsten einer starken Führerpersönlichkeit eine klare Absage erteilt, wird meist einseitig als politisches Manifest angesehen. Zweifellos entwirft Hitler hier bereits das Konzept seiner späteren politischen Initiativen. Auch der Gedanke von der reinen nordischen Rasse und der Befreiung vom antisemitischen Joch kommen hier unmißverständlich zur Sprache. Wie der Titel „Mein Kampf" aber ebenso zum Ausdruck bringt, geht es in diesem Werk auch um eine Auseinandersetzung in der Hitler-Seele selbst, eben um einen inneren Kampf. Hitler stand hier gewissermaßen am Wendepunkt, an dem eine Weichenstellung, die ihn in die Position eines autoritären, schließlich gewalttätigen und machtbesessenen Diktators abtreiben ließ, noch keineswegs zwingend war. Er verlor diesen inneren Kampf während der Niederschrift. Dennoch ist dieses Buch auch ein Zeugnis seines Ringens, das noch einen menschlichen Hitler erkennbar macht.

Der weitere Verlauf der Gewaltherrschaft Hitlers ist uns durch viele Bild- und Filmdokumente gegenwärtig: sein politischer Aufstieg als Führer der NSDAP in einer Zeit der Massenarbeitslosigkeit und zunehmenden Verelendung, seine magische Wirkung als die Massen begeisternder Volksredner, sein „Coup" zur Machtergreifung mit Hindenburgs Hilfe, seine schrittweise Ausschaltung aller politischen Gegner, die Etablierung eines totalitären Machtapparats, die einsetzende Judenverfolgung und schließlich das Aufrüsten zum Krieg. Immer wieder taucht verständlicherweise die Frage auf, wie es möglich war, daß Hitler eine derart magnetische Anziehung auf die breite Masse ausüben konnte. Das von ihm ausgehende Charisma wird auch von seinen Gegnern, selbst den politisch Verfolgten bestätigt. Nicht wenige seiner späteren, ihm nahestehenden Gefolgsleute empfanden die Begegnung mit ihm als Offenbarung. Sie waren völlig vereinnahmt von einem Blick, der für sie der Ausdruck eines unbeugsamen Willens und hoher Führerqualitäten war. Ahastar bezeichnet Hitler als eine „starke Persönlichkeit". Rasch aufbrausend, konnte er seine Umgebung wirkungsvoll in Angst und Schrecken versetzen.

Es gibt zwei weitere Gründe, die Hitlers Charisma nachvollziehbar machen. Der eine ist eher banaler Art, doch in seinem Gewicht nicht zu unterschätzen. Hitler hatte sich bereits in den Jahren seines politischen Aufstiegs mit hervorragenden Beratern umgeben. Diese halfen ihm, das Image eines Volksführers aufzubauen. Er erwarb rhetorische und schauspielerische Fertigkeiten und erlernte Taktiken wie das stundenlange Wartenlassen von Menschenmassen. Viele der Parteiveranstaltungen waren akribisch durchgeplante Großinszenierungen, in denen Festreden von hoher Tribüne, Fahnen, Feuer und völkische Lieder zu einer Einheit von berauschender Wirkung verschmolzen. Im Zentrum des Geschehens stand der Führer als eine übermenschliche Gestalt. Damit entsprach er der tiefen Sehnsucht der breite Masse nach einem Messias und Volkserlöser. Charisma entsteht auch immer durch das, was die Massen in ihre auserwählte Heldengestalt hineininterpretieren. Hitler, das Symbol geballter eiserner Willenskraft, war geeignet, diese Sehnsucht nach einem Idol zu erfüllen. Dazu kommt noch ein anderer Aspekt. Und hier öffnet sich der Blick auf einen weiteren, dunklen Hintergrund, der wohl gelegentlich in esoterischen Kreisen zu Spekulationen führt, aber selten klar benannt werden kann: Es geht um das unterstützende Eingreifen aus einer anderen, nicht irdischen Dimension. Das bringt uns wieder zum Thema der Entwickelten Tyrannen zurück.

Die okkulten Hintergründe

Schon im vorangegangenen Ahastar-Buch wurde erwähnt, daß die Entwickelten Tyrannen an der Machtergreifung Hitlers beteiligt waren.* Auch in diesem Buch finden sich an verschiedener Stelle Ausführungen zu dieser kosmischen Wesensgruppe (wie etwa im Kapitel „Die Osterinsel"). Es handelt sich dabei, vor allem auch

* *Ahastar – Botschaften vom Rand der Galaxie,* siehe Kapiel „Die Dimension des Bösen"

unterbewußt, um ein angstbesetztes Thema, so daß wir nochmals das folgende klarstellen sollten: Ein Eingreifen außerirdischer Mächte kann nur stattfinden, sofern die Seele des Betreffenden – wenn auch in ihren tieferen, unterbewußten Schichten – ihr Einverständnis dazu gibt. Dies gilt sowohl im Hinblick auf Führerpersönlichkeiten als auch für jeden einzelnen, der eine Funktion in einem großen Machtgetriebe hat und in eigener Verantwortung Entscheidungen treffen muß.

Hitler war für ein solches Eingreifen von außerhalb zunehmend offen. Das eigene Gewaltdenken, die Verblendung durch die scheinbare Machtfülle ebneten den Weg dafür. Dies traf auch für einen Teil seiner engsten Vertrauten zu. Über die magischen Techniken jener Wesensgruppe kann im Detail nur bedingt gesprochen werden. Kommen wir nochmals auf die charismatische Ausstrahlung Hitlers zurück: Wir müssen in der Tat die naheliegende Vermutung bestätigen, daß Techniken der Energieverstärkung von nicht irdischer Seite zum Einsatz kamen.

Ein weiteres Phänomen während der Gewaltherrschaft Hitlers hat immer wieder Rätsel aufgegeben: der Umstand, daß alle auf ihn verübten Attentate erfolglos waren. Der Schluß liegt nahe, daß ein geglücktes Attentat den Greuel des Krieges weit eher ein Ende gesetzt und für viele ein namenloses Leiden zumindest entscheidend verkürzt hätte. Nach den Aussagen Ahastars war Hitler geschützt durch Wesen aus dem genannten Bereich. Er selbst drückte dies mit dem Wort „Vorsehung" aus – eine planende Intelligenz im Hintergrund erahnend. Nur seine bewußte Umkehr und Ablösung hätte diesen dunklen Pakt, den er nunmehr eingegangen war, aufheben können.

Die Auskünfte Ahastars legen eine noch weit dunklere Dimension offen. Er berichtet von einer direkten Einflußnahme auf politische Entscheidungen einiger der engsten Mitarbeiter Hitlers. Nur in wenigen Fällen beschränkte sich die Einflußnahme nicht auf gezielte telepathische Kontakte und Inspirationen. Vertreter jener dunklen Wesensgruppe ergriffen von den Körpern dieser Mitarbeiter zeitweise oder auch dauerhaft Besitz. Konkrete Namen durfte Ahastar allerdings nicht nennen. Eine solche direkte Form der Fremdbesetzung galt hingegen nicht für Hitler selbst. In diesem Zusammenhang muß wiederum betont werden, daß nur das freiwillige oder doch einverständliche Zur-Verfügung-Stellen des Körpers eine solche Fremdbesetzung überhaupt erst möglich macht. Hier erscheint es sinnvoll, an einen auf unterbewußter Ebene geschlossenen Pakt zu denken. Dies setzt voraus, daß es zu einer weitgehenden Angleichung der seelischen Strukturen gekommen ist, also zu Macht- und Vernichtungsstreben und berechnender Kälte.

Auch die Entwickelten Tyrannen unterliegen einschränkenden Gesetzen. Eine ethisch weit entwickelte Seele mit hohen menschlichen Zielen und Idealen bleibt letztlich unangreifbar für sie. In diesem Sinne gibt es Immunität und Schutz, was sich jeder in Anbetracht solcher Informationen bewußtmachen sollte. Nun stellt sich aber auch die Frage, warum nicht auch Vertreter der anderen, hellen Seite auf ähnliche Weise eingreifen und etwa ein Attentat zum Erfolg bringen konnten. Nach Ahastars Angaben ist dies nicht möglich, da diese Wesen noch mehr als die Entwickelten Tyrannen auf die innere Zustimmung der Betroffenen angewiesen sind und ihren freien Willen respektieren. Auch positives Eingreifen stößt auf eine unüberwindliche Sperre, wie bei einer blockierten Telefonleitung. Nur relativ erdnah gebliebene Wesen könnten eine solche Sperre durchbrechen. Tatsächlich wurde der Versuch unternommen, erst kurz zuvor Verstorbene für einen derartigen Auftrag der positiven Einflußnahme zu gewinnen und sie um einen längeren Verbleib in erdnahen Sphären zu bitten. Mit Erschütterung mußte jedoch festgestellt werden, daß sich Hitler und die Schergen seines Regimes völlig unbeirrbar jeder positiven Einflußnahme entzogen. So bewegte sich das Schreckensregime Hitlers unvermeidlich auf die karmische Konsequenz zu: auf das Desaster des verlorenen Krieges, wodurch es seine vollständige Vernichtung letztlich besiegelte. Kosmisch gesehen gibt es kein Agieren im rechtsfreien Raum. Wo Menschen und höhere Wesen nicht eingreifen können, wird unerbittlich das Karma selbst zum Vollstrecker.

Entwickelte Tyrannen existieren sowohl auf materiellen wie auf feinstofflichen Ebenen, womit nochmals dargelegt wird, daß die Feinstofflichkeit selbst kein Gradmesser für die Entwicklungsstufe einer Seele ist. Besondere Fähigkeiten allerdings kommen ins Spiel, wenn der bewußte Wechsel zwischen materialisierter und entmaterialisierter Form möglich ist. In diesem Bereich geht es üblicherweise um die Qualitäten fortgeschrittener Planetarier, die sich zu physikalischen Wesen entwickelt haben. Auch einige der Entwickelten Tyrannen haben diese Entwicklungsstufe erreicht. Und doch können sie in einem fremden Umfeld nur dann agieren, wenn dort die Gewaltbereitschaft bereits deutliche Konturen angenommen hat. Hier treffen sie meist auf eine Umgebung, in der ein verhängnisvoller destruktiver Mechanismus in Gang ist. In der Regel steht diese Gewaltbereitschaft in direktem Austausch mit Gruppen bestimmter niederer Natur- und Astralwesen, die sich, so Ahastar, von Emotionen der Angst sowie Wut- und Rachegedanken nähren und ihr Ziel darin sehen, diese zu mehren. Sie selbst gewinnen dadurch an Macht und Einfluß. Ein Zusammenspiel von Agieren und Reagieren stellt sich ein, schaukelt sich hoch und nimmt schließlich unkalkulierbare Ausmaße an. Astralwesen können nur Vorhandenes stärken und fördern. Sie können das Böse nicht mit planender Intelligenz initiieren. Hier greifen die Entwickelten Tyrannen ein. Soweit das astrale Vorfeld bereitet ist und sie in eine Umwelt dunkler emotionaler Aufladungen eintauchen können, ist ihr Weg frei, und sie können zunehmend eigenständig handeln.

Auch das schwärzeste Kapitel des Nazi-Terrors, die Judenverfolgung und die Einrichtung der zahlreichen KZs, ist ohne die direkte Einflußnahme der Entwickelten Tyrannen letztlich unvorstellbar. Alle Erklärungsversuche bleiben unvollständig ohne diesen Hintergrund. Zum Thema „Juden“ muß gesagt werden, daß Auskünfte über karmische Hintergründe in unserer Zeit noch nicht möglich sind. Selbst Andeutungen würden einen groben Verstoß darstellen.

Hitler wurde schon in jungen Jahren zum Judenhasser. Die Lektüre Nietzsches und auch die Beschäftigung mit Wagner trugen dazu bei. Zu seiner Entlastung muß aber dennoch gesagt werden, daß die Planung von Konzentrationslagern nicht von ihm, sondern dem Umkreis seiner Helfershelfer ausging. Er selbst ließ sich hier, von seinen Beratern verführt, zum Handlanger machen. Mit den Details der Judenverfolgung und schließlich den konkreten Plänen zu ihrer Ausrottung hat er sich persönlich wenig befaßt. Vor allem war er an Geld und Besitz der Juden interessiert, die schlechthin im Ruf der schachernden Händler und somit Vermögenden standen. Dem sei hinzugefügt, daß den Juden über Jahrhunderte hinweg eine andere Berufsausübung als die des Händlers verboten war.

Um an dieses Geld zu gelangen, von dem er sich einen entscheidenden Beitrag für die geplanten Kriege versprach, war ihm freilich jedes Mittel recht. Zunächst wurden Pläne zur Beschlagnahme jüdischen Vermögens gemacht. Weitere, zu groß angelegte Evakuierungsaktionen der jüdischen Bevölkerung stießen auf organisatorische Grenzen. Der Ehrlichkeit halber muß hier auch erwähnt werden, daß sich andere Nationen in diesem Punkt wenig kooperativ zeigten. So wurden Schiffe mit jüdischen Ausreisewilligen und Flüchtlingen teilweise wieder zurückgeschickt. Der Entschluß, die Vernichtungslager einzurichten, sollte das „Judenproblem" schneller aus der Welt schaffen. Selbst diese Vernichtungsaktionen wurden in den Parolen des Nazi-Regimes zur völkischen Heldentat erhoben. Besonders in Äußerungen Himmlers zu diesem Thema wird eine wahnhafte Geisteshaltung deutlich, die bei der rekrutierten Armee der Vollstrecker oft unreflektiert übernommen wurde und zur absoluten Perversität eskalierte. Im nationalsozialistischen Weltbild waren die Juden lediglich Ungeziefer. Sie auszurotten, kam einer großen Reinigungs- und Befreiungsaktion gleich, die einen heldenhaften und furchtlosen Einsatz verlangte. Selbst in diesem Punkt wurden die höchsten menschlichen Tugenden und Ideale beschworen, ohne die das völkische Befreiungswerk nicht zu bewerkstelligen sein sollte.

Befassen wir uns noch mit einigen Details der „Nazi-Kultur": Beim Hitlergruß handelt es sich zum einen um den alten Cäsaren-Gruß. Nur selten machen wir uns dies bewußt, obwohl uns das Ave-Cäsar mit dem ausgestreckten Arm aus historischen Filmen freilich bekannt ist. Zweifellos weckte diese Grußgeste in Hitler Erinnerungen an seine eigene Inkarnation im alten Rom. Darüber hinaus handelt es sich dabei um eine Geste, die sich einen bestimmten Energiepegel zunutze macht. Ahastar forderte uns, nachdem er noch einmal über das vielschichtige Energiefeld des Menschen gesprochen hatte, zu einer Art „Experiment" auf. Wir sollten imaginativ ein Energiefeld in die Höhe wachsen lassen und mit der ausgestreckten Hand die Position suchen, in der uns unter dieser Hand das größte Wohlfühl-Potential bewußt wurde. Tatsächlich kann auf eben jenem Energiepegel des gerade ausgestreckten Arms ein gewisser Energiezuwachs stattfinden, der das Empfinden eigener Überlegenheit und Macht fördert.

Das Hakenkreuz hat gerade in esoterischen Kreisen viele Deutungen erfahren. Sein Ursprung führt uns zum Sonnenrad des alten Tibet. Daneben ist es auch ein altes germanisches Runenzeichen – freilich mit genau entgegengesetzter Ausrichtung der Haken, wie sie das Nazi-Reich wählte.

Ahastar bezeichnet die Symbolsprache eines solchen Zeichens als universell. Durch den jahrtausendelangen Gebrauch ist es mit Energien aufgeladen, die sich dem Unterbewußtsein sofort erschließen und direkt darauf einwirken. Dies gilt im übrigen auch für das SS-Zeichen. Es ist ein Ausdruck von kontrollierter und kontrollierender Macht. Bezeichnenderweise ist es noch heute das gebräuchliche Zeichen für Elektrizität und damit stets deutlich mit einer Warnung verbunden, mit dem Hinweis auf die Energieentladung eines gebündelten Blitzes, der zur Zerstörung führen kann, aber zumindest eine mögliche Gefahrenquelle ist. Das alte Sonnenrad ist ein kosmisches Symbol von größter Bedeutungstiefe. Es steht für die Evolution schlechthin – im Kreislauf der Inkarnationen, in den Entwicklungszyklen der Natur und schließlich im Zusammenspiel der Erde mit dem Kosmos. Mit seiner rechtsdrehenden Bewegung symbolisiert es die Unterordnung unter den Ratschluß der Götter – das harmonische Eingebettetsein in den Evolutionsstrom der Schöpfung, das natürliche Vorantreiben im Rad des Schicksals. Seine Umkehrung hebt diese kosmische Gesetzmäßigkeit auf. Der zugrundeliegende Impuls ist nun, in das Rad des Schicksals einzugreifen – mit der zunächst ungesehenen Konsequenz des Zerfalls und der Zerstörung.

Hitler selbst war sich dieser Hintergründe bewußt. Er strebte den gewaltsamen Eingriff an, mit dem er den Verlauf der Geschichte korrigieren wollte. Sein Wissen bezog er aus spirituellen und okkulten Zirkeln, wie etwa der Thule-Gesellschaft. Darüber hinaus erhielt er, wie Ahastar berichtet, direkte Inspiration aus dem Bereich der Entwickelten Tyrannen.

Hitlers karmische Verbindungen

Sprechen wir noch einmal über die engen Vertrauten im Umkreis Hitlers, über seine politischen Verbündeten und auch seine Gegner. Der Name Eva Braun ist bereits gefallen. Diese Frau hätte einen wichtigen Platz an seiner Seite einnehmen können. Ahastar spricht, was diese Beziehung anbetrifft, von einem Versuch der Einflußnahme aus lichtvolleren Regionen, der Wesentliches zur Heilung Hitlers hätte beitragen können. Ihr gegenüber ließ Hitler hin und wieder die starre Maske fallen und zeigte sich mit all seinen menschlichen Zweifeln. Letztlich war es seine innere Sperre gegen jede erotische und sexuelle Beziehung, die eine intensivere Verbindung zwischen beiden verhinderte. Bekanntlich hat Hitler Eva Braun wenige Tage vor seinem Selbstmord, seelisch gebrochen und körperlich hinfällig geworden, noch geheiratet. Ahastar fügt dem hinzu, daß er sogar noch die Ehe mit ihr zu vollziehen versuchte. Diese letzten Tage führten für Hitler jeweils für nur wenige Momente zu einem ersten Augenöffnen. Dabei begann er nicht nur das hoffnungslose Scheitern des von ihm entfachten Eroberungskrieges, sondern auch ansatzweise das Ausmaß seiner gescheiterten Mission zu erkennen. Seine Eheschließung erscheint wie ein verzweifelter Versuch, sich mit dem positiven Lebensanteil, der ihm so vollends verlorengegangen war, noch einmal zu verbinden.

Mit Göring, seinem Reichsinnenminister, bestand ebenso eine alte karmische Verbindung. Im Rom der Nero-Zeit war dieser keine markante Persönlichkeit. Auch verbrachte er eine Inkarnation im alten Palästina, wo er ein römischer Staatsbeamter war. Über Jahre hin mit der Gefängnisaufsicht beauftragt und immer wieder Zeuge von Rebellenhinrichtungen, geriet er in jener Zeit, die ihn auch mit den Lehren Jesu bekannt machte, in einen schweren inneren Konflikt. Schließlich wählte er den Tod durch Erhängen. Im alten Rom stellte sich dann vor allem eine enge Verbindung zu Mussolini ein, der wie Hitler im Umkreis von Nero lebte. Görings Kindheit im Deutschland des 20. Jahrhunderts war stark von Armut geprägt. Nachdem er mehrere Jahre als Gewalttäter in Besserungsanstalten verbracht hatte, holte ihn Hitler in seine Regierungsmannschaft, wo sich Göring zunehmend als starker Mann profilierte. Sein Streben nach Wohlstand und Macht blieb bestimmend für alle seine Handlungen, ganz gleich ob privater oder politischer Art. Göring ist nach Angaben Ahastars zur Zeit wieder inkarniert – in einem anderen Planetenbereich. Es handelt sich dabei um einen Planeten mit extremen Lebensbedingungen, der dringend der Heilung bedarf. Über diese Andeutungen hinaus durfte uns Ahastar keine Auskunft geben. Göring stimmte dieser Inkarnation zu, die ihn zwar vor schwere, leidvolle Herausforderungen stellt, die er jedoch selbst als für sich notwendig erkannte.

Über Goebbels, der als Propagandaminister in der Machtmaschinerie der Nazis eine zentrale Stellung innehatte und den Ahastar als den

Verantwortlichen für zahllose Vernichtungsaktionen benennt, waren keine Informationen zu bekommen. Unter den vielen, die Massen fanatisch aufpeitschenden Reden ist keine so beklemmend wie jene, die in der Frage gipfelt: „Wollt ihr den totalen Krieg?" – gefolgt von dem rasenden Beifall der jubelnden Massen. Goebbels war selbst gebürtiger Jude und von einem abgrundtiefen Haß auf sein Volk erfüllt.

Auch das Thema „Himmler" und die von ihm geführte Waffen-SS ist, so Ahastar, tabu. Wie kaum ein anderer kann Himmler, der sich der Idee eines „rassereinen" Großraums im Osten verschworen hatte, der wirkliche Bluthund des NS-Terrorregimes genannt werden.

Kommen wir aber noch einmal auf Hitlers Verbündete Mussolini und Franco sowie schließlich auch auf Churchill zurück. Hitler und Mussolini waren bereits vor den Jahren ihrer Machtergreifung miteinander bekannt. Diese Bekanntschaft wurde schließlich zur Freundschaft und hatte über die karmische Verbindung hinaus eine besondere persönliche Färbung. Mussolini hegte verborgene homoerotische Neigungen für Hitler, die dieser allerdings nicht erwiderte. Mussolini war, trotz seines gleichfalls despotischen Machtgehabes, ein tiefreligiöser Mensch, der sich innerlich vom katholischen Hintergrund seines Heimatlands nie wirklich lossagte. Die Zielstrebigkeit und schneidende Härte von Hitler fehlte ihm, ebenso konnte er sich nicht auf ein Volk stützen, das all seine Planungen mit akribischem, oft verbissenem Ernst vorantrieb.

Mit Franco verband Hitler eine tiefe Freundschaft, die vor allem aus mehrfachen Zusammentreffen in der Zeit zwischen der Inkarnation im alten Rom und der im 20. Jahrhundert herrührte. Dabei entwickelte Franco eine Bewunderung für die Seele Hitlers. Franco gelang es, das politische Bündnis mit Hitler rechtzeitig zu lösen, als die Zeichen des Terrors Überhand nahmen. Sein Regime hat so das deutsche um Jahrzehnte überlebt.

Auch zu Churchill bestand eine starke karmische Verbindung, über die gemeinsame Zeit der Nero-Herrschaft hinaus. Was aber aufhorchen läßt, ist, daß Churchill in einem vergangenen Leben Hitlers Mutter war. Dem etwa zeitgleichen gemeinsamen Einstieg in die letzte Inkarnation, die für Churchill ebenfalls eine entscheidende Führungsposition vorsah, ging also auch eine persönliche Verabredung voran: Churchill sollte Hitler auf seine Grenzen verweisen, sobald dieser der Versuchung politisch übergreifender Machtspiele verfallen sollte. Auf der politischen Bühne kam es zu mehreren Treffen zwischen beiden. Zu einer persönlichen Annäherung kam es allerdings zwischen beiden nicht. Bei Churchill stellten sich Hitler gegenüber Blockierungen ein, die wiederum mit einer eigenen, noch ungelösten karmischen Schuld in der genannten Mutter-Sohn-Inkarnation zusammenhingen. Hitler reagierte darauf mit Rückzug und mit Verhärtung. Ahastar nennt Churchill gleichfalls einen „Machtmenschen", was ihn allerdings nicht in eine Reihe mit den blutigen Diktatoren Stalin und Hitler stellt. Nicht wenige der von Churchill befohlenen Kriegseinsätze, vor allem in den letzten Kriegsmonaten, waren zugleich von persönlichen Rachemotiven bestimmt. Als Beispiel sei die strategisch völlig unsinnige Bombardierung der mit Flüchtlingen überbevölkerten Stadt Dresden genannt. Trotzdem muß das Anti-Hitler-Bündnis in seiner mehr und mehr erfolgreichen Gegenwehr natürlich als segensreich angesehen werden. Als die alliierten Truppen die Grenzen Deutschlands überschritten, befahl Hitler die Zerstörung aller Industrieanlagen und lebenswichtigen Einrichtungen. Damit sollte unter seiner eigenen Vollmacht der Untergang seines Volkes besiegelt werden, das sich im Kampf als zu schwach erwiesen hatte, diesen Untergang, wie er meinte, also verdient hatte.

Die Prozesse des karmischen Lernens

Kommen wir nun noch einmal auf die Frage der karmischen Breitenwirkung zurück. Inwieweit wird das Schicksal des einzelnen durchkreuzt, wenn der Gang der Weltgeschichte aus den Fugen gerät? Man macht es sich zu einfach, wenn man jede Möglichkeit des Abdriftens aus karmischen Konzepten ausschließt und erklärt, daß alles fest und sicher in Gottes Hand liege, auch Zerstörung und Schrecken, wie dunkel und unverständlich sie uns auch erscheinen mögen. Um nichts geeigneter sind Vorstellungen von einem blinden Wüten des Zufalls, in denen die Laune des einzelnen, die Zerstörungsmacht seiner destruktiven Impulse wahllos jeden Beliebigen treffen kann und sinnlos in die Vernichtung zieht. Das Denken der Menschheit bis in unser Jahrhundert hinein wird überwiegend von solchen Zufalls-Vorstellungen geprägt.

Der geschichtliche Verlauf der ganzen Menschheit wie auch der Schicksalsverlauf jedes einzelnen wird geprägt von Wahrscheinlichkeiten, die den Erfahrungs- und Wachstumswünschen der betreffenden Seele entsprechen. Die Wege dorthin können unterschiedlich und sehr variationsreich sein. Zum Nazi-Regime und der Katastrophe des Zweiten Weltkriegs muß festgestellt werden, daß das kollektive Unterbewußtsein der betroffenen Völker sich für eine der denkbar schmerzhaftesten Wege entschieden hat, die irdisches Lernen einschlagen kann. Dunkle, prophetische Vorhersagen, die die bedrohliche Zukunft vorwegnahmen – wie etwa die bekannten Feldpostbriefe aus dem Ersten Weltkrieg –, sind bekannt. Und doch ist keine der vorgegebenen Wahrscheinlichkeiten jemals zwingend. Wie etwa die Fortsetzung jener Feldpostbriefe zeigt, die einen Dritten Weltkrieg der neuen Supermächte nur wenige Jahre nach Ende des Zweiten ankündigen. Wie jedes Geschehen innerhalb der größeren kosmischen Abläufe kann man auch ein solches Schauspiel tragischen Ausmaßes nicht einfach als sinnlos abtun. Es hinterläßt seine Wirkung und bringt damit auch die Früchte des Lernens hervor – übermäßig bitter und hart errungene, und doch sind es Früchte.

Verfolgen wir aber die Spuren möglichen Lernens: Eine durchaus wirksame Form des Lernens ist die des negativen Lernens, das sich in Form von Kontrastprogrammen abspielt. Dies sind meist schmerzhafte, als negativ empfundene Erfahrungen, die tiefe Wunden in der Seele zurücklassen. Nehmen wir als Beispiel einmal Menschen mit ausgeprägten pazifistischen Überzeugungen. Bei ihnen läßt sich, etwa durch eine Rückführungstherapie, häufig feststellen, daß sie in vergangenen Leben an intensiven kriegerischen Verwicklungen teil hatten, aktiv oder nur als Zeuge. Sie haben ihre Lektion also gelernt.

Viele Bilddokumente über die ersten Regierungsjahre Hitlers bringen die mächtigen emotionalen Wogen zum Ausdruck, die den Großteil eines ganzen Volkes in den kollektiven Begeisterungstaumel rissen. Alles war auf einen Mann, den „Führer", ausgerichtet. Dieser wurde bereitwillig in der Rolle einer übermächtigen Helden-Gestalt und des Volkserlösers gesehen, dem man in absolutem Gehorsam zu folgen bereit war. All jene Emotionen blinder Unterwürfigkeit, verbrämt von zumeist hohen Idealen, mußten konsequent an eine

Grenze stoßen, die den Absturz in das jähe, schmerzliche Erwachen brachte. Die zurückbleibenden Spuren werden je nach gelernter Lektion sein: Vertraue dich keinem Führer, keiner Obrigkeit an. Folge deiner eigenen Stimme. Prüfe deine Ideale, und verfalle nicht dem Klang hohler Worte, sondern blicke tiefer, auf die Substanz. Wir wagen an dieser Stelle die Behauptung, daß erste Schritte eines solchen Lernens bereits vollzogen sind. Ein Diktator vom Zuschnitt Hitlers hätte es ungleich schwerer in unserer heutigen Zeit.

Werfen wir nun einen Blick auf die Opfer. Folgten auch diese Millionen einem karmischen Plan? Wie bereits gesagt, gibt es die pauschale Zuordnung in der einen oder anderen Richtung nicht. Von Opfern zu sprechen, ist an sich schon problematisch. Eine esoterische Weltauffassung, die jeden als autonomen Schöpfer seines eigenen Schicksals ansieht, kann den herkömmlichen, naiven Opferbegriff nicht übernehmen. In ihrem Gefüge gehören Täter und Opfer meist in einer Art Wechselwirkung zusammen. Aber auch hier macht man es sich mit pauschalen Aussagen wie diesen zu leicht. Alle starren Muster verfehlen letztlich die Wirklichkeit. Selbstverständlich gibt es so etwas wie eine karmische Belastung, die ein notwendiges ausgleichendes Karma anzieht. Bleiben wir in der esoterischen Sichtweise, so bedeutet dies, daß ein Teil der Opfer jener Zeit durchaus nach vorgefaßtem, eigenem Wunsch die Opferrolle auf sich genommen hat. Zum anderen heißt es, daß es ebenso eine Reihe mutwillig übergreifender Täter gegeben hat. Wir können uns nicht mit dem Glaubenssatz beruhigen, daß jeder willkürliche Übergriff immer zugleich im unbewußten Einverständnis mit dem Opfer geschieht – womit wir auch jede Entscheidungsfreiheit des einzelnen in Abrede stellen würden.

Ahastar spricht davon, daß zahlreiche Seelen, zum Teil auch dem direkten Plan ihrer augenblicklichen Inkarnation entgegen, die Chance nutzten, durch einen gewaltsam erlittenen Tod einen karmischen Ausgleich herbeizuführen. Ein solcher gewaltsamer Tod kann, wie etwa auch materieller Verlust, Armut und Not, eine lehrreiche und damit bewußt gesuchte Erfahrung für die einzelne Seele darstellen. Dies kann auch bedeuten, daß sich folgende Inkarnationen in ihrem Inhalt verschieben. Das für die Zukunft Eingeplante wird in die Gegenwart verschoben und hat seine Funktion möglicherweise bereits erfüllt. Aber dennoch bleiben nicht nur schwer verwüstete

Landstriche und das Inferno zerbombter Städte zurück. Zurück bleiben nicht nur viele Chancen des harmonisch angelegten Lernens, sondern darüber hinaus auch der Haß in den Seelen der Menschen – lebender wie verstorbener. Dieser Haß kann sie lange in Schach halten, verständlicherweise. Diese Berge von Haß abzutragen, kann neue Arbeit für weitere Inkarnationen bedeuten.

Wenden wir uns in diesem Zusammenhang noch einmal Hitler zu. Und stellen wir hier zunächst einige Fragen voran: In welchem Zustand und wo befindet sich Hitler jetzt? Was sind seine gegenwärtigen Erfahrungen? Ahastar erklärt, selbst keinen Zugang zu haben zu jenen Astralsphären, in denen sich Hitler zur Zeit aufhält. Dies deutet allerdings nicht auf eine Astralhölle im gewohnten Sinne hin. Es ist vielmehr eine sehr lichtlose Ebene mit träge schwingender Astralmaterie. Ahastars Informationen stammen diesbezüglich nur aus zweiter Hand, dennoch hat er sie den Umständen entsprechend gewissenhaft überprüft. Demnach ist Hitler in einem Prozeß des Umdenkens und Umlernens, der allerdings noch nicht zu einem vollständigen Erkennen geführt hat. Dies verhindert nach wie vor ein Durchschauen seiner tiefverwurzelten Überzeugung vom grundsätzlich Guten und geschichtlich Notwendigen der eigenen Mission. Zudem müßte er einsehen und akzeptieren, daß er in seinem karmischen Plan gescheitert ist.

Hier stellt sich die generelle Frage: Wie kann eine Seele mit der Erkenntnis eines so verhängnisvollen Scheiterns überhaupt umgehen? Anders als bei einem einzelnen Mord, den eine Seele als karmische Verfehlung mit Erschrecken und Reue anzuschauen vermag, kann keine Buße-Inkarnation dieses Ausmaß gestörten Karmas wieder ins Gleichgewicht bringen. Selbst zahlreiche solcher Inkarnationen mit schrecklichen Leidenserfahrungen könnten dies nicht. Wir können an dieser Stelle erahnen, was den traditionellen Höllenvisionen tatsächlich zugrunde liegt. Wir müssen uns diese Hölle nicht mit feuerschürenden Teufeln und furchterregenden Quälgeistern bevölkert vorstellen. Was sich der Seele an bestürzenden Schuld- und Reueempfindungen aufdrängt, ist Höllenfeuer genug und wird durchaus stimmig durch solche Bilder ausgedrückt. Verstorbene Seelen mit großer karmischer Verschuldung, die in den Nachtodbereichen erwachen, bitten – wie Ahastar erklärt – in der Regel um Bestrafung. Angesichts einer sie erdrückenden Last bitten manche um ihre

Auslöschung – ein radikaler Schritt, der ihnen gegenüber der unerträglichen Last aber als das Erstrebenswerte erscheint. Auslöschung würde bedeuten, daß der im Verlaufe der Inkarnationen gewachsene Seelenteil ganz aufgelöst wird und das höhere Selbst als undifferenzierte Energieeinheit in den Kosmos zurückgeht. Diesem Wunsch wird in der Regel nicht entsprochen. Nur die Verweigerung jeglichen Lernens könnte zur Auslöschung führen. Keine Seele mit der karmischen Last eines Hitlers oder anderer blutiger Tyrannen kann aus eigener Kraft Wiedergutmachung leisten und einen karmischen Ausgleich herbeiführen. Dazu bedarf es des Eingreifens höherer Instanzen.

Hier wurde ein Aspekt angesprochen, der in den herkömmlichen Religionen als „göttliche Gnade" bezeichnet wird. Besonders im Christentum ist es eine grundlegende Vorstellung, daß Christus für die Menschen am Kreuz gestorben sei, um damit das für diese Menschen Untragbare wieder ins Gleichgewicht zu bringen. Der Glaube, daß Christus stellvertretend für die Menschen leiden könne und damit auch den Prozeß des karmischen Lernens für sie vollziehe, stellt unserer Ansicht nach eine Verzerrung dar. Ein solches kosmisches Wundenheilen ist aber möglich. Es setzt voraus, daß auch die Opfer in ihren höheren Seelenanteilen ihre Einwilligung dazu geben. Bei ihrer Zustimmung wird, so Ahastar, eine zusätzliche Energieabgabe in die Wege geleitet, die einen kosmischen Umformungsprozeß in Gang setzen kann. Zusätzlich gibt es das, was als „Götteropfer" bezeichnet werden kann: Hohe Wesenheiten geben einen Aspekt des eigenen Wesens in diesen Auflösungs- und Umformungsprozeß hinein – als unwiederbringliches Opfer. Dies etwa steht sinngemäß hinter der Formulierung, daß „Gott seinen eingeborenen Sohn in die Welt gegeben hat für die Sünden der Menschen". Auch wenn nach der genauen Betrachtung des Lebens Jesu dieser Satz hier lediglich als eine Metapher erscheinen kann, so wird damit doch auf einen kosmischen Tatbestand hingewiesen.

Kommen wir nun noch einmal zu der irdischen Vorgeschichte der Hitler-Seele zurück. Wir haben es hier mit einem Wesen zu tun, das in lange zurückliegender Zeit, auf Atlantis, das grausame Ritual einer Seelenzerstückelung bzw. einer Seelenabspaltung durchlitten hat. Wieder sind wir mit zentralen Fragen nach der kosmischen Gerechtigkeit konfrontiert. Wurde diese Seele doch durch die zurückbehaltene Verletzung lange in neue Gewaltschauspiele verwickelt und darin festgehalten. Wie groß ist der Anteil eigener Schuld, wenn sie schließlich in der entscheidenden Inkarnation versagt und Gewalt in zerstörerischen Exzessen entfesselt? Es ist schwierig, dies mit menschlichen Maßstäben zu messen. Lassen wir die Erkenntnis nicht aus den Augen, daß letztlich alles auf Lernen und Entwicklung hin angelegt ist. Selbst eine Herausforderung wie die einer so gravierenden seelischen Verletzung kann, aus der großen kosmischen Perspektive heraus, zu einem Wachstums- und Lernprozeß werden, selbst wenn dazu größte seelische Kräfte und Qualitäten mobilisiert werden. Entsprechend wird der Gewinn ausfallen.

Hin und wieder schauen wir mit Bewunderung auf die großen Leistungen anderer Menschen, noch lebender oder historischer Personen, und verspüren den Wunsch, ihnen gleich zu sein oder ähnliches zu vermögen. Die karmische Geschichte hinter diesen Leistungen aber ist uns verborgen. Oft hängt sie mit dem eigentlich Unzumutbaren einer Herausforderung zusammen. Der Weg der Bewältigung kann zum Erfolg führen. Im Fall Hitlers führte er schließlich zum tragischen Absturz. Auch dies muß im größeren kosmischen Schauspiel der immer wieder freien Entscheidung und des selbstbestimmten karmischen Wegs möglich sein. Dem Gelingen steht das Scheitern gegenüber, was uns letztlich mit dem Empfinden tiefer Tragik berührt.

Die Jahrtausendwende

Zur aktuellen Weltlage und zu den Perspektiven des neuen Jahrhunderts

Gleich zu Beginn dieses Kapitels müssen wir noch einmal betonen, daß es keine festgelegte Zukunft gibt. Dementsprechend kann es auch keine unumstößlich sichere Zukunftsprognose geben. Man mag einwenden, daß belegbare Fälle existieren, in denen sich eine Zukunftsprognose in vielen Details bestätigt hat. Diese Übereinstimmung ist die äußerst seltene Ausnahme. Solchen Fällen steht eine Überzahl anderer gegenüber, in denen Prognosen völlig fehlgingen. Aber die Beispiele zutreffender Zukunftsprognosen geben uns, selbst wenn sie sich nur in wenigen Punkten bestätigen, immerhin einen Hinweis: Offenbar ist die Zukunft, in die wir eintreten, kein unbeschriebenes Blatt. Wir stoßen hier auf Strukturen, die vorgezeichnet und vorgeprägt sind. Der Irrtum beginnt bereits mit der Vorstellung einer „statisch festgelegten Zukunft", die in fertigen Bildern und Ereignissen schon existiert und auf die man aus einer höheren Warte wie auf die Vergangenheit und Gegenwart herunterblicken kann. Viele Science-fiction-Romane leben übrigens von dieser Vorstellung. Eine solche Vorstellung bedeutet in letzter Konsequenz, daß wir den heiligsten, innersten Bereich der menschlichen Seele verneinen – den Bereich der Entscheidungs- und grundlegenden Handlungsfreiheit. Eine im Detail genau festgelegte Zukunft und diese Freiheit im Hier und Jetzt schließen sich gegenseitig aus.

Der andere Irrtum besteht darin, die Zukunft als Ergebnis des blinden Zufalls anzusehen. Die Zukunft ist kein unstrukturierter Raum. Sie ist mit vorgeprägten Energiepotentialen gefüllt, die wir in der -

Vergangenheit geschaffen haben und in jedem Moment der Gegenwart weiter erzeugen. Diese Energiepotentiale sind unser karmischer Arbeitsstoff und als solche sind sie der Seele, auch als unbequeme Herausforderung, auf ihrem Weg des Wachstums willkommen.

Im Strom der Zeit dahintreibend, sind wir umgeben von einem Netz der Wahrscheinlichkeiten. Diese sind nicht etwa beliebig, sondern von einer inneren Logik bestimmt. (Die Vorstellung etwa, daß die ganze Menschheit innerhalb eines Jahrzehnts fliegen lernt, sollten wir als unwahrscheinlich ausschließen.) Wahrscheinlichkeiten sind aber wiederum, wie es das Wort schon sagt, nicht zwingend. Wahrscheinlichkeiten entwickeln ihre Eigendynamik im Zusammenspiel mit den Gedanken und Handlungsimpulsen der Gegenwart. Inwieweit sie sich in der Materie manifestieren, ob sie dann zum dominierenden Faktor werden oder „ausbleichen" und absterben, das ist in erster Linie eine Frage der Energie, die wir ihnen zukommen lassen. Dies gilt für die täglichen Ereignisse ebenso wie für die ganze Menschheitsgeschichte.

Wir leben, was Zukunftsperspektiven und Prophezeiungen angeht, in einer Zeit der vorwiegend dunklen prophetischen Bilder, der häufig beschworenen apokalyptischen Katastrophen. Die letzten drei Jahrzehnte vor der Jahrtausendwende wurden, auch im Bewußtsein der Öffentlichkeit, zunehmend davon bestimmt. Die Schreckensvisionen, welche die verheerenden Ereignisse bis zum Jahrtausendende ausmalten, haben ganze Bücherschränke gefüllt. Da sollen auf uns zukommen, um nur einige populäre Themen zu nennen: der Polsprung, das Kippen der Erdachse, die Überflutung ganzer Länder und Kontinente, ein Dritter Weltkrieg mit dem Einsatz atomarer Waffen, die Auslöschung eines Großteils der Menschheit – hervorgerufen durch Aids, atomare Verseuchung, Erdbeben und Überschwemmungen. Wir stehen nun an der Schwelle dieses Jahrtausendwechsels, und die Menschheit erlebt Jahr für Jahr dramatische Ereignisse, zu denen Kriege und auch Naturkatastrophen gehören. Doch ein apokalyptisches Szenario der globalen Verwüstungen ist nicht eingetreten. Waren all jene Schreckensvisionen also schlichtweg Wahnvorstellungen?

Viele dieser prophetischen Informationen tragen deutliche Zeichen der Dramatisierung. Sie schüren in drastischen Bildern eine innere Angst – oft genug vermischt mit jener bekannten „Lust am

Schrecken“, die zu einer heimlichen Faszination werden kann. Als Gesamturteil wäre dies jedoch zu pauschal. Manche solcher Informationen stammten von integren Menschen, denen ein ernsthaftes Ringen um die Wahrheit und ein aufrichtiger spiritueller Impuls des Klären- und Helfenwollens nicht abzusprechen ist. Die prophetischen Bilder fallen in solchen Quellen in der Regel dezenter aus, dennoch streifen auch sie häufig den Bereich apokalyptischer Schrecken. Sind auch diese Bilder ein Irrtum? Die ohnehin Ungläubigen, die unbeirrbar ihr materialistisches Weltbild pflegen, nehmen die nicht eingetroffenen Prophezeiungen als Beweis für ihre Überzeugung, daß alle Prophetie Einbildung und Phantasterei ist. Dies geht, den widerlegten und gestrauchelten Propheten gegenüber, nicht selten mit einer gewissen Gehässigkeit einher – haben sich doch Skepsis und die ausschließlich rationale Weltsicht wieder einmal als die Wahrheit schlechthin erwiesen.

Auf der anderen Seite stehen jene, die sich von prophetischen Prognosen berühren, erschüttern, manchmal auch tief verängstigen lassen und diese zu einem Teil ihres Denkens machen. Unterschwellig wurden schließlich breite Massen davon infiziert. Auch die in der Tat alarmierenden ökologischen Tatsachen schreckten viele Menschen auf. In positivem Sinn führte dies zu einem schrittweisen Umdenken, das ungewöhnliche Aktivitäten bewirkte. Unter äußerstem Kräfteeinsatz wurde versucht, das Ausmaß der Schrecken in Grenzen zu halten. Diese Aktivitäten gingen von Umweltschützern, von Greenpeace, von Atomgegnern und auch von weltweiten Meditationsgruppen sowie vielen neuen esoterischen Strömungen innerhalb der New-Age-Bewegung aus. Haben diese Menschen denn nun grundlegend etwas bewegen können? Die Frage wird oft gestellt, und häufig überwiegt die Meinung, daß letztlich nichts oder nur wenig zu beeinflussen oder gar zu verändern sei. Diese Stimmen sind von den passiv Betrachtenden und auch von den nach neuen Impulsen und Konzepten Handelnden selbst zu vernehmen. Man zeigt auf die Welt und stellt fest, daß es unverändert Gewalttätigkeit unter Menschen sowie die Ausbeutung der Natur gibt. Die Natur selbst antwortet darauf mit Katastrophen. Die Liste der unveränderten Übel ist lang. Doch das Lamentieren verstellt den Blick auf die hintergründigen, tatsächlichen Abläufe. Der unvoreingenommene Betrachter sollte auch das andere sehen: die in aller Stille errungenen Siege.

Die eigentliche Bilanz aber ist folgende: Die Menschheit hat, durch die beginnende Umkehr im Denken und den Einsatz einiger engagierter Menschen, die Wahrscheinlichkeit einer globalen Vernichtung zurückdrängen und andere Wahrscheinlichkeiten an ihre Stelle setzen können. Diese neuen Wahrscheinlichkeiten sind noch weit entfernt von denen, die wir als ideal bezeichnen würden. Und doch bedeuten sie einen in kleinen Etappen errungenen Sieg. Den Ungläubigen und Skeptiker wird dies nicht beeindrucken. Es gibt keinen Beweis dafür, daß das Nicht-Geschehene eine Wahrscheinlichkeit war. Der Prophet ist hier in einer ebenso mißlichen Lage, wie wir sie aus der biblischen Geschichte von Ninive kennen. Die Einwohner dieser Stadt, mit den Schreckensbildern eines göttlichen Strafgerichts für ihren lasterhaften Lebenswandel konfrontiert, entscheiden sich zu guter Letzt für Einkehr und Buße – und siehe da, die angekündigte Katastrophe bleibt aus. Hatte ihr zorniger Prophet, der die Stimme Gottes vernommen hatte, sie betrogen? Zu seiner Rechtfertigung hat er nichts in der Hand. Das ist der sogenannte „Ninive-Effekt". Die angekündigte Katastrophe bleibt aus, da die prophetische Verkündigung ein Umdenken bewirkte. Als Wahrscheinlichkeit aber war sie dennoch real.

Auch wenn wir die ideale Welt noch längst nicht erschaffen haben, so können wir doch stolz darauf sein, daß wir als Menschheit bereits eine Reihe entscheidender Siege gegen dunkle Zukunftswahrscheinlichkeiten errungen haben. Das Kämpfen ist also nicht sinnlos, ganz im Gegenteil. Unser weiteres Denken sollte darauf ausgerichtet sein zu erreichen, daß jene dunklen Zukunftswahrscheinlichkeiten verblassen und vollends verschwinden und nicht möglicherweise nur auf eine spätere Zeit verschoben werden. Hier liegt die entscheidende Motivation, in unserem Tun nicht nachzulassen. Wir sollten uns des beschriebenen Ninive-Effekts bewußt sein – allerdings mit einer kleinen Korrektur: Wir haben es, zu dieser Jahrtausendwende, nicht mit einem finsteren, strafenden göttlichen Richter zu tun. Wir stehen vor den Auswirkungen unseres eigenen Denkens und Handelns, vor dem, was in Einklang mit den naturgegebenen kosmischen Gesetzen steht, und dem, was sich diesen gewaltsam und zerstörerisch widersetzt hat.

Kommen wir nun zu den Auskünften Ahastars. Mit dem Blick auf die Jahrtausendwende, die für viele gleichzeitig eine Bewußtseinswende ist, weist uns Ahastar auf zwei unterschiedliche Faktoren hin:

Zum einen kommt nun ein rein von Menschen geschaffener psychischer Faktor zur Wirkung. Zum anderen gibt es tatsächlich die Beeinflussung durch ungewöhnliche Konstellationen kosmischer Kräfte. Zum ersten Punkt ist zu sagen, daß die Erwartungshaltungen, welche die Jahrtausendwende begleiten, in hohem Maß eigene psychische Energien freisetzen. So verhielt es sich auch, wie wir durch mittelalterliche Chroniken wissen, zu Ende des ersten Jahrtausends. Weltuntergangserwartungen bestimmten das Denken und Fühlen der Menschen. Vielen war es ja kaum möglich, über diesen Zeitpunkt eines völligen Umbruchs, ja möglicherweise Niedergangs hinaus zu planen und zu denken. Auch unsere Fixierung auf die Zahl 2000 ist letztlich völlig irrational. Für die kosmischen Rhythmen besteht kein Grund, sich um unser, von Menschenhand geschaffenes Kalendersystem zu kümmern. Dazu kommt, daß unserer Zeitrechnung selbst eine Verschiebung zugrunde liegt. Das Jahr 2000 ist, wenn man vom tatsächlichen Geburtsjahr Jesu ausgeht, bereits um einige Jahre überschritten. Es handelt sich um einen künstlichen Fixpunkt. Dennoch erschaffen psychische Energien ihre eigene Realität. In diesem Fall verstärken sie die Bereitschaft, sich dem völlig Neuen, einem möglicherweise fundamentalen Umbruch zu öffnen. Die damit verbundenen Erwartungshaltungen entwickeln ihre eigene, neue Schubkraft, die schon seit Jahrzehnten in unserer Menschheit sichtbar ist.

Zum zweiten Punkt: Tatsächlich wird die Jahrtausendwende von spektakulären Himmelsereignissen begleitet. Da ist zum einen die totale Sonnenfinsternis im August 1999, die vor allem Mitteleuropa betrifft. Zum anderen gibt es eine Planetenkonstellation von höchstem Seltenheitswert. Es kommt im Mai 2000 zu einer Zusammenballung der Planeten: Venus, Jupiter und Saturn werden als eine Gruppierung am Morgenhimmel zu sehen sein, Mars und Merkur am Abendhimmel. Besonders die Sonnenfinsternis war für Nostradamus ein Anlaß, das Abendland von schweren Bedrohungen heimgesucht zu sehen. Im Zusammenhang mit der magischen Zahl 99 schlug sich dies in den Köpfen einiger seiner Interpreten, an die diesbezüglichen Verse anknüpfend, in dramatischen Weltuntergangsvisionen nieder.

Ahastar mißt vor allem dem Zusammentreffen der Planeten einige Bedeutung bei. Anders als bei den fernen Gestirnen der Tierkreiszeichen, die den Zweck einer kosmischen Uhr erfüllen, kann man von fühlbaren Wirkungen dieser Planeten sprechen. Im Fall einer solch ungewöhnlichen Zusammenballung stellen sich für den Menschen auf unterbewußter Ebene Irritationen und Unruhezustände ein. Flüchtigkeit, die aus solchen Irritationen resultiert, könnte vermehrt zu Unfällen und durch menschliches Versagen ausgelösten Katastrophen führen. Hier liegt der eher negative Aspekt dieser Konstellation. Der andere, positive, ist der einer Lockerung, einer erhöhten Öffnungsbereitschaft. Diese Veränderungen fallen mit den Erwartungen zusammen, die sich mit der Jahrtausendwende verbinden. Beide Faktoren verstärken einander, der eine wäre in der Wirkung ohne den anderen relativ schwach.

Was die Wirkung angeht, so gibt es eine noch größere Dimension. Diese liegt aber zeitlich etwas versetzt und hängt mit der gesamten Galaxie zusammen. Wie bei der Erde selbst und dem Sonnensystem, so wird auch der Galaxie nur eine Sichtweise gerecht, die sie als zusammenhängenden Organismus begreift. Auch hier gibt es einander ablösende Phasen und Zyklen: Zeitabschnitte, die etwa der Geburt neuer Sterne förderlich sind und das Sterben alter zum Abschluß bringen; Zeitabschnitte, die den intelligenten Lebewesen der bewohnten Planetensysteme neue Bewußtseinsschritte ermöglichen oder diese begünstigen. In einen solchen neuen Abschnitt treten Teile unserer Galaxie ein – nicht mit dem Jahr 2000, sondern über eine längere Zeitspanne hin, für die es aber dennoch eine Art Schwellenpunkt gibt, der etwa 15 Jahre nach der Jahrtausendwende liegt. Die sich darauf zubewegenden Jahre werden davon geprägt sein.

Ahastar legt hier auf eine Klarstellung wert. Es gibt nicht wenige mediale Durchgaben, die eben jenen Punkt eines kosmischen Schwellenwechsels bestätigen. Diese Mitteilungen sind sehr unterschiedlicher Natur. Sofern sie mit dem Versprechen einhergehen, das Leben des gesamten Planeten Erde werde in eine völlig neue feinstoffliche Dimension eintreten, liegt ein Irrtum vor. Die Erde ist, so Ahastar, in kosmischen Maßstäben gesehen ein relativ junger Planet. Daß die Menschheit auf diesem Planeten bereits zum jetzigen Zeitpunkt den Schritt in die Feinstofflichkeit vollzieht, ist aus dieser kosmisch-evolutionären Sicht so gut wie ausgeschlossen. Unterschiedlichste Versionen des bevorstehenden Umbruchs werden in esoterischen Kreisen diskutiert – manche können zu einer ernsthaften Betrachtung herausfordern, andere erscheinen eher skurril. Eine dieser Versionen besteht darin, daß sich die Erde zu einem bestimmten Moment, wenige Jahre nach der Jahrtausendwende, unmerklich teilt und danach, getrennt und nach spirituell gesonnenen und materialistischen Menschen sortiert, in zwei unterschiedlichen Dimensionen weiterexistiert. Auch Vorstellungen wie diese könnten bei Ahastar keine Zustimmung finden. Und es gibt bei dieser Version eine durchaus auch humoristische Komponente: Man stelle sich die in spirituellen Fragen zerstrittenen Ehepartner vor, die beide am Morgen getrennt in ihren Betten erwachen, weil es jeden auf eine „andere Erde" verschlagen hat. Immer wieder und zu Recht wird von einer Schwingungserhöhung gesprochen. Diese drückt sich in einer neuen spirituellen Offenheit und in der Akzeptanz allgemein verbindlicher ethischer Werte aus. Die Auswirkungen sind subtiler Art und gehen doch zugleich mit dramatischen Begleitumständen einher. Alte Strukturen müssen aufgebrochen werden und Neuem Platz machen.

Was sind nun die Begleitumstände und Auswirkungen einer Sonnenfinsternis? Zweifellos handelt es sich dabei um ein Ereignis, das die menschliche Seele leicht mit Beklommenheit erfüllt, in jedem Fall aber sonderbar anrührt. Die Stellung der Sonne, der Licht- und Lebensspenderin, ist so zentral, daß ihre auch nur vorübergehende Auslöschung außerhalb der gewohnten Tag- und Nachtrhythmen unsere Seele verstört. Dieses Ereignis suggeriert eine Verletzlichkeit, gar eine Gefährdung dieser kosmischen Lebensquelle, die in der Wirkung so unfaßbar ist wie etwa ein Erdbeben, das uns das Immer-Verläßliche plötzlich als instabil und schwankend erleben läßt. Dazu kommt eine im kollektiven Unbewußten der Menschheit gespeicherte Furcht. Man muß sich die Menschen früherer Zeiten vorstellen, die keine Möglichkeit der Vorhersage hatten und denen ein solches Himmelsschauspiel unerklärlich blieb. Das Verschwinden der Sonne löste geradezu Panik aus. Diese Ängste wurden von einigen wissenden Schamanen, die Führungspositionen innehatten und nach Mitteln zur Erweiterung ihres Einflusses suchten, noch geschürt. Mit den Gesetzmäßigkeiten des Umlaufs von Erde und Mond vertraut, konnten sie eine Sonnenfinsternis doch in etwa vorhersagen und führten dies dann auf einen von ihnen in Gang gebrachten Ritus zurück. Noch heute gibt es in Indien Gegenden, in denen nach diesem Glauben rituelle Zeremonien durchgeführt werden: Das sonneverschlingende Untier muß durch Gesang und Tänze dazu gebracht werden, sein Beutestück wieder freizugeben.

Die Wirkung der Sonnenstrahlung geht, so Ahastar, über das hinaus, was für uns wissenschaftlich meßbar ist. Längst wissen wir immerhin, daß die Sonne nicht nur eine kosmische Lampe ist, die unsere Atmosphäre erhellt. Alle biorhythmischen Vorgänge sind eng mit dem Lauf der Sonne verbunden, dies selbst bei Tieren, die in Erdhöhlen leben. Auch die Wirkung auf den Chemiehaushalt unseres Körpers und seine Hormone, speziell über die Hypophyse, ist inzwischen bekannt. Darüber hinaus erfüllt die Sonne Funktionen, die das Energiefeld der Erde im Gleichgewicht halten. Ein längeres Ausbleiben dieser stabilisierenden Faktoren würde zu Veränderungen der Erdrotation führen. Hier freilich ist von einem erweiterten, noch weitgehend unbekannten Spektrum der Sonnenenergie die Rede. Auf einer unterbewußten Ebene ist die Seele mit diesem Wissen durchaus vertraut. Daraus resultiert der Effekt, den das abrupte Ausbleiben der Sonnenstrahlung auslösen kann. Auch rationale Erklärungen können diesen im Augenblick der Sonnenverfinsterung nicht völlig ausschalten. Die Folge ist ein irritiertes inneres Gleichgewicht mit seelischen Unruhezuständen. Eine erhöhte Labilität stellt sich ein, die Gefährdungen schafft und den Menschen zugleich mit seinen ansonsten verschütteten Emotionen konfrontiert.

Wir wollen noch differenzierter auf die Krisen und die oft beschworenen Katastrophen in Verbindung mit der Jahrtausendwende eingehen. Ahastar bezeichnet den Großteil unserer irdischen Probleme als hausgemacht. Umbruchsituationen, die mit kosmischen Rhythmen zusammenhängen, müssen nicht zwangsläufig zu Katastrophen führen. Letztlich gibt es keine andere Vernichtungsgefahr als die, die vom Menschen und seinem Handeln selbst ausgeht. Wir haben beispielsweise den Schritt in die künstliche Intelligenz getan. Als Krönung der technischen Errungenschaften des nunmehr vergangenen Jahrhunderts haben wir die Fähigkeit erreicht, künstliche Intelligenz zu erschaffen und mit ihr zu operieren. Auch hier liegen Heil und Gefährdung eng beieinander. Noch mehr als jede vorangegangene technische Revolution wird dieser Schritt das Gesicht der Welt verändern. Die im raschen Informationsfluß immer enger zusammenwachsende Welt wird zum „kybernetisch vernetzten Dorf". Hier haben wir die Chance, uns als eng zusammenhängende Weltgemeinschaft zu erkennen, in der nationale Grenzen künstlich errichtete Barrieren sind.

Die wirkliche Gefährdung liegt in einer weiteren Verfestigung materialistischer Glaubenssätze, die vom technisch unbegrenzt Machbaren ausgehen. In den Dienst dieser Glaubenssätze gestellt, werden die immensen Fähigkeiten unserer intelligenten technischen Diener uns weiter auf dem Weg des Mißbrauchs und der Zerstörung unserer Umwelt vorantreiben. Hier geht es in verschärfter Form um die bekannten Grundsatzentscheidungen: Darf biologisches Erbgut manipuliert werden? Darf Materie zum Zweck der Energiegewinnung auf atomarer Ebene zertrümmert werden? Was sind die Folgen davon? In gleicher Weise geht es um Grundsatzerkenntnisse. Und hier liegt erneut eine Chance. Sie beginnt mit der zunehmend unausweichlichen Frage, ob der Mensch nicht selbst eine Art kompliziert funktionierender Computer ist. Wenn es mit immer größerer technischer Raffinesse gelingt, menschliche Intelligenz und menschliches Verhalten in roboterähnlichen Maschinen und letztlich wirklich in der Form eines Menschenroboters zu kopieren, was unterscheidet uns dann von solchen Kunstgeschöpfen? Zwangsläufig sind wir nun bei der Frage nach der Seele angelangt. Wir können resigniert feststellen, daß wir selbst letztlich nur höchst komplex und kompliziert programmierte Maschinen sind. Wir können auf diesem Weg aber auch das Tor aufstoßen, das uns in jene ganz andere Dimension blicken läßt, der die menschliche Seele tatsächlich entstammt.

Im Bereich der Umwelt sieht Ahastar eine akute Gefährdung durch Elektrosmog. Selbst die Entstehung des Ozonlochs hat seiner Ansicht nach mit der Strahlenbelastung durch elektromagnetische Wellen zu tun und ist nicht allein auf die schädlichen Treibhausgase zurückzuführen. Diese negativen und schädigenden Einflüsse betreffen nicht nur die Atmosphäre, sondern sie wirken sich auch auf unsere Psyche aus. Die Folge der atmosphärischen Verschmutzung sind vermehrt aggressive Aufladungen, deren Herkunft dem Menschen unverständlich bleiben. Die Wirkungen sind indessen ganz real und tragen ihren Anteil zu dem gegenwärtigen Gewaltpotential bei. Nicht jede Art von Strahlung ist in gleichem Maße schädlich. Ahastar hebt hervor, daß vor allem langwellige Frequenzen – wie sie etwa bei den nun bereits seit einem Jahrzehnt gebräuchlichen Funktelefonen zum Einsatz kommen – negative Begleiterscheinungen haben. Sauberer, wenn auch nicht völlig gefahrlos, ist die vermehrte Nutzung von Kurzwellen. Die technische Umsetzung müßte allerdings durch gezielte Forschung weiter verbessert werden. In diesem Zusammenhang taucht die Mikrowelle auf, deren technische Möglichkeiten aber vorerst nur teilweise erschlossen sind. Die digital getaktete Mikrowelle der neuen Handygeneration stellt beispielsweise ein nicht unerhebliches Störpotential für den Körper dar, wie Untersuchungen an lebendigen Organismen gezeigt haben.

Der Einsatz elektromagnetischer Strahlung ist nie ohne belastende Nebenwirkungen. Erstrebenswert wäre die Nutzung von Frequenzen im Bereich natürlicher Erdmagnetwellen und der Gehirnwellen, die ein Anstauen des unbiologischen Elektrosmogs von vornherein ausschließen würde. Ein gewisser Schutz ist auch dadurch möglich, daß wir die direkten Stör- und Gefahrenquellen meiden. Und doch verhält es sich hier wie bei den Passiv-Rauchern. Auch sie sind von den schädigenden Wirkungen des Rauchens betroffen. Völlig belastungsfrei und unschädlich wären erst fortgeschrittene Kristalltechniken, wie sie in diesem Buch häufig erwähnt worden sind und wie sie von vielen Planetarien benutzt werden. Ein erster Schritt in diese Richtung ist die Erforschung des Umgangs mit Siliciumkristallen, ein Ansatz, der allerdings noch in einem sehr rudimentären Stadium ist. Die Frage nach möglichen alternativen Energien ist eine der am heftigsten diskutierten und gewiß auch der aufregendsten unserer Zeit. Den Menschen wird zunehmend bewußt, daß sie hier nach genauer Abwägung ihre Entscheidungen treffen müssen. Dies kann in dem einen und anderen Fall dazu führen, auf das technisch Machbare und Bequemere ganz zu verzichten.

Wenigstens hinsichtlich der psychischen Belastung durch Elektrosmog gibt es durchaus einen Schutz oder zumindest den wirksamen Ansatz einer Neutralisierung. Dieser liegt in der regelmäßigen Meditation, soweit sie sich in ihrer ordnenden und harmonisierenden Kraft entfalten kann.

Stehen uns nun tatsächlich globale Katastrophen bevor? Eine Antwort darauf wurde bereits mit dem Hinweis auf die Zukunftswahrscheinlichkeiten gegeben. Der Weg in die Katastrophe ist niemals zwingend, wenn sich Umdenken und Lernen und schließlich auch Heilung auf anderem Wege vollziehen kann. Die Natur bestraft nicht, sie nimmt nicht Rache. Dies sind von Menschen erdachte Begriffe. Auch wenn man gelegentlich hört, daß die Erde sich wehrt, so muß doch betont werden, daß es allein um Heilungsprozesse geht, die radikale Schritte erforderlich machen können. Das durch den Menschen gestörte Gleichgewicht kann von der Natur eine Zeitlang geduldet werden. Das Prinzip der „kosmischen Rückharmonisierung" ist jedoch letztlich die stärkere Kraft, und sie wird sich durchsetzen.

Die Wahrscheinlichkeit globaler Zerstörung, die die Erde reinigen und erneuern soll, ist bereits genannt worden. Anders als vielfach vorausgesagt, ist sie bis zum Jahrtausendende nicht zur Realität geworden. Ob dies mit einer Zeitverschiebung doch geschehen wird, liegt einzig an uns. In den Untergangsvorstellungen nicht weniger esoterischer Gruppierungen tauchen Rettungsmanöver durch außerirdische Raumschiffe auf. Dem durchschnittlichen Zeitgenossen hingegen erscheint dies eher skurril. Was sagt Ahastar, selbst ein kosmischer Raumfahrer, dazu? Es gibt Evakuierungspläne, die mit den Notprogrammen einer Regierung im Katastrophenfall vergleichbar sind. Diese würden allerdings nur im äußersten Notfall zum Einsatz kommen. Und sie wären nicht nach dem simplen Gesichtspunkt der Errettung aller Guten und esoterisch Glaubenstreuen ausgerichtet. Der entscheidende Faktor wäre vielmehr, daß diese Evakuierten für den Fortbestand oder besser noch einen neuen Start menschlichen Lebens auf der Erde geeignet sein müßten. Körperliche Vitalität und ein gesundes Maß an Intelligenz würden hier die entscheidende Rolle spielen. Man könnte von einem „Arche-Noah-Prinzip" sprechen, das für alle Lebensformen die Erhaltung gewährleisten soll. Und eben jene Erretteten würden einen sehr unbequemen, schwierigen Part dabei übernehmen müssen. Dies ist zum jetzigen Zeitpunkt unwahrscheinlich, wie Ahastar erklärt. Eine Kontaktaufnahme mit unseren kosmischen Brüdern im All ist längerfristig im kosmischen Plan vorgesehen. Aber der natürliche Zeitpunkt dafür ist nicht zwingend identisch mit der Jahrtausendwende, und er ist unter erfreulicheren Begleitumständen als denen einer globalen Katastrophe denkbar.

Kommen wir nun zu Fragen des aktuellen Zeitgeschehens. Daß eine Partei wie die Grünen, die Umweltfragen zu ihrem zentralen Thema machte, nun selbst Regierungsverantwortung trägt, gehört ebenso wie ein Regierungswechsel stimmig und fast notwendig in das Bild einer

Zeitenwende im Sinne eines Umbruchs. Auch in England hat sich kurz zuvor eine Ablösung der konservativen Partei vollzogen. Im Mittelpunkt der politischen Aktivitäten stehen seit Jahren unverändert Wirtschaftsfragen. Viele Menschen sehen sich mit materiellen Sorgen und beruflichem Streß konfrontiert, der gelegentlich auch an die Grenze der Belastbarkeit führt. Wenig beachtet wird allerdings, so Ahastar, daß die wirtschaftliche Krise auch eine geistige Krise ist. Dem äußeren Mangel – auch wenn er bisher nicht das Erscheinungsbild einer wirtschaftlichen Verelendung angenommen hat – liegt ein innerer Mangel zugrunde. Dieser wird in erster Linie durch ein fehlendes Bewußtsein eigener innerer Werte hervorgerufen. Resignation bewirkt Stagnation. Dies zieht wiederum weitere begrenzende Faktoren und noch mehr Hemmung an. Resignative Einstellungen drücken in erster Linie immer ein Aufgeben des eigenen Kräftepotentials aus, das als unzulänglich und schwach erlebt wird. Der Blick auf die äußere Welt beginnt die inneren Erwartungen dann konsequent zu bestätigen. Hier liegt ein existentielles Problem der ganzen Gesellschaft. Der innere Mangel, also die Geringschätzung des eigenen Wertes, der sich immer auch in einer mangelnden Wertschätzung des anderen ausdrückt – wurde über Jahrzehnte hinweg durch die Anhäufung materieller Güter kompensiert. Das Vorzeigbare scheint in einer materiell ausgerichteten Denk- und Lebensart ein Wert an sich zu sein. Dies funktioniert jedoch nicht über einen beliebigen Zeitraum hinweg, denn irgendwann weigert sich die Seele, diesen Mechanismus der Kompensation aufrechtzuerhalten. Hier muß man exakt formulieren: Es geht um den Punkt der Einseitigkeit. Materiellen Gütern als solchen haftet nichts Verwerfliches an. Äußerer Wohlstand, ja selbst Luxus steht nicht notwendig im Widerspruch zu einer geistig wachen, spirituell offenen Lebensart. Diese aber muß das Wesentliche sein. Und ebenso klar soll gesagt werden, daß es nicht lediglich um das Entstehen immer größerer Scharen von „Esoterikern" geht. Auch Esoterik kann sehr unspirituell betrieben werden, etwa wenn sie im braven Konsum esoterischen Wissens besteht. Was zählt, ist die wirkliche Erlebnisqualität, die tiefe Selbstwahrnehmung, die zum Selbstwert und zur Selbstliebe führt – wie sie auch ohne vorzeigbare materielle Güter ein selbstverständliches Grundrecht jeder Seele ist. Solche Feststellungen klingen vielleicht sehr pauschal. Sie sind indes sehr konkret. Sie gelten im Kleinen wie auch im ganz Großen.

Es wird viel von einem Verfall geistiger Werte gesprochen, und dieser Verfall wird, wie die daraus entstehende Orientierungslosigkeit, laut beklagt. Damit ist vor allem ein Verfall der traditionellen Werte gemeint, wie sie in einer auf christlichen Grundsätzen und humanistischen Idealen gegründeten Gesellschaft gewachsen sind. Doch dieser Weg des Verfalls ist letztlich nur konsequent. Allem Humanismus, allen christlichen Idealen zum Trotz hat in diesem Jahrhundert mehrfach ein barbarisches Völkermorden eingesetzt. Jene Werte haben keine wirkungsvolle Barriere dagegen errichten können, sie wurden im Gegenteil oft noch für dieses Völkermorden mißbraucht. Dementsprechend erscheinen sie vielen ausgehöhlt, substanzlos und verlogen. Die Krux liegt jedoch in den autoritären Strukturen, nicht in den Idealen und Werten. Am deutlichsten wird dies in der Geschichte der christlichen Kirche, die jahrhundertelang streng hierarchische Machtgefüge aufrechterhalten hat. Das Fußvolk blieb gebunden an das Wort der Obrigkeit und war so nicht aufgerufen, in Kontakt mit der eigenen Seele zu kommen. Autoritäre Strukturen führen nicht nur zum möglichen Machtmißbrauch. Sie führen vor allem in den Reihen der Untergebenen dazu, die eigenen Gedanken und Gefühle zu verleugnen. Humanistische und christliche Ideale bleiben so weitgehend unlebendig.

Während diese Zeilen entstehen, ist die Menschheit wieder einem Völkermord ausgesetzt: den ethnischen Säuberungen im Kosovo. Die Antwort der Nato besteht in täglichen Lufteinsätzen gegen Jugoslawien, die das Regime Milosevics in die Knie zwingen sollen. War die Entscheidung, auf die Gewalt des jugoslawischen Machthabers mit eigenen Gewaltaktionen zu antworten, wirklich richtig? Auch Ahastar zögerte mit einem raschen „Ja“ oder „Nein“ und blieb mit Erklärungen zurückhaltend, auch wenn er diesen und jenen Hinweis geben konnte. Dies muß im Zusammenhang gesehen werden mit dem bereits genannten Gebot, daß über die geistigen und karmischen Hintergründe noch lebender Personen ohne deren Einverständnis nicht gesprochen werden darf – eine Sache der geistigen Hygiene, die im Prinzip verständlich sein sollte. Ebenso muß die kommentierende Einmischung in das aktuelle Zeitgeschehen sorgfältig abgewogen werden, weil es sich hier um freie Entscheidungen von Menschen handelt, die gerade durch diese Entscheidungen etwas lernen.

Zu den wenigen Hinweisen Ahastars gehören die folgenden: Es sollte sich unserer Aufmerksamkeit nicht entziehen, daß sich der gegenwärtige Brandherd nahezu im gleichen Teil Europas entwickelt hat, in dem sich auch durch die Schüsse von Sarajewo der Erste Weltkrieg entzündete. Ahastar sprach auch von wenig bekannten Ereignissen in diesem Bereich, die dem Überfall Hitlers auf Polen und damit dem offiziellen geschichtlichen Ausbruch des Zweiten Weltkriegs vorangingen und diesen maßgebend auslösten. Diese Hintergründe lassen verschiedene Wahrscheinlichkeiten in den Vordergrund treten: Die düsterste wäre der Ausbruch eines Dritten Weltkriegs. Die positive und hoffnungsvolle wäre die, daß es in dem Kosovo-Konflikt gelingt, die Völkergemeinschaft zu einen und in diesem Falle die Friedenskräfte die Oberhand gewinnen zu lassen – daß die Menschen also den direkten Weg einer Umkehr gehen.

Zum vollständigen Bild des gegenwärtigen Krieges gehören auch die unermüdlichen diplomatischen Aktivitäten, die zahlreichen Konferenzen auf internationaler Ebene, die das Ziel verfolgen, eine rasche und für alle Seiten verbindliche Friedensregelung herbeizuführen. Wie jeder Konflikt enthält also auch dieser eine positive Herausforderung, die eine große Chance darstellt. Man sollte diese Komponente nicht gering schätzen. Frieden kann langsam und behutsam heranreifen. Hier könnte er durch ein deutliches Friedenssignal einsetzen. Es gibt Parallelen der gegenwärtigen Kriegssituation zum Zweiten Weltkrieg, in direkter und in karmischer Art. Der in solchen geschichtlichen Betrachtungen Geübte kann hier seine eigenen Beobachtungen machen, ohne in ausufernde Spekulationen zu verfallen. Doch auch in diesem Fall gilt der Grundsatz, daß es letztlich keinen Zufall gibt. Ahastar selbst wollte weitere konkrete Einzelheiten nicht nennen.

Eine Ausweitung des Kriegsherdes läßt sich zum gegenwärtigen Zeitpunkt, den Wahrscheinlichkeiten entsprechend, nicht ausschließen. Die Gefahren einer kriegerischen Auseinandersetzung auf breiterer Ebene sieht Ahastar im wesentlichen nicht geringer an als die zur Zeit des sogenannten „Kalten Krieges" zwischen den Supermächten. Damals wurde ein lebensbedrohliches Waffenarsenal angelegt. Doch die starren Feindbilder schufen zugleich klare Fronten und blieben so etwas wie ordnungschaffende Richtlinien. Auf emotionalem Weg konnten sie, unterschwellig und offen, selbst zum Aufhänger ausbrechender Aggressionen werden. Die jetzige Situation ist vor dem

Hintergrund der zusammenbrechenden Großmacht Sowjetunion vergleichsweise chaosträchtig. Darin liegt gleichfalls eine nicht geringe Bedrohung. Ahastar stellt klar, daß das energetische Umfeld nicht mit dem vor Ausbruch des Zweiten Weltkriegs vergleichbar sei. Falls der Konflikt in größerem Maße eskaliert, könnte sich dieses Energiefeld allerdings verändern, schlimmstenfalls in eine ähnliche Negativität umschlagen.

Von zentraler Bedeutung bleibt die Haltung Rußlands. Das Land – ein Vielvölkerstaat – ist über Jahrzehnte hinweg durch eine ideologische Klammer zusammengehalten worden, die sich letztlich als nicht tragfähig erwiesen hat. Die Folge war ein Zusammenbruch auf allen Ebenen, sowohl der geistigen und politischen wie auch der wirtschaftlichen. Die Zeit des Kalten Krieges hat in starkem Maße das Rußland-Bild des westlichen Menschen geprägt. Die blutige Niederschlagung von Aufständen in den Brudervölkern (Ostdeutschland/Ungarn/Tschechoslowakei) führte zum Bild des russischen Volkes mit skrupellosen, machtbesessenen, geradezu diabolischen Zügen, das in den Emotionen der Menschen auch heute noch sehr lebendig ist.

Wir westlichen Menschen sollten die Verdrehung und Verzerrung erkennen, die der russischen Seele zugefügt wurden durch eine Ideologie, die noch stärker als der Kapitalismus einzig die materielle Wirklichkeit gelten ließ. Jahrhundertelang war die russische Seele, wie wir durch Dichter wie Tolstoi wissen, von einer tiefen Religiösität geprägt, die Züge der Inbrunst annehmen konnte, wie sie westlichen Menschen fremd ist. Wir sollten diesen Aspekt nicht übersehen – und mithelfen, ein neues Rußland-Bild zu erschaffen, um das das russische Volk zur Zeit selbst in tiefen inneren und äußeren Kämpfen ringt. In kaum einem anderen Fall war die Verzerrung einer Volksseele in diesem Jahrhundert so extrem. Auch die deutsche Volksseele erlitt dieses Schicksal unter dem Gewaltregime Hitlers.

Natürlich gibt es überall die Spuren eines erlernten Gewaltdenkens. Diese Gewaltsamkeit kann, wie wir aus der Geschichte wissen, in der Maske des kalten Kalküls erscheinen, wie etwa unter der Schreckensherrschaft Stalins, zuweilen kann sie auch einem riesigen Bären gleichen, der im Bewußtsein seiner naturgegebenen Machtfülle achtlos zertritt, was ihm in den Weg kommt. Nicht wenige mediale Mitteilungen, wie etwa jene beim Hellseher Paulussen, hatten im

Hinblick auf Rußland immer wieder düstere Bilder zum Inhalt. Zu nennen wäre da die Möglichkeit einer neuen Invasion russischer Streitkräfte in Mitteleuropa. Solche Prophezeiungen, die die russischen Heere bis an den Rhein vorstoßen sahen, gehen bis zum Jahrhundertbeginn zurück. Ahastar bezeichnet solche Wahrscheinlichkeiten aus damaliger Sicht als keineswegs irreal. Sie entsprangen tiefen unterbewußten Ängsten, scheinen zum gegenwärtigen Zeitpunkt aber in weitere Ferne gerückt. Die Gefahren sind bekannt. Sie resultieren aus einer Reihe ganz konkreter Faktoren, beispielsweise aus der wirtschaftlichen Not Rußlands. Eine weitere Gefahrenquelle könnte das brachliegende Potential der nach dem Abzug aus den osteuropäischen Ländern unbeschäftigten russischen Streitkräfte sein.

Was die globale politische Situation angeht, so sieht Ahastar für die Zukunft eine mögliche Annäherung zwischen Rußland und China, möglicherweise sogar eine erneute Blockbildung, die der westlichen Allianz gegenübersteht. Diese Blockbildung könnte den ganzen asiatischen Raum, einschließlich der Länder des Nahen Ostens, umfassen. Die Suche östlicher Länder nach neuen Bündnispartnern würde sich naheliegenderweise nach der innerlich empfundenen Verwandtschaft ausrichten, dies in bewußter Abgrenzung von der westlichen Welt. Sie würde sich zugleich im Spannungsfeld vieler konträrer Bewegungen abspielen. Gerade in diesem Bereich sieht Ahastar viele Energiepotentiale, die sich zu Konflikten zusammenbrauen und zu neuen Unruhen und kriegerischen Auseinandersetzungen führen können, auch solchen, die nach außen getragen werden, weil sie im eigenen Land unbewältigt bleiben. Europa sollte weiter wachsam gen Osten schauen. Die Hoffnung auf eine Abschottung von fremden Konflikten könnte sich schnell als trügerisch erweisen – was angesichts der engen wirtschaftlichen Zusammenarbeit auf globaler Ebene ohnehin oft irreal ist. Die Frage, ob ein unbeteiligter Außenstehender ohne eigene Veranlassung in Mitleidenschaft gezogen werden könnte, ist auf einer eindimensionalen Ebene nicht zu beantworten. Auch wenn es in der Gegenwart keine Veranlassung gibt, in diese Richtung zu denken, so können doch offene karmische Rechnungen den Anlaß zu einem ungerecht übergreifenden Konflikt geben. In gewissem Ausmaß gilt genau dies für das Konfliktpotential zwischen der östlichen und westlichen Welt. Es beschäftigt die Menschheit schon seit langer Zeit. Die Fäden im

Hintergrund, die Lager und ihre Völker verbinden, lassen die gewaltsame Bewegung und Erschütterung der einen Seite nicht zu, ohne daß auch die andere Seite davon betroffen würde.

Lassen Sie uns noch ein paar Worte zur aktuellen Weltlage verlieren: Auch wenn sich Friedensbeschlüsse auf dem Balkan durchsetzen sollten, so bleibt diese Region doch weiterhin ein möglicher Brandherd. Ein zweites, hochexplosives Gebiet ist nach wie vor der Staat Israel. Alle momentanen Ruhephasen in diesem nahöstlichen Bereich sollten nicht darüber hinwegtäuschen, daß es hier seit Jahrzehnten aufgestaute Emotionen und verhärtete Feindbilder gibt. Unverändert besteht eine große Explosionsgefahr für den neuen jüdischen Staat. Wir Deutschen tun uns mit der Kritik an Israel verständlicherweise schwer. Unsere Parteinahme ist relativ eindeutig und oft auch einseitig. Wir sehen die Terroraktionen des palästinensischen Volkes und sind uns in der Verurteilung einig. So sehr terroristische Aktivitäten, auch jene im Dienst einer guten Sache ausgeübten, immer ein Verbrechen sind, so muß man auch diesen Konflikt als von zwei Seiten verursacht ansehen. Dies gilt besonders wieder auf geistiger Ebene. Im israelischen Staat ist die allen Religionssystemen gegebene Gefahr, in dogmatischen Haltungen zu erstarren, im streng orthodoxen Judentum besonders präsent. Man mag dies mit der langen Verfolgungsgeschichte der Juden, die hier einen Zusammenhalt fanden, erklären und Verständnis aufbringen. Im Erstarren begriffen, wodurch keine neuen spirituellen Entwicklungen und Erfahrungen mehr zugelassen werden, stellt das Judentum ein Gefahrenpotential dar – für die Vertreter religiös-orthodoxer Haltungen und ihre Lebensgrundlage, die letztlich vom friedlichen Auskommen mit den umliegenden Völkern abhängt, und im weiteren auch für die ganze Welt. Jeder kleinste Impuls und Einsatz, der eine wirkliche Befriedung und eine grundlegende Völkeraussöhnung in diesem Bereich herbeizuführen versucht, sollte willkommen geheißen werden. Auf Dauer wird es aber auch von immenser Wichtigkeit sein, die Bedürfnisse der Palästinenser und ihre Forderung nach einem eigenen Staat zu berücksichtigen.

Ob der Balkan-Konflikt letztlich eskaliert oder sich möglicherweise nach den ausgehandelten Friedensbeschlüssen erneut entzündet und der Brandherd plötzlich auch andere Balkanstaaten erfaßt, entscheidet sich hier wie bei jeder kriegerischen Auseinandersetzung vor allem auf emotionaler Ebene – auf der Ebene kollektiver Gedanken- und Gefühlsenergien. Wir können von Ahastar keine leichtfertig gesetzten Friedenszeichen erwarten. Ebenso wird er sich nicht düsteren Zukunftsvisionen anschließen. Diese schüren Ängste und ziehen Negatives an. Im Sinn einer Warnung und eines Weckrufs können Hinweise auf Gefahren und Zukunftsprognosen durchaus ihre Funktion erfüllen, doch nur in der gut abgestimmten Dosis. Ahastar wird nicht müde zu erklären, daß es immer unsere innere Einstellung ist, die das Erscheinungsbild unserer Umwelt prägt – und hervorbringt. Alles, was geschieht, ist ein Spiegel der tieferen emotionalen Strukturen. Dies gilt für jeden gewaltsamen Völkerkonflikt, für jede Diktatur, letztlich für jeden Krieg.

Auch ein Diktator steht letztlich symbolisch für den Glauben, daß einzig die Demonstration von Stärke und der Einsatz von Gewalt Konflikte lösen kann. Ein Volk, das in Glaubenssätzen wie diesen gefangen ist, wird sich seinen Diktator immer wieder erschaffen. Ist der Einsatz von Gewalt wirklich das geeignete Mittel, Gewalt aufzuhalten? Für Ahastar ist Gewalt nie ein gutes Mittel. Wenn sie notwendig wird, sind andere Schritte zur Konfliktlösung versäumt worden. Am Beispiel eines Krebskranken läßt sich dies gut veanschaulichen. Erst wenn es zum ungebremsten Wachstum des Krebsgeschwürs gekommen ist, wird sich der Arzt zum Ansetzen des Messers gezwungen sehen. Und selbst hier stehen wir vor der Frage, ob eine alternative sanfte Heilmethode nicht ebenso zum Erfolg führen kann. Aus globaler Sicht kann man folgendes sagen: Immer wenn wir Konflikte, die im Inneren gelöst werden müßten, nach außen tragen, bedeutet dies Krieg. Auch die kriegerische Auseinandersetzung im Kosovo hält uns hier einen Spiegel vor. Entzündet hat er sich an ethnischen Konflikten, die ebenso in vielen anderen Ländern Europas seit Jahrzehnten ständig für Unruhe sorgen. Die Ablehnung gilt dem Fremden, das als bedrohlich empfunden wird. In gleicher Weise negieren die Menschen Anteile der eigenen Seele. In einem meist unbewußten Prozeß der Ablehnung werden diese bekämpft und verdrängt. Die weltpolitische Bühne mit ihren Kriegsschauplätzen fordert uns zu einem Blick in den Spiegel auf.

Wir wollen zum Schluß auf ein paar oft gestellte Fragen eingehen: Wie wird sich die Raumfahrt im kommenden Jahrhundert entwickeln?

Wird uns der Vorstoß zu anderen Sternensystemen, vielleicht sogar zu anderen Menschheiten gelingen? Wird sich das rasante Tempo technischer Entwicklungen fortsetzen? Stehen uns weitere überraschende technische Errungenschaften bevor? Welche Formen der Energiegewinnung werden dominieren? Werden sich ausreichend neue Energiequellen erschließen? Wird es zu konkreten Kontakten zu Außerirdischen kommen? Werden diese als offizielle Besucher für jedermann in Erscheinung treten?

Nach dem Konzept der Wahrscheinlichkeiten kann hier wieder nur mit Zukunftsmöglichkeiten geantwortet werden. Gehen wir zunächst von einer Wahrscheinlichkeit aus, daß es der Menschheit gelingt, den Schritt in ein neues Bewußtsein zu tun, so daß ihr jene Früchte zugute kommen, die ihr nach dem kosmischen Plan zugedacht sind. Das Erreichen anderer Sternensysteme im näheren Umkreis unserer Sonne ist höchst wahrscheinlich. Dies dank neuer Techniken, die Geschwindigkeiten bis in die Nähe der Lichtgeschwindigkeit zulassen werden. Nach kosmischen Maßstäben ist dies noch eine eher schleichende Fortbewegung – selbst zu der uns nächsten Sonne wird der Weg viele Jahre dauern. Mit den uns bisher möglichen Geschwindigkeiten würde die Reise allerdings Jahrhunderte dauern. Die Anfänge einer interstellaren Raumfahrt stehen uns direkt bevor.

Eine weitere Technisierung unserer Arbeitswelt ist eine logische Konsequenz der gegenwärtigen Entwicklung. Im Falle einer positiven Integration wird sie neue Freiräume für Kreativität schaffen. Zu der Frage neuer revolutionärer Entdeckungen gleich noch einige Anmerkungen. Die Erschließung neuer umweltfreundlicher Energiequellen bei gleichzeitiger Rückbesinnung auf alles Natürliche und Gesunde wird die Bedürfnisse der Menschheit ausreichend abdecken können. Besonders die effektive Nutzung der Sonnenenergie sei hier genannt und ebenso die intensivierte Nutzbarmachung der Wasserenergie, wie etwa der Gezeiten der Meere. Hier bedarf es nur des entschiedenen Willens.

Kontakte mit Außerirdischen sind vorgesehen. Dies jedoch nicht länger auf der Ebene geheimer privater Kontakte, sondern in ganz offizieller Form. Die Menschheit nähert sich jener Schwelle, wo eben dies ganz natürlich zu ihrer Entwicklung gehört. Die Voraussetzungen dafür beginnen sich bereits zu erfüllen. Die Menschheit lernt zunehmend, sich als zusammenhängende Einheit zu begreifen. Ihre technische Entwicklung ist an einem Punkt angelangt, der ihr selbst den Aufbruch ins All ermöglicht. Technischer Fortschritt bleibt nicht auf die Verbesserung mechanischer Abläufe beschränkt. Er dringt tief in die Geheimnisse der Materie ein und beginnt, ihre verborgenen Energiepotentiale zu entschlüsseln. Die Chance eröffnet sich, daß spirituelles und fortgeschrittenes technisches Forschen, das immer mehr in immaterielle Bereiche vordringt, zu einer Einheit werden. In dieses Gesamtbild fügt sich stimmig ein, daß der Anschluß an den größeren Kosmos erfolgt. Dies schließt notwendig die Erkenntnis ein, daß die Menschheit im All nicht allein ist. Kontakte mit Außerirdischen werden ein selbstverständlicher Bestandteil unseres Alltags werden.

Die Menschheit steht an einem Scheideweg. Nochmals sei auf das Ende eines großen Zyklus hingewiesen, das nicht identisch mit dem Jahr 2000 ist, aber kurz darauf folgt. Das gegenwärtige Bild zeigt auf fast natürliche Weise viele widerstreitende Tendenzen, oft Konfusion. An den alten materialistischen Dogmen festhaltend, wird weiterhin die perfekte technische Manipulation der Umwelt angestrebt. Zum anderen breiten sich esoterische Glaubenssätze aus, die die völlige Loslösung von allem Materiellen anstreben. Ahastar benennt den Prozentsatz jener Menschen, die eine gesunde Spiritualität leben, als noch relativ gering. Von diesen Menschen hängt allerdings Entscheidendes ab. Die immer wieder zentrale Frage bleibt, ob die Menschheit insgesamt aus ihrem trägen materialistischen Denken herausgerissen werden kann – auch ohne Umweltkatastrophen, die unerbittlich zu existentiellen Erschütterungen führen. Oft sind die Gefahren eines Polsprungs oder Kippens der Erdachse beschworen worden. Nach Ahastar soll sich die Erdumlaufbahn, konkret die Achsenlage, geringfügig verändern – dies in Korrespondenz zu größeren kosmischen Einflüssen. Es handelt sich um eine Veränderung, die die Erde als lebendiger Organismus selbst einleitet. Sie kann sich harmonisch in einem sanften Prozeß vollziehen. Ebenso kann sie aber von katastrophenträchtigen Erschütterungen begleitet sein.

Unsere sich weiter entwickelnden Gedanken werden ebenso die zukünftigen Kontakte zu Außerirdischen bestimmen. Ein technisch konzentriertes, materialisches Streben wird Außerirdische der verwandten Wesensart anziehen und ihnen Einflußmöglichkeiten auf der Erde eröffnen. Hier gilt wieder: Eine junge Menschheit wie die unsere ist dem nicht schutzlos ausgeliefert. Das Gebot der Nichteinmischung kann auch von Außerirdischen mit negativen Absichten nicht in eigener Regie außer Kraft gesetzt werden. Erst wenn die Menschen selbst die entsprechenden Türen öffnen, ist ein solches Gebot aufgehoben und wirkungslos. Gleiches darf Gleiches anziehen. Dies ist auch in kosmischen Maßstäben das geltende Gesetz.

Ihr destruktivstes Gesicht zeigt unsere heutige Technik in der Atomenergie. Nach Ahastar sollte sich die Menschheit, und dies ganz radikal, von jedem Gebrauch dieser Energie lösen. Hier ist der Weg in eine Sackgasse beschritten worden, den nur die kompromißlose Umkehr beenden kann. Der Weg in neue, saubere Technologien ist schon in vielen Formen erfolgreich beschritten worden, ohne daß uns die Ergebnisse bisher zugute kommen. Hier liegt ein relativ dunkles Kapitel vor uns, auf das unvermeidlich hingewiesen werden muß. Es ist vor allem die Trägheit des Denkens, die sich Neuerungen widersetzt, sowie ganz konkret die Macht von Großkonzernen, die verhängnisvolle Barrieren schaffen. Wie Ahastar erklärt, würden wir uns wundern, wenn wir wüßten, was an neuen Technologien bereits verfügbar ist, denen jedoch keine Chance gegeben wird, die alten, über Jahrzehnte etablierten Verfahren vom Markt zu verdrängen.

Ahastar wies in diesem Zusammenhang auf eine wichtige Wegscheide in der historischen Entwicklung hin. Dies ist vergleichbar mit einem Blick hinter die Kulissen, der von hoher Brisanz ist. Parallel zur Erforschung der Atomenergie und zur Entwicklung der Atombombe lief ein technisches Forschungsprogramm, das auf eine ganz andere Art der Energiegewinnung und der technischen Abläufe ausgerichtet war. In völlig anderem Sinne handelte es sich gleichfalls um revolutionäre Wege, für die speziell der Name Nikola Tesla steht, der nicht wenigen ein Begriff ist. Doch auch Namen wie Wilhelm Reich und Viktor Schauberger gehören dazu. Tesla machte eine Reihe von Erfindungen, die für Zeitgenossen und Augenzeugen oft im Bereich des Wunderbaren und manchmal völlig Magischen lagen. Besonders seine Entdeckungen zur Aufhebung der Gravitation sowie seine Arbeit mit Levitationskräften können, wenn man den Überlieferungen glaubt, wie Zauberei anmuten. Ebenso kann die Arbeit von Wilhelm Reich, besonders seine Erforschung der Orgonenergie, eine nicht geringe Faszination auslösen. Auch die Forschungsprojekte des

Österreichers Schauberger sind zukunftsweisend, die Implosions-Motoren eingeschlossen, in denen sich die Prinzipien der tendenziell zerstörerischen Explosion zur Energieentfaltung vollkommen umdrehen lassen. Diesen von den genannten Forschern – und nicht wenigen anderen, die unbekannt blieben – eingeschlagenen Weg nennt Ahastar von „unserer Seite aus inspiriert". Diese Inspirationen durch planetarische Wesen nahmen im Falle von Tesla auch Formen sehr direkter Kontakte an, die uns in ihrer Konkretheit möglicherweise erschrecken würden. Auch die Entdeckung und Entwicklung der Atomenergie war außerirdisch inspiriert. Da diese Forschung am intensivsten zunächst unter dem Nazi-Regime vorangetrieben wurde, ergeben sich die Antworten auf ihre Inspirationsquelle von selbst.

Als eine Art Alternativangebot und Gegengewicht hätten neue Techniken, wie sie ein Tesla entwickelte, in die Welt treten können. Dies gelang nicht in der gewünschten Form. Forscher wie Tesla oder auch Wilhelm Reich wurden verlacht und mit allen Mitteln verunglimpft. Für viele waren sie völlig überdreht und verrückt, was im Falle Wilhelm Reichs tatsächlich zur Einweisung in eine Nervenheilanstalt führte. Offenbar waren die Menschen zum damaligen Zeitpunkt überfordert. Auch die Forscher selbst stießen mit ihrer Auffassungskraft an Grenzen. Ahastar bezeichnet viele Details in der Forschung Teslas als unvollständig und unverstanden geblieben, in jedem Falle oft nicht fertig entwickelt. Ein anderer Forscher, der zunächst mit der Mission Teslas betreut worden war, entzog sich der Aufgabe vollständig. Fast alle Erfindungen Teslas sind unter Verschluß. Anders ausgerichtete Interessen, vor allem die gesellschaftlicher Machtgruppen, haben ihre Verbreitung verhindert. Die Menschheit hätte in entscheidendem Maß davon profitieren können.

Wir wollen das folgende ans Ende dieser Ausführungen stellen – Worte, mit denen auch Ahastar sie abschloß: Es ist der eindringliche Appell eines planetarischen Freundes an jeden einzelnen von uns, unsere eigenen inneren Quellen ausfindig zu machen und auf sie zu vertrauen. Es ist im weiteren der Appell, in unserer Menschheit ein einheitliches Bewußtsein heranwachsen zu lassen. Je mehr wir uns dieser Einheit nähern, desto näher rücken wir auch der Einheit des Kosmos und desto eher werden wir uns bewußt als Teil der großen Gemeinschaft anderer planetarischer Wesen erkennen und mit ihnen kommunizieren. Alles Begrenzende sollte sich mehr und mehr auflösen und schwinden.

Dies gilt auch für die herkömmlichen Religionssysteme. Religion bedeutet im eigentlichen Sinne des Wortes „Rückverbindung" mit dem All-Einen. Indem sie auf dieses All-Eine ausgerichtet ist, kann sie naturgemäß nichts Trennendes haben. Religion auf diese Weise verstanden, lehrt uns, daß wir selbst Teil dieses All-Einen sind, mit der gleichen Heiligkeit, Würde und Unzerstörbarkeit ausgestattet. Eine Religion, die Menschen entzweit, hat ihren Sinn verfehlt. Alles Grenzen-Schaffende ist eine Verzerrung. Religionen, so Ahastar, wurden einst als eine Art geistiger Gehhilfe für die Menschen geschaffen. Sobald diese aber zur Behinderung wird, sollten wir uns ihrer entledigen. Religion verkehrt sich zu ihrem Gegenteil, wenn sie die Menschen lehrt, daß sie als solche nichts wert sind. Daß sie nur in der Anbindung an eine höhere Instanz eine Daseinsberechtigung haben, daß nur die Unterordnung unter eine göttliche oder menschliche Autorität ihr Seelenheil gewährleisten kann.

Das Göttliche liegt in jedem Menschen selbst begründet, wie letztlich auch der Schlüssel zu allem Wissen, zur eigenen Machtvollkommenheit. Religionen, die diesen Grundsatz vergessen haben, die weiterhin Unterwürfigkeit und Abhängigkeit lehren, tragen zur Verfinsterung unserer Zeit bei. Wir sollten sie abschütteln wie einen alten Ballast.

In der Verbindung mit dem All-Einen erwacht auch das Wissen um den unzerstörbaren eigenen Wert, um die eigene Kostbarkeit. Hier liegt das höchste Gut jedes Menschen. Dieser Wert steht in keiner Abhängigkeit – von keiner Glaubensgemeinschaft, von keinem vorzeigbaren materiellen Besitz, von keinen errungenen Titeln, nicht einmal von einer Arbeitsleistung, durch die der Mensch sich erst beweisen muß. Er wartet, in jedem von uns, auf seine immer neue Entdeckung. Jedes herkömmliche Wertemessen und Grenzenziehen wird einfach hinfällig. Wer nach dem Ziel seines eigenen Weges fragt, wird hier die klarsten Antworten finden.

TRANCE-CHANNELING

von Mirabelle und René Coudris am 10.8.95

Ein Kontakt mit der Informationsquelle C.G. Jung
zum Buch
Ahastar – Botschaften vom Rand der Galaxie

C.G. Jung: *Guten Abend.*

René Coudris: Guten Abend. Heute habe ich im Namen eines Berliner Freundes eine Bitte an Sie. Winfried Paarmann hat uns ein Manuskript zugesandt, das Botschaften eines Planetariers namens „Ahastar" enthält. Hier ein Foto von Herrn Paarmann. In seinem Brief schreibt er unter anderem: „Ich möchte die Meinung C.G. Jungs zu einem Manuskript hören, das in den letzten Jahren durch einen eigenen Jenseitskontakt entstanden ist." In diesem Manuskript mit dem Titel *Ahastar – Botschaften vom Rand der Galaxie* geht es z. B. um Lebensformen im Universum, andere Planetenmenschheiten, Strukturen des Raums, die Lebensgeschichte unseres Sonnensystems usw. Ich lege Ihnen auch das Manuskript hierher.

C.G.J.: *Es ist interessant, die Geschichte der Menschheit mit „jenseitigen Augen" zu betrachten. Ganz gleich, ob es unbewußte Augen – die Augen des Kollektiven – oder Augen des Hyperrationalen sind, es ist immer gut, das Leben von verschiedenen Blickwinkeln aus zu betrachten. Das führt letztlich stets zu einer Steigerung der Kreativität. Konzepte, welche die Visionen der Menschheit bereichern, sind ein gutes Mittel dazu ...*

In dem Manuskript kommen wesentliche Aspekte zur Sprache, die es wert sind, gelesen zu werden. Ja, das ist meine Meinung!

Es werden nun viele solcher Bücher geschrieben werden, weil der Mensch beginnt, sein Erbe wieder wahrzunehmen – das Wissen um seine

Verbundenheit mit der Struktur des Universums. Daraus entsteht in ihm eine „Erbfolge" von unmißverständlichen Erinnerungen, die sowohl grundlegende Wahrheiten sind als auch zukünftige Möglichkeiten beinhalten.

R.C.: Ist Ihnen diese Wesenheit Ahastar bekannt?

C.G.J. (lächelt): *Jetzt schon. Es gibt Millionen von interessanten Wesen dieser Art. Es ist heute wichtig, das kosmische Bewußtsein zu stärken. Dazu dienen letztlich all die Begegnungen mit außerirdischen Wesenheiten, bis der Mensch das Universum irgendwann als bevölkert erkennt – als wirklich lebendig und von Wesen bewohnt. Sein Gefühl der Einsamkeit wird so geringer, und er erlebt die Erde nicht mehr als einzig „wahres" Zentrum des Universums. In dem Maße, wie sich sein Bewußtsein jetzt dafür weitet, daß er nicht alleine lebt in dieser Welt, so wird sich auch sein kosmisches Bewußtsein erweitern, und immer weniger Menschen werden auf die Idee kommen, sich für die „Krone der Schöpfung" zu halten. All das wird bald nicht mehr wichtig sein. Entscheidend wird sein, daß sich der Mensch diese grundlegenden universellen Wahrheiten vorstellen und sie als mögliche Realität annehmen kann ...*

Die kurze Kontaktaufnahme seitens C.G. Jungs wurde wenig später von Ahastar bestätigt.

Das Ehepaar Coudris ist einem größeren Publikum erstmals bekannt geworden durch das Buch *Gespräche mit dem Ungeborenen* – das Protokoll einer Kommunikation zwischen einer schwangeren Frau und ihrem noch ungeborenen Kind.

Seit vielen Jahren channelt Mirabelle Coudris den bekannten Psychologen C.G. Jung. Seine Mitteilungen erwecken den Eindruck großer Authentizität. Auch in weiteren Büchern mit medial empfangenen Botschaften stellt sich dieser Eindruck ein. Die Vielzahl der unterschiedlichen Channeling-Kontakte zeugen von einer beachtlichen „Bandbreite" des Mediums. René Coudris versteht es, diese Kontakte kompetent zu unterstützen und zu führen.

Literaturverzeichnis

P. Andreas / G. Adams: *Was niemand glauben will.* Berlin 1977 (vergriffen)

Peter Fiebag: *Der Götterplan. Außerirdische Zeugnisse bei Maya und Hopi.* München 1995

Eva Herrmann: *Von drüben.* Buschhoven 1976

H.Ilg / H.P. Schaffer: *Die Bauten der Außerirdischen in Ägypten.* Herrenberg

Lincoln, Baigent, Leigh: *Der Heilige Gral und seine Erben.* Bergisch Gladbach 1984

Ntosi Marna / Winfried Paarmann: *Ahastar – Botschaften vom Rande der Galaxie.* München 1997

Werner J.Meinhold: *Der Wiederverkörperungsweg eines Menschen durch die Jahrtausende.* Freiburg 1989

Barbara Marciniak: *Boten des neuen Morgens.* Freiburg 1996

Merian-Hefte: zu den Ländern und Schauplätzen der beschriebenen Mysterienstätten

Marlo Morgan: *Der Traumfänger.* München 1991

M. Netherton / N. Shiffrin: *Bericht vom Leben vor dem Leben.* München, 1981 (vergriffen)

Phyllis Virtue-Carmel: *Planet der Wandlung.* Neuwied 1995

Trevor Ravenscroft: *Die heilige Lanze..* München 1996

Milan Rýzl: *Jesus, größtes Medium aller Zeiten.* Genf 1974 (vergriffen)

R. Temple: *Das Sirius Rätsel.* Frankfurt a.M. 1977

Jennifer Westwood: *Sagen, Mythen, Menschheitsrätsel.* München 1990

Paramahansa Yogananda: *Autobiographie eines Yogi.* München 1993

Götter – Gräber u. Gelehrte!

Für den – prinzipiell erwünschten – Kontakt mit den Autoren bitten wir, den Postweg über den Verlag zu wählen.

Hans-Nietsch-Verlag, Poststraße 3, D-79098 Freiburg
E-Mail: info@nietsch.de
Stichwort: Ahastar – Kosmische Biographien der Menschheit

Umarme dein Ego – nutze seine positive Kraft!

Martia Nelson

Lebe dein Wahres Selbst

Die innere und äußere Welt in Einklang bringen

Im Außen zu bestehen und andererseits der eigenen inneren Wahrheit gerecht zu werden ist für viele, die sich spirituell entwickeln wollen, ein Anspruch, an dem sie leicht scheitern. Den begrenzenden Teil unseres Wesens – das Ego – abzulehnen oder ihn zu ignorieren ist jedoch keine Lösung. Dieses Ich-Bewußtsein, das uns in der materiellen Welt bestehen läßt, und das Wahre Selbst, das unseren Seelenplan in sich trägt, müssen in Einklang gebracht werden.

Martia Nelson räumt in ihrem Buch mit der Vorstellung auf, daß es auf dem spirituellen Weg erforderlich sei, Emotionen, die gemeinhin als „unspirituell" gelten, abzulegen. Sie zeigt vielmehr den Weg, den tieferen Teil des eigenen Wesens – das Wahre Selbst – aufzuspüren und zu hören. Die Stimme des Wahren Selbst ist die „innere Führung". Sie offenbart einen höheren Sinn, als wir mit unser gewöhnlichen Wahrnehmung erkennen. Je mehr wir uns ihr öffnen, um so mehr verblaßt die Trennungslinie, die wir meist zwischen innerer und äußerer Welt empfinden.

Liebevolle Meditationen und schlichte Einstimmungen helfen uns, die Bewußtheit zu lenken und uns auf eine tiefere Wirklichkeit einzustimmen, während wir die Anforderungen unseres Lebens erfüllen.

Die beiden Wirklichkeiten verschmelzen so zu einem vertrauenswürdigen starken Fundament für jene vollkommene Glückseligkeit und Stabilität im Leben, die in uns allen zwar angelegt ist, bisher aber nicht erfahren werden konnte.

■ 256 Seiten, gebunden
DM 34,– / SFr 32,– / ÖS 248,– ISBN 3-929475-83-9